国家出版基金项目
NATIONAL PUBLICATION FOUNDATION

“十四五”时期国家重点出版物出版专项规划项目

迈向体育强国之路

中国体育改革与创新发展研究文丛

总主编｜易剑东
副总主编｜李树旺　龙斌

ON THE WAY
TO A SPORTS POWER

强国有我

青少年体质健康的社会决定因素及政策应对研究

郇昌店 等 著

北京体育大学出版社

丛 书 总 策 划：赵月华　赵海宁
丛书责任编辑：赵海宁
本册责任编辑：潘海英
本册责任校对：赵红霞
封 面 设 计：刘星逸
版 式 设 计：水分子

图书在版编目（CIP）数据

强国有我：青少年体质健康的社会决定因素及政策应对研究 / 郇昌店等著 . -- 北京：北京体育大学出版社，2025. 1. --（迈向体育强国之路：中国体育改革与创新发展研究文丛 / 易剑东总主编）. -- ISBN 978-7-5644-4234-7

Ⅰ . G808.17

中国国家版本馆 CIP 数据核字第 2024L81H67 号

强国有我——青少年体质健康的社会决定因素及政策应对研究　　郇昌店 等 著
QIANGGUO YOU WO——QINGSHAONIAN TIZHI JIANKANG DE SHEHUI JUEDING YINSU JI ZHENGCE YINGDUI YANJIU

出版发行：北京体育大学出版社
地　　址：北京市海淀区农大南路 1 号院 2 号楼 2 层办公 B-212
邮　　编：100084
网　　址：http://cbs.bsu.edu.cn
发 行 部：010-62989320
邮 购 部：北京体育大学出版社读者服务部 010-62989432
印　　刷：北京建宏印刷有限公司
开　　本：710mm × 1000mm
成品尺寸：170mm × 240mm
印　　张：16.75
字　　数：268 千字
版　　次：2025 年 1 月第 1 版
印　　次：2025 年 1 月第 1 次印刷
定　　价：158.00 元

总序

体育强国建设的理论贡献和学术追求

体育强国，对中国人来说至少是一个百年梦想。

早在1907年，我国著名教育家张伯苓就提出我国派运动员参加奥运会的设想。

随后的1908—1909年，中国大地上流传着著名的“奥运三问”：“中国何时派一人参加奥运会？中国何时派一支队伍参加奥运会？中国何时举办奥运会？”

到了1910年，在中国历史上第一届全国运动会[1]举办之前，新的“奥运三问”在媒体出现了，其中的第二个问题换成了“何时能于万国运动大会[2]时独得锦标”。

这三个梦想，中国人花了百年才完全实现。

百年前的1924年巴黎奥运会，中国曾有四名运动员报名参加网球男子比赛，可惜后来因为种种原因未能如愿。

1928年，宋如海代表当时的中华全国体育协进会参观了荷兰阿姆斯特丹奥运会。他回国后出版了《我能比呀·世界运动会丛录》，将“Olympia”置换成“我能比呀”，发出了中国人期待在奥运会展露风采的强音。

1932年美国洛杉矶奥运会上，中国运动员刘长春孤身一人踏上了赛场，成为中国奥运第一人。

1980年2月，中华人民共和国首次派团参加了在美国普莱西德湖举办的第13届冬奥会。

1984年7月29日，许海峰在美国洛杉矶奥运会射击场上夺得当届奥运会第一枚金牌，国际奥委会主席萨马兰奇亲自颁奖，称这是中国体育史上伟大的一天。

---

[1] 原名“全国学校区分队第一次体育同盟会”，辛亥革命后追认为“第一届全国运动会”。

[2] “万国运动大会”即当时国人对于奥运会的称呼。

2001年7月13日，北京成功获得2008年奥运会主办权。

大约半年后，杨扬在美国盐湖城举办的第19届冬奥会上夺得两枚金牌，实现了中国冬奥会金牌零的突破。

我们的首次夏季奥运会和冬季奥运会之旅都是在美国开启的，金牌零的突破也是在美国实现的，特别是夏季奥运会，首次之旅和金牌零的突破都是在美国洛杉矶。这是一个历史的机缘巧合，似乎也预示着中国人的强国梦的开启和落实。

2008年8月8—24日，北京奥运会成功举办，获得了国际奥委会“无与伦比”的评价。2022年2月4—20日举行的北京冬奥会，国际奥委会再次给出了完全一样的评价——“truly exceptional”，我们称之为“无与伦比”！

中国的体育强国梦想，从一开始就是在国际环境中自我激励和砥砺前行的产物。我们在与其他国家（或地区）的比较中生发出民族强盛的梦想，我们在屈辱的近代历史中希望通过体育的强大洗刷曾在战争中遭受的屈辱。体育成为中国人强大心灵和强盛梦想的显性承载平台。因为这个平台鲜明、直观、庞大，极易打动人心，也最能凝聚人心。

根据历史记载和旧人回忆，我国最早出现“体育强国”一词应该在1980年前后。在中央电视台拍摄的一部体育纪录片中，曾经担任国家体委主任的李梦华亲口坦诚地说：“体育强国一词是我提出来的。”

2008年北京奥运会结束以后，在总结表彰大会上，国家主席胡锦涛在讲话中提出了中国从体育大国向体育强国迈进的战略目标。

2019年，国务院办公厅发布了《体育强国建设纲要》。

笔者曾经阅读过20世纪80年代初出版的《体育理论》《体育概论》教材，发现其中已经出现了体育强国建设的指标，包括奥运会金牌总数进入前六名这个硬指标，还有群众体育参与人数比例、人均体育场地面积数、青少年体育成绩达标人数、体育经费占比等指标。这个体育强国的指标，后来还在四个现代化的目标描述中被引用，成为“2000年的中国体育”中关于中国体育贡献与国家现代化的一个核心表述。

如果说过去提出“体育强国”的概念和口号，代表着我们依托国民经济和社会发展的目标对体育发展提出的要求，那么2019年发布的《体育强国建设纲要》则是在我们建设现代化强国的征途中体育与国家同步走向现代化的一个切实而具体的目标。

体育强则中国强，国运兴则体育兴。这句简洁的话语背后，蕴含着体育强国的深刻内涵和深层逻辑。只有在国家经济社会发展处于不断进步的背景下，体育才能获得发展的环境和条件。在国际舞台上，体育的强大往往是国家强盛的重要标志之一。体育强国，必然是先有强国才有强体育，而强体育是展示强国实力的重要标志。这也是体育成为强国标志性力量重要组成部分的应有之义。所以，我们的体育强国建设，包含着两个必然的逻辑进路：体育在国家经济社会发展支撑下逐步强大，进而通过体育的强大昭示和展现国家的强大实力。

《体育强国建设纲要》提出了全民健身、竞技体育、体育产业、体育文化、体育外交五个关键领域逐步发展更好的目标、任务和步骤，开启了中国体育全面实现高质量发展的新征程。

我们来看下具体的表述。

“全民健身更亲民、更便利、更普及”，这是让大众体育走进百姓日常生活的具体要求，是增加群众体育人口和人均体育场地面积乃至体育经费的必然要求，需要我们付出巨大的努力。

“青少年体育服务体系更加健全，身体素养显著提升，健康状况明显改善”，这是国家层面加大对青少年体育投入以取得显著效果的必由之路，展示了对当前我国青少年体育现实加以改变和完善的决心。

“把竞技体育搞得更好、更快、更高、更强”，这是对我国参与国际体育竞争的目标和能力的表述，将“更好”置于“更快、更高、更强”之前，也体现出我们追求中国竞技体育高质量发展和高水平治理的战略目标。

“体育产业更大、更活、更优”，这是我国将体育产业建成国民经济支柱性产业的战略目标的表述，该目标势必要求体育产业规模更大、机制更灵活、效益更优。这不仅可以为体育事业提供强有力的支撑，也可以为国民经济和社会发展作出更大贡献。

“体育文化感召力、影响力、凝聚力不断提高。”体育文化发展是体育事业和体育产业发展的根基和灵魂，指引着体育改革的方向。体育赛事和群众体育活动、体育新闻报道和文化艺术作品等，只有充分发挥感召世人、影响舆论、凝聚人心的功能，才能助推体育强国建设。

“体育对外和对港澳台交往更活跃、更全面、更协调。”体育是举世公认的身体语言和世界语言，体育对外交往是塑造可亲、可敬、可信的中国形象的独特平台。宏大、激越、亲和、直观的体育交往平台是不可替代的对外交往场域。使体育对外交往增加活跃度、拓展影响面、注重协调性是中国建成体育强国的必然要求。

今年 1 月，笔者有幸参与了国家体育总局政策法规司组织的一次关于构建体育强国建设指标体系的座谈会，其间有机会听取了我国交通运输部一位专家讲解的“交通强国”建设指标体系的构建思路和做法。这次座谈会的召开，也昭示着体育强国建设已经进入了分领域、分阶段、分步骤推进的实质性、全方位谋划与评估的新阶段。

如何分领域和任务、分阶段和步骤建设体育强国，已经成为摆在我们前面的一项具体而切实的使命。

北京体育大学出版社“迈向体育强国之路：中国体育改革与创新发展研究文丛”（以下简称“文丛”）就是在这样的背景下出版的，这是体育文化人对体育强国建设的战略审视、策略思考，更是对中国体育改革和发展实践的理论观照、现实把握。在中国竞技体育，特别是奥运会成绩已经稳定在世界前三名的背景下，我们的文丛首先聚焦在体育强国建设的基础领域：全民健身和青少年体育。这是一次对中国体育基础性、根本性、前提性问题的全面关注，也是一次对体育强国建设奠基性和战略性工程的系统观照。

《使命在肩——我国青少年体育活动促进制度体系研究》的主编肖林鹏教授，目前是北京体育大学管理学院教授、博士生导师，多年来致力于体育管理实践领域的研究和探索，是我国体育公共服务、青少年体育研究学术影响力最大的几位学者之一。他二十多年来深得教育部、国家体育总局等相关部门的信任，主持了一系列关于青少年体育领域的重要研究项目和政策文本的研制，如他先后承接了体育总局青少年体育司“青少年体育活动促进计划”等多项工作性研究项目，主编了《中国青少年体育活动促进发展报告》《中国青少年体育俱乐部发展报告》年度系列等，在我国的青少年体育研究中属于领军型学者。该书着力于我国青少年体育活动促进制度体系的研究，全方位探索社会制度、体育制度和青少年制度的有机整合，力求提炼出支撑我国青少年体育的完整制度元素及其有机互动，为青少年体育活动的全面、深入、普遍开展提供坚实的制度保障。体育强国的根基在青少年，青少年体育是体育强国建设的基础性工程和标志性体现。

《薪火相传——科学计量学视角下我国体育科学学科史研究》一书的作者是王琪教授，现任北京师范大学体育与运动学院副院长、博士生导师，中国高等教育学会体育专业委员会副秘书长、理事，中国教育学会体育与卫生分会理事，教育部普通高校师范类专业认证专家等职。王琪教授长期主要从事体育科学史、学校体育教育、体育教师教育等方面的教学与研究工作，发表了一系列学术界公认的研究成果。该书以科学计量学为研究方法，对 1949 年以来的体育学科知识流动进行了系统性梳理，从史学视角回顾和归纳了其发展概况、演进阶段、知识特征、流动规模与机制，旨在为中国式现代化建设背景下有序地推进中国特色体育学科体系建设添砖加瓦。习近平总书记曾指出：“了解历史、尊重历史才能更好把握当下，以史为鉴、与时俱进才能更好走向未来。”体育强国建设不能缺少对中国体育学科史的探赜，这是由体育学科史自身价值所证明的。当下追溯与挖掘中国体育学科史，总结中国体育学科的历史根源和发展规律，反思中国体育学科在知识流入和知识流出层面上的知识生产模式，可以为未来一段时间内如何围绕中国体育学科基本议题加快构建体育学科体系提供理论参照，也可以为新时代中国体育改革事业持续走向纵深提供历史性支撑。

《培根铸魂——体育教师核心素养的内涵与培养》的作者尹志华教授，现任华东师范大学体育与健康学院教授、博士生导师、博士后合作导师，曾先后担任教育部体育与健康课程标准修订专家组成员兼秘书、教育部体育教师培训课程标准研制组专家、教育部体育与健康教材审查指标研制组专家、教育部全国专业学位水平评估专家等。长期从事体育教师教育、体育课程与教学等方面的教学与研究工作，在体育教师素质与能力研究领域成果丰硕，受到学界的普遍认可，其学术成果具有广泛的社会影响和学术影响。该书基于当前我国核心素养导向体育课程改革的发展趋势，秉持“培养学生体育与健康核心素养的体育教师应该具备相应核心素养”的原则，在系统归纳国内外相关研究的基础上，立足体育教师的核心使命和主要任务，建构了顺应体育教育改革和教育理念更新的体育教师核心素养体系，在内涵阐释和要义明晰的基础上，提出了高水平体育教师核心素养培养的主要策略。学校体育和青少年体育所需要的关键资源之一是高水平的体育师资，这是中国体育强国建设必须补齐的短板。因此，该书的理论价值和现实意义毋庸置疑。

《强国有我——青少年体质健康的社会决定因素及政策应对研究》的作者郇昌店教授，现就职于山东体育学院体育管理学院，教授，教育学博士，硕士研究生导师，兼任中国体育科学学会体育社会科学分会委员、中国体育科学学会青年工作委员会委员。郇昌店教授多年来笔耕不辍，产出了大量高水平的体育学术成果，特别在青少年体育、公共体育服务、体育产业等领域，成果较多，影响较大。该书针对建设体育强国的关键问题，坚持理论与实践相结合，综合运用多学科理论方法，站在健康社会决定因素的视角，关注青少年体质健康的社会决定基础，并讨论了这些因素之间的内在关系，从理论系统性和现实完备性的角度讨论了促进青少年体质健康的公共政策应对问题。体育强国建设的使命之一是为建设健康和谐的社会作出贡献，并在国家经济和社会发展的基础上实现体育事业高质量的发展，该书阐明了青少年体质健康的社会决定因素，提出了政策建议，抓住了体育强国建设的核心问题和关键环节之一，为体育强国建设提供了理论参照与实践指引。

《凝心聚力——全民健身志愿服务心理契约治理研究》的作者夏树花副教授，现为河南师范大学体育学院副院长、硕士研究生导师。在全民健身、志愿服务等研究领域取得了众多优秀成果，出版专著《城市社区体育志愿者服务模式研究》，参编国家级规划教材《体育科学研究方法》第三版和第四版、参编群众体育蓝皮书《中国社会体育指导员发展报告（2016—2020）》等。该书从心理契约的研究视角，结合经济学、心理学、管理学等研究理论，讨论了我国全民健身志愿服务的治理问题。要想做好体育强国建设的广泛深入的持续推进工作，必须做好全民健身事业的一个重要群体——全民健身志愿者的工作，一个关键环节——志愿服务治理的工作，把握好心理特质和契约治理就是有力的抓手。本研究从以往鲜受关注的领域深入开展，探讨我国全民健身公共服务体系建设必须面对的现代化治理长效化的核心问题，具有重要的理论价值和切实的决策价值。

毋庸讳言，此次的五部著作之间的逻辑关系并不严密，也无法覆盖体育强国建设的五个领域。然而，这五部著作分别基于作者团队扎实的研究基础、独特的研究视角、深入的研究方法，既提出了助力体育强国建设的全民健身、青少年体育、体育教育、体育学科方面的重要问题、理论框架、政策建议或思考，也都从自身视角提出了我国体育改革和发展的思路、策略和改革建议，从而推动我国体育强国建设走向深入、理性和持续。

在后续的竞技体育、体育产业、体育文化、体育对外交往等领域，我们将竞争性地选择优秀作品，针对性地遴选优秀学者，聚焦改革和发展的核心问题，推出更多高水平著作，为推动我国的体育强国建设如期完满地实现战略目标和完成主要任务，为建设现代化强国作出新的更大贡献。

巴黎奥运会将于当地时间7月26日19:30（北京时间7月27日凌晨1:30）开幕，成绩已经稳定在世界前三名的中国体育代表团将毫无疑问占据奥运会金牌榜的前列。然而，对于致力于2035年建成体育强国的我国来说，通过巴黎奥运会检视我们在国际体育秩序和格局盘整中的战略、国际体育组织决策和管理权力的争取、国际体育事务规则制定和调整中的智慧输出等，将是更加艰难、更加重要的工作。

冀望我们的“文丛”汇入这一潮流，有助于推进我国体育事业的高质量发展和体育治理体系和能力的现代化。

易剑东

2024年6月于瑞士洛桑

前言

本著作由国家社会科学基金一般项目“我国青少年体质健康的社会决定因素及政策应对研究（18BTY053）”的结题报告修订而来。

青少年的体质健康和国家的战略利益存在高度关联性。青少年的体质健康是国家繁荣昌盛的基础。2007年，《中共中央　国务院关于加强青少年体育增强青少年体质的意见》指出：“广大青少年身心健康、体魄强健、意志坚强、充满活力，是一个民族旺盛生命力的体现，是社会文明进步的标志，是国家综合实力的重要方面。”党和国家一直关注青少年的体质健康问题。习近平总书记十分关心青少年的成长和发展，将其与国家前途、民族希望、中国梦联系在一起，强调：“少年强、青年强则中国强。少年强、青年强是多方面的，既包括思想品德、学习成绩、创新能力、动手能力，也包括身体健康、体魄强壮、体育精神。”青少年是国家的未来和民族的希望，促进青少年健康是建设体育强国、健康中国的重要内容。党的十八大以来，以习近平同志为核心的党中央高度重视青少年体育工作，亲切关怀青少年和儿童的健康成长，不断出台相关政策法规，引导广大青少年积极参与体育健身，强健体魄、砥砺意志，凝聚和焕发青春力量。然而，青少年体质健康问题作为一个全球性、长期性、持久性和顽固性问题，始终没有得到有效解决。我国青少年体质健康问题依旧存在，如2022年国家体育总局体育科学研究所的调研显示，68.70%的青少年存在2项及以上的身体姿态问题，80.00%的青少年存在至少1项的身体姿态问题。

20世纪初，为激励大众参与体育活动，德国颁布了《德国体育奖章制度》。1913年，德国开始为体育达标的成年男子颁发“德国体育奖章”，1921年、1925年、1927年分别开始为体育达标的成年女子、男女青少年颁发“德国体育奖章”。该制度的颁布与实施增强了德国国民的体育意识，提高了德国国民的体育热情，达到了使德国国民强身健体的目的。德国通过俱乐部体制、“黄金计划”和《德国体育奖章制度》“三驾马车”的引导，有效地实现了青少年体育的持续参与，青少年体质健康状况得到明显改善。20世纪50年代，美国总统艾森豪威尔关注到美国青少年的肥胖率远高于欧洲国家，因此从国家层面成立了青年体适能总统委员会。该委员会作为决策咨询机构，开展全国性的青少年体育干预计划，通过实施一系列政策，推动美国青少年参与体质健康促进活动。但美国特色的饮食结构导致青少年肥胖率一直居高不下，而持续通过多种手段对青少年肥胖率进行控制，也凸显了美国青少年体质健康问题的长期性和严峻性。日本在第二次世界大战后，利用其他国家的战后援助，优先对青少年群体进行营养加强。日本将其他国家援助的奶粉优先供给青少年，并借助一系列体育活动的开展，形成了体育和营养协同促进青少年体质健康的发展战略。上述举措使日本青少年的平均身高在30年内增长了25厘米，体现了体质健康促进的良好效应。

建设体育强国是我国发展的国家战略之一，需要综合发挥各方面的作用，补短板、强弱项，尤其要重视体育强国建设的塔基——青少年体育的体质健康水平。2019年，《体育强国建设纲要》指出：“将促进青少年提高身体素养和养成健康生活方式作为学校体育教育的重要内容，把学生体质健康水平纳入政府、教育行政部门、学校的考核体系，全面实施青少年体育活动促进计划。”《中华人民共和国体育法》规定：“教育行政部门、体育行政部门和学校应当组织、引导青少年参加体育活动，预防和控制青少年近视、肥胖等不良健康状况，家庭应当予以配合。”发展青少年体育、促进青少年体质健康是我国国家战略的重要内容，也是法律规定的基本责任。

但长期以来，我国将青少年体质健康问题等同于体育发展问题，将青少年体质健康促进等同于体育发展促进，这在一定程度上影响了对青少年体质健康问题复杂性的认识。不可否认，体育对青少年的健康成长和发展发挥着至关重要的作用，是促进青少年体质健康不可替代的关键因素，但在促进青少年体质健康中，体育不是唯一因素，青少年体质健康受社会决定因素的影响。2005

年，世界卫生组织（World Health Organization，WHO）成立了一个专门的委员会，即健康社会决定因素委员会（Commission on Social Determinants of Health，CSDH）。社会决定因素指人们出生、生长、生活、工作和老年环境，包括卫生系统。健康社会决定因素委员会在《用一代人时间弥合差距：针对健康社会决定因素采取行动以实现健康公平》报告中提出了健康社会决定因素的行动框架，对各种健康社会决定因素进行整合，并讨论如何利用健康社会决定因素的理论解决全球健康问题。

习近平总书记在党的二十大报告中明确指出："广泛开展全民健身活动，加强青少年体育工作，促进群众体育和竞技体育全面发展，加快建设体育强国。"青少年群体的体质健康状况，既是建设体育强国的立足点，也是评价体育强国建设成效的关键指标。只有把青少年体质健康问题控制住，才能为建设体育强国奠定良好基础。鉴于此，本研究在建设体育强国的关键时刻，站在健康社会决定因素的视角，对青少年体质健康的社会决定因素进行研究，为青少年体质健康促进提供新的视角和分析工具，为服务实践领域和推进学术创新提供参考。

郁昌店

2024年5月

目录

第一章

绪论

绪论主要介绍青少年体质健康的社会决定因素的核心对象，并交代相关的术语。绪论内容具体包括青少年、体质健康、健康社会决定因素等重要的术语，以及政策演变历程。

第一节 相关概念梳理

一、青少年的概念梳理

自20世纪90年代以来，国际社会尤其是国际健康界越来越倾向于对“儿童”“青少年”“青年”“年轻人”这几个彼此关联的概念作出明确的年龄限定。联合国系统特别是世界卫生组织（WHO）、联合国人口基金、联合国儿童基金会等发展机构通常将10～19岁的人口界定为青少年（adolescent），15～24岁的人口界定为青年（youth），10～24岁的人口界定为年轻人（young people）。这三个年龄范围在不同程度上都涵盖了联合国《儿童权利公约》第一条规定的“儿童”概念，即不满18周岁的人口[1]。

---

[1] 胡玉坤，郑晓瑛，陈功，等. 厘清“青少年”和“青年”概念的分野——国际政策举措与中国实证依据[J]. 青年研究，2011（4）：1-15.

上述四个有明确年龄界限的概念都是伴随年龄增长而不断发生变化的连续谱系，而且相互之间存在部分交错重叠。其中，儿童的年龄跨度最大，长达17年；其次为年轻人，长达15年；青少年和青年的年龄跨度均为10年。从成年与否的角度来看，“儿童”这个概念所指涉的完全是未成年人，“青少年”亦以未成年人为主体，“年轻人”的15年中有一半以上涉及未成年人，唯独“青年”这个范畴涵盖的主要是18岁以上的成年人。

受政治、经济及社会文化等诸多因素的影响，世界各国对“儿童”“青少年”及“青年”的理解、界说和操作性定义迥然有别。如中国学术界和媒体在使用这些概念时往往带有很大的随意性，年龄上下限的弹性也很大。以青年为例，《现代汉语词典》（第7版）将“青年”界定为人十五六岁到三十岁左右的阶段。《中国共产主义青年团章程》第一条规定“年龄在十四周岁以上，二十八周岁以下的中国青年，承认团的章程，愿意参加团的一个组织并在其中积极工作、执行团的决议和按期交纳团费的，可以申请加入中国共产主义青年团。”自1990年以来，由中华全国青年联合会创意策划、联合中国青少年发展基金会及多家新闻单位共同主办的“中国十大杰出青年”评选活动，则规定了18～39周岁的年龄条件。在上述三种界说中，团员青年的年龄范围更贴近国际上界定的“青年”概念。有意或无意地伸缩“青少年”和“青年”的年龄边界，或将这两个看不见、摸不着的抽象集合名词混为一谈的现象已变得习以为常。无论按字面意思抑或常识性理解来判断，“青少年”本该属于未成年人，然而在现实生活中，儿童青少年也罢，成年的青年人也罢，他们常常被笼统地称为“青少年”。为了突显青少年的脆弱性从而引起社会的更多关注，有的人刻意将18岁以上业已成年的人群归入“青少年”之列。

在充分借鉴其他观点的基础上，本研究认为青少年的界定要和我国的实际相结合，要体现出当前的国家宏观政策。鉴于此，本研究提出我国青少年操作性定义标准，即按照“学校教育阶段”的逻辑进行明确界定。本研究按照“学校教育阶段”的逻辑来界定青少年，主要是考虑到我国青少年体质健康战略属于现实工作，相应的年龄界限要符合国家公共政策对对象的约束要求；此外，通过我国青少年体质健康的政策梳理和分析，发现我国青少年的年龄界限基本包含学校教学的各个阶段。

因此，本研究将青少年的年龄界限明确为6岁到大学生的毕业年龄，基本的上限为23岁。该年龄阶段具有两个特征。第一，全面覆盖义务教育阶段的学生。当前义务教育阶段包含小学和中学，年龄界限为6～15岁。第二，上抬两级。提一级达到高中阶段的学生，年龄界限为16～18岁，提两级达到大学阶段的学生，年龄界限为19～23岁。《国家学生体质健康标准（2014年修订）》的测试对象包含小学、初中、高中和大学。其中，小学、初中、高中均为每年级一组（小学6组、初中3组、高中3组）；大学一、二年级为一组，三、四年级为一组。本研究没有下降一级到幼儿阶段，是因为3～6岁的幼儿教育主要集中在幼儿园，而幼儿园的教育当前尚没有确立全国统一的标准和大纲。因此，学校教育阶段的逻辑是基于实践操作的。本研究所用的“青少年”的概念，包含了惯常的“儿童＋青少年＋低龄青年”的分析思路。

二、体质健康的概念梳理

学术界存在对体质与健康认识模糊的情况，导致对体质健康的分析呈现相对混乱的现象。世界卫生组织认为健康包含了身体健康、心理健康、社会适应能力良好和道德健康。因此，本研究所指的体质健康在很大程度上与身体健康意义近似。

体质健康是指个体在形态结构、生理功能、运动能力等方面所表现出的相对稳定的特征[1]。

通常，人们通过以下几个方面来评价一个人的体质健康状况。

首先，身体形态发育是评价个人体质健康的重要指标之一。良好的体型和优雅的身体姿势往往能够让人显得更加自信、精神焕发。

其次，生理机能是评价体质健康的关键因素。心脏、肺部、肝脏、肾脏等器官的功能正常，能够保证人体正常的生命活动。

---

[1] 曲鲁平．我国青少年体质健康促进模型构建与运动干预研究 [M]. 北京：人民体育出版社，2021.

最后，运动能力是评价体质健康的重要指标。良好的力量、耐力、灵敏性、协调性和平衡感能够帮助人们在日常生活中更好地应对挑战。

本研究的体质健康是指在6～23岁青少年群体的成长过程中，身体成长性相关指标的正常程度，包含身高、体重、视力、生理功能和运动能力等要素。

三、健康社会决定因素的概念梳理

健康社会决定因素（social determinants of health，SDH）的提出与社会对健康与疾病的认识程度密切相关。长期以来，人们除了坚持用医疗手段干预疾病，还关注更宽泛的社会、经济和文化等要素。这种与公共卫生相结合的治理思路，属于公共卫生干预的上游模式。2005年，世界卫生组织发起成立了健康社会决定因素委员会，以推进健康社会决定因素的认识、普及与政策推广。

我国学者认为，社会因素是指社会的各项构成要素，包括自然环境和社会环境。自然环境又称物质环境，包括未受人类影响的、天然形成的地理环境。社会环境又称非物质环境，包括一系列与社会生产力、生产关系有密切联系的因素[1]。对健康社会决定因素进行分析，可为各国政府提供必要的指南，使其利用经济、社会和文化的变革来消除影响健康的不利因素，从而推动健康目标的实现。

健康社会决定因素是指除那些直接导致疾病的因素之外，决定社会成员健康的相关文化因素、制度因素和物质因素的总和。

四、青少年体质健康政策的概念梳理

公共政策是政府治理的重要工具。为了促进青少年体质健康（身高、体重、视力、生理功能和运动能力），各国政府利用公共政策来改善青少年体质健康状况，因此在青少年体质健康促进过程中，各种类型的政策发挥了重要作用。

---

[1] 张拓红 . 社会医学 [M]. 2 版 . 北京：北京大学医学出版社，2010.

基于前述分析，本研究认为青少年体质健康政策是指政府部门为了规制青少年体质健康相关主体，出台的具有普遍约束意义的规划、计划或规范性文件、法律法规等。按照功能分类，青少年体质健康政策分为“测量”和“促进”两种。

很多国家或地区根据实际情况出台了青少年体质健康的测量政策，如我国《国家学生体质健康标准（2014年修订）》和美国的《最佳体适能标准》等，且这些政策表现出紧随社会发展而逐渐完善的态势。客观而言，针对青少年体质健康测量政策的相关研究，由于研究对象相对固定，因此研究成果焦点聚集的一致性相对较高。

青少年体质健康的促进政策，即围绕青少年体质健康的促进要素领域所产生的政策。世界卫生组织健康社会决定因素委员会提出了一系列针对现实问题的倡议。这些倡议强调从经济、社会等不同层面提出针对性的政策建议和对策，即不同的促进政策。

作为对“健康社会决定因素”的应对，青少年体质健康促进应践行“健康融入所有政策”的理念[1]，即融入体育、教育、卫生、营养和休息等相关领域政策[2]。

青少年体质健康的体育促进政策。根据青少年的身心特点，学校体育应发挥中坚作用，辅助其他的体力活动。根据身体活动的实质，任何能够实现能量消耗、锻炼心肺功能、促进体能提升的身体活动均可纳入体育促进政策的范畴，如“自行车骑行”和“走楼梯”等。

青少年体质健康的教育促进政策。学校开设健康教育课程、营造健康校园氛围、教授青少年必需的健康知识。父母的健康习惯、行为和认知等家庭因素也影响着青少年对健康的认知。社会媒体也发挥着促进青少年体质健康的功能，倡导正确、合理的体质健康观。学校、家庭和社会媒体应传播正确的健康促进知识与手段，营造全社会关注青少年体质健康教育的氛围。

---

[1] 胡琳琳 . 将健康融入所有政策：理念、国际经验与启示 [J]. 行政管理改革，2017（3）：64-67.

[2] 郇昌店 . 基于 HiAP 框架论青少年体质健康政策体系 [J]. 山东体育学院学报，2016，32（1）：5-11.

青少年体质健康的卫生促进政策。校园公共卫生包含校园饮用水、食品安全、光电能源和教学设施等基础设施的维护管理。此外，学校还应按照相关标准配备专业的医护人员。国际社会倡导推进“健康促进学校”建设，加强校园卫生环境建设，旨在为青少年的体质健康和良好成长提供保障。

青少年体质健康的营养促进政策。营养均衡是保障青少年体质健康的物质基础。国家发布青少年饮食指南，指导学校、家庭保障青少年均衡营养的摄入。青少年体质健康的营养促进政策，既应包含不同学段的营养标准，又应明确提供营养的主体及其责任。

青少年体质健康的休息促进政策。青少年的健康成长需要充足的休息时间来保障。国家应发挥“以休促养”的作用，通过立法明确青少年在校最长学习时间，降低学习压力，为参与体育活动提供时间保证。目前社会营造青少年宽松的成长环境，是休息促进政策的直接体现。

第二节　研究意义

一、我国青少年的体质健康问题突出

长期以来，我国青少年的体质健康问题突出，已经成为制约体育强国建设的主要问题之一和影响经济社会可持续发展的重要障碍，是影响未来国家竞争力提升的重要因素之一。我国青少年体质健康主要面临如下几个方面的问题[1]。首先，青少年肥胖率居高不下，营养摄入过量和不足共存。2002年中国居民营养与健康状况调查报告显示，全国6～17岁青少年的肥胖率10年时间增长了2倍，总人数达到5 300万人次。根据流行病学的规律，肥胖青少年中脂肪

[1] 此处数据为其他渠道调查数据，作为立项论证数据，是相关方面数据的汇总。本研究也对我国青少年的体质健康状况进行了调查，并将调查的结果作为分析使用。

肝发病率为40.00%～50.00%，75.00%的肥胖青少年成年后体重依旧超标，患糖尿病和心血管疾病的概率是普通人的2～4倍。与当前青少年过量的营养摄入引发的肥胖相比，80%的学生早餐营养质量较差，且青春期贫血的发生率达到38.00%。其次，我国青少年群体近视率较高。2020年，我国儿童青少年总体近视率为52.70%，较2019年的50.20%上升了2.5个百分点。其中，6岁儿童近视率为14.30%，小学生近视率为35.60%，初中生近视率为71.10%，高中生近视率为80.50%，随着学习时间延长，青少年的近视率也随之上升。再次，我国青少年睡眠时间严重不足。《2019中国青少年儿童睡眠指数白皮书》显示，全国6～17周岁的青少年群体中，62.90%的青少年睡眠时间不足8小时，其中13～17周岁的青少年睡眠时间不足8小时的占比达到81.20%。最后，第八次全国学生体质与健康调研结果显示，在身体柔韧性、力量速度和耐力等方面，中小学出现了好转，但是大学生仍然没出现好转，大学生体质下滑的问题仍然没有得到有效的遏制。

二、青少年体质健康的体育引致观明显

我国青少年体质健康长期存在的突出问题，引起了各级政府和学界的高度重视，诸多智库发布了针对性的研究成果，以期促成公共政策的出台。在传统理论认知中，对我国青少年体质健康致因的"体育引致观"[1]具有压倒性优势，由此形成"体育治理论"[2]。有学者认为，青少年体质健康问题在一定程度上为体育社会科学的发展提供了重要的发展基础，是体育社会科学繁荣的重要前提[3]。无论是行政部门的政策设计还是学者的研究成果均对体育促进青少年体质健康抱着较大的希望，各地也启动了相应的青少年体质健康促进策略。如《健康中国行动（2019—2030年）》提出的"中小学健康促进行动"，就是其中的15

---

[1] 本研究所谓的体育引致观，是用来表达青少年体质健康问题多是由体育行为导致的认识。

[2] 陈长洲，王红英，项贤林，等．改革开放40年我国青少年体质健康政策的回顾、反思与展望[J]. 体育科学，2019，39（3）：38–47.

[3] 郇昌店．青少年体质健康如何滋养了中国社会科学[J]. 河北体育学院学报，2016，30（1）：1–9.

项行动之一。当前经济社会发展中的诸多改革措施都将青少年健康成长作为重要诉求，如2020年国家体育总局和教育部联合下发的《关于深化体教融合 促进青少年健康发展的意见》，已成为当前各级政府部门积极制定当地政策的重要依据，各地积极制定相应的落实措施，推动体教融合政策的落地实施，努力实现青少年健康成长的目标[1]。

社会各界对体育与青少年体质健康的关系进行了深入探索，围绕体育促进青少年体质健康提出多项政策建议，这凸显出体育的“泛健康化工具价值”。从我国当前的发展实践来看，以体育为主促进青少年体质健康，不仅在理论层面获得了诸多关注，而且成为公共政策的重要导向[2]。

客观而言，体育对青少年体质健康具有重要影响，但体育并非唯一决定性因素。在青少年体质健康促进中，政府部门应该科学定位体育的作用和边界，明确认识体育与其他相关要素的关系与作用。国际社会对“健康社会决定因素”的理论分析及政策实践对我国科学认识青少年体质健康的问题极具参考意义。

三、青少年体质健康受深远的社会决定因素影响

长期以来，关于“健康致因”一直存在两种观点。一种观点认为，健康问题是由个人因素引发的，可通过医疗技术手段干预。与这种“下游路线”的干预策略不同，另一种观点认为，健康问题是由更宽泛的社会、经济和环境因素所导致的，由此产生“上游路线”的干预范式[3]。健康中国战略就是对“上游路线”的回应，《“健康中国2030”规划纲要》提出：全面建立健康影响评价评估制度，系统评估各项经济社会发展规划和政策、重大工程项目对健康的影响，健全监督机制。

---

[1] 孙科，刘铁军，马艳红，等．中国特色体教融合发展思考——对《关于深化体教融合 促进青少年健康发展意见》的诠释 [J]. 成都体育学院学报，2021，47（1）：13-20.

[2] 汪晓赞，郭强，金燕，等．中国青少年体育健康促进的理论溯源与框架构建 [J]. 体育科学，2014，34（3）：3-14.

[3] 石光，韦潇，汝丽霞．卫生政策的优先重点：健康和健康不公平的社会决定因素 [J]. 卫生经济研究，2012（5）：35-38.

国际社会早就关注到了社会决定因素对健康的意义，并通过制定公共政策来优化健康社会决定因素。研究表明，流行于18—19世纪的传染性疾病的治愈更应归因于社会、经济和环境的改善。正是疾控部门发现了健康与运动、营养、供水、卫生和贫困间的关系，才保证了健康的长足进步[1]。1998年，世界卫生组织发布的《健康社会决定因素：坚实的事实》，从社会决定的视角阐释了健康与经济、阶层、育成环境的关系。2005年，世界卫生组织成立健康社会决定因素委员会，倡导各国政府重视健康的社会影响因素。随着对健康致因认识的深化，“健康社会决定因素观”在我国逐渐受到重视[2]。2016年，国家卫生和计划生育委员会（现国家卫生健康委员会）基层卫生司司长李滔指出：经济、社会、自然环境和行为方式等突出问题是影响健康的重要因素。当前，非卫生部门在政策制定中对健康问题关注不够，将健康融入所有政策的制度性安排和长效性机制尚未建立，难以应对复杂健康社会决定因素带来的挑战[3]。

本研究依据“健康社会决定因素”的理论和国际经验，对我国青少年体质健康的社会影响因素的状况进行分析，并量化体育、营养、卫生、教育和休息等因素的影响权重，最终为推进社会因素影响下的青少年体质健康政策建设提供对策、建议。本研究成果有利于提升对我国青少年体质健康的社会决定因素的认识，为相关政策调整提供了优化方向与重点领域。

---

[1] 胡琳琳，胡鞍钢. 从不公平到更加公平的卫生发展：中国城乡疾病模式差距分析与建议 [J]. 管理世界，2003（1）：78-87.

[2] 郭岩，谢铮. 用一代人时间弥合差距——健康社会决定因素理论及其国际经验 [J]. 北京大学学报（医学版），2009，41（2）：125-128.

[3] 李滔，王秀峰. 健康中国的内涵与实现路径 [J]. 卫生经济研究，2016（1）：4-10.

第三节 研究思路与研究方法

一、研究思路

本研究认为，我国青少年体质健康治理低效的原因在于过度重视体育的促进意义，一定程度上忽视了教育、卫生和营养等重要的影响因素。研究发现，我国对“体质健康”的提炼，既和世界卫生组织对身体健康的界定有关，又表现出我国青少年健康治理中的独特特征。比较而言，身体健康更多地指个体的躯体方面没有疾病，而体质健康的范畴更宽泛，更需要予以高度重视。长期以来，我国对体质与健康的关系认识和术语使用一直在不断变化。中华人民共和国成立后，我国公共政策一直使用“体质”的说法。从20世纪80年代，国家教育行政部门推动“高等学校学生体质健康卡片”的使用，“体质健康”开始成为特定的称谓。尤其在2002年《学生体质健康标准（试行方案）》出台后，“体质健康”开始作为一个重要的术语使用[1]。

本研究将坚持青少年体质健康治理的“上游路线”，关注健康社会决定因素对青少年体质健康的推进作用，并结合“循证决策”思维促进公共政策设计的完善。研究思路与技术路线见图1–1。

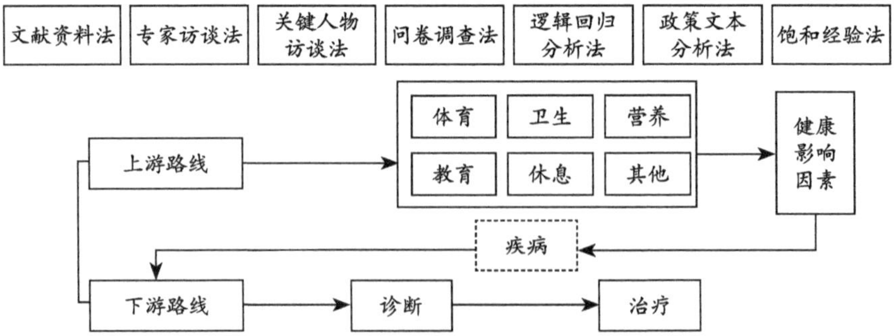

图1–1 研究思路与技术路线

[1] 吴华，阮辉. 关于“体质健康”术语及其现行测定与评价体系的探讨[J]. 卫生职业教育，2011，29（14）：34–36.

二、研究方法

（一）文献资料法

本研究搜集了体育学、教育学、管理学和公共医学等领域的相关研究文献、政府出版物，系统搜集了世界卫生组织等国际组织和其他国家的相关公共政策。

（二）专家访谈法

笔者对体育、社会医学和公共政策等领域的专家进行了访谈。访谈的内容主要是对文献分析析出的调研方案进行评价，以明确基于健康社会决定因素的青少年体质健康政策优化的疑难点和推进路径。

专家访谈采取两种形式。第一种是会议访谈。课题立项后，与部分专家进行积极沟通，邀请苏州大学王家宏教授等五位专家莅临徐州市。专家围绕课题的设计与论证进行了讨论，对后期工作进行了指导，并提出了课题结题的相关注意事项。第二种是分散访谈。在课题实施过程中，为了厘清研究中的重要问题，课题组对本领域的相关专家、学校领导者和政府工作人员进行了系统访谈。调研专家基本信息见表1-1。

表1-1　调研专家基本信息

专家姓名	职称	工作单位	访谈的主要内容
王家宏	教授	苏州大学体育学院	开题论证，对研究对象、研究方法和预期成果提出建议，尤其是方法学上需要注意与规避的问题
张林	教授	上海体育大学经济管理学院	
石岩	教授	山西大学体育学院	
杨剑	教授	华东师范大学体育与健康学院	
张伟	教授	江苏师范大学体育学院	
杨国庆	研究员	南京体育学院	运动与营养对青少年体质健康促进的意义
易剑东	教授	温州大学体育与健康学院	项目设计与论证

续表

专家姓名	职称	工作单位	访谈的主要内容
何敬堂	副教授	淮南师范学院体育学院	调查问卷编制，尤其是统计方法的预先设计、预调查与问卷完善等
金梅	教授	南京特殊教育师范学院体育学院	特殊群体的健康政策与测量手段，尤其是残疾人
杜红雷	副局长	徐州市教育局	学校体育活动开展情况，校园卫生活动开展情况

（三）关键人物访谈法[1]

为了解地方青少年体质健康政策的制定和扩散过程，课题组访谈了江苏、山东等省教育厅体卫艺处、省体育局青少年体育处的负责同志，利用半结构式访谈搜集地方政府有关青少年体质健康政策的材料，了解部分政策出台的背景、过程等信息；同时，还访谈了部分学校的负责同志。实地访谈对象见表1-2。关于“青少年体质健康的社会决定因素及政策应对研究”的访谈提纲见附录一。

表1-2　实地访谈对象

序号	访谈对象单位	时间	访谈对象	职务
1	江苏省教育厅体卫艺处	2018年9月3日	李勇	挂职副处长
2	山东省体育局	2021年3月21日	陈爱辉	科长
3	江苏省东海县实验小学	2020年3月12日	吴雪萍	副校长
4	江苏省东海县第二中学	2020年3月12日	王雪婷	德育室主任
5	江苏省郑集高级中学	2021年1月12日	张明敏	校医
6	山东省临沭第一中学	2021年1月15日	李学昌	体育、德育负责人

[1] 专家访谈和关键人物访谈，对象不一致。专家指了解青少年体质健康的相关行业的专业人士，而关键人物指从事青少年体质健康治理的从业者，专家和关键人物会有重叠。

续表

序号	访谈对象单位	时间	访谈对象	职务
7	山东省临沭县店头镇 店头初级中学	2021年1月15日	郇玉宝	教务主任
8	江苏省徐州市睢宁县 实验小学	2021年3月2日	王婷	教务主任
9	陕西省咸阳市三原县独李镇 独李中心小学	2021年7月8日	张磊	支教教师

针对我国青少年体质健康的相关问题，课题组对研究领域、实践领域的专家进行会议访谈、焦点访谈或半结构式访谈，对相关观点进行佐证。

（四）问卷调查法

课题组根据文献分析和实地调研的结果制订调查问卷。问卷制定后，邀请课题组成员和相关专家共11位对问卷效度进行认定，同时，课题组通报了调查问卷预调查的相关结果。从表1–3可以看出，课题组成员和相关专家对调查问卷的内容效度、准则效度和结构效度等较为认可。

表1–3　课题组成员和相关专家对调查问卷的效度判定统计结果　　单位：人

分类	合理	基本合理	一般	不合理	很不合理
内容效度	7	2	2	0	0
准则效度	8	3	0	0	0
结构效度	10	1	0	0	0

专家对调查问卷效度的认可度较高，认为本次调查问卷较好地反映了预调查的内容，且相关内容调整也能够反映现实状况。同时，专家表示部分调研内容相对薄弱，建议以现场访谈、电话交流等其他调研方式弥补。

课题组按照东部、中部、西部、东北地区的区域分布和城市、农村的分布，通过多层次随机抽样，揭示了近年来影响我国青少年体质健康的各种社会因素的现状。调查问卷发放、有效回收状况的统计结果见表1–4。

表1-4 调查问卷发放、有效回收状况的统计结果

项目		发放数量 / 份	有效回收数量 / 份	有效回收率 /%
发放区域	东部	4 100	2 111	51.49
	中部	2 200	1 320	60.00
	西部	2 400	1 684	70.17
	东北地区	400	293	73.25
总计		9 100	5 408	59.43

（五）逻辑回归分析法

课题组利用调研数据模型，基于健康社会决定因素等自变量的转变，呈现不同健康状况的发生概率，评价不同社会决定因素对健康状况的影响权重。此外，课题组还模拟了改善相关社会因素可能对青少年体质健康带来的效果。

（六）政策文本分析法

课题组利用相关数据库搜集政策文本，对政策文本的发文主体、目标和内容、创新等方面进行分析。基于研究条件的限制，本研究公共政策搜集时间截至2020年12月底。有关中央政府的政策主要从北大法宝和中国青少年体质健康政策数据库（自建，1949—2014年）搜集；有关省级及以下政府的政策，利用北大法宝和政府部门官网搜索补充。

（七）饱和经验法

在参与国家《青少年体育活动促进计划》的制订过程中，笔者作为核心编写人员参与了制订、调研的全过程，对政策制定的原因、过程等较为熟悉。笔者参与了北京市、上海市等地举办的意见征求会，搜集到了相关部委和地方体育局青少年体育处的反馈意见。

第二章

问卷编制与调研实施

为了客观、系统地梳理我国青少年体质健康的社会决定因素，本研究借助大规模调查问卷的支持。课题组基于既往调查问卷的实施状况，确定了科学的问卷编制思路与调研实施方案。

第一节　问卷编制思路

本研究的主要对象是青少年体质健康的社会决定因素及政策应对，涉及的几个关键词是青少年体质健康、健康社会决定因素及公共政策。

课题组经过充分讨论，并多次征求相关学者的意见，经过细致的分析和论证，完成了调查问卷的编制。

针对青少年体质健康的问题，本研究按照前述的界定，采取一种相对宽泛的思路，即青少年身体健康凸显出来的问题（不涉及特定疾病），通过一些辅助指标，如肥胖、体育活动不足、睡眠质量不高、近视问题等予以确认。

本研究对健康社会决定因素的分析，除了包含国家、社会普遍关注的社会经济地位等要素，还包含了青少年的体育活动（校内与校外）、营养状况、睡眠、学习时间和积极通勤状况等。

政策指标主要选择与青少年体质健康密切相关的体育、教育、卫生、营养和休息等领域的政策。

本研究对青少年体质健康的测量，主要通过自评健康状况的形式实现。这将作为本研究最重要的目标约束，后续的社会经济地位、体育活动等均与其进行相关性分析和逻辑回归分析，从而呈现不同要素的影响情况。

例如：您的健康状况和同龄人相比，怎么样？

[1] 非常好 [2] 好 [3] 一般 [4] 差

对于选择前两项的人，则认定其自评健康状况为“健康”；对于选择后两项的人，则认定其自评健康状况为“不健康”。

关于对青少年群体社会经济地位的衡量，若直接调查其家庭收入等关键信息，可能会出现大量拒绝填写的状况，因此，本研究在综合多项研究经验的基础上，采取间接指标（家长的受教育程度、职业状况，青少年群体的家庭经济状况）来衡量其社会经济地位。其中，家长的受教育程度和职业状况相对容易调查。家长的受教育程度根据学历的高低细分为三个维度，即高学历（大学及以上）、中等学历[初/高中、中专]和初等学历（小学及未上过学）。家长的职业则依据职业的性质分为7种（见附录二中的第15和第16题）。

针对青少年群体的家庭经济状况的分析，本研究不再采取绝对数值，而是利用间接指标。在下面示例选项中，括号中的数字为赋值。家庭经济状况指标满分为13分，6道题合计得分为1～6分的为低收入家庭、6～9分的为中等收入家庭、10～13分的为高收入家庭。

示例：

1. 您家里有汽车或其他机动车辆（不含摩托车、电动车、拖拉机等）吗？若有，有几辆？

[1] 没有（0） [2] 有 1 辆（1） [3] 有 2 辆及以上（2）

2. 您在家里有自己的卧室吗？

[1] 没有（0） [2] 有（1）

3. 您家里有几台电脑（包括台式电脑、笔记本电脑和平板电脑）？

[1] 没有（0） [2]1 台（1） [3]2 台（2） [4]2 台以上（3）

4. 您家里有几间浴室（带浴缸、淋浴间或两者兼有的房间，家里有多套房的，填总数）？

[1] 没有（0） [2]1 间（1） [3]2 间（2） [4]2 间以上（3）

5. 您家里有洗碗机吗？

[1] 没有（0） [2] 有（1）

6. 您和您的家人去年去外地度假、休假了几次？

[1] 没有（0） [2]1 次（1） [3]2 次（2） [4]2 次以上（3）

针对现有青少年体质健康表现出的问题，如肥胖、体育活动不足、睡眠质量不高、近视问题，本研究采取如下方式进行分析。

其中，肥胖用BMI来衡量，BMI=体重（千克）÷身高^2（米^2）。

近视状况的分类：（1）300度以下者称为轻度近视；（2）300～600度者为中度近视；（3）600度以上者为高度近视；（4）不近视。

问卷编制完成后，课题组在徐州市第一中学发放300份预调查问卷，通过预调查的结果对课题组的一些假设进行了验证，并依据验证的结果对问卷的呈现方式、题项顺序和内在关联度等进行了重新设计，尽量调整问题的负向性回应。

例如：您的健康状况和同龄人相比，怎么样？

[1] 非常好 [2] 好 [3] 一般 [4] 差

很多学生表示，主观性健康状况的填写受到外部因素的影响较为明显，当自己填写不健康时，可能会遭到周围同学的歧视。经商讨，课题组采取医学调研中常用的两周患病率，两周内青少年的回忆偏移相对较小，能够支持健康状况的评价。

通过预调查，课题组增加了对青少年来说相对重要的问题。如问到学生是否抽烟，就是要看当前我国青少年的抽烟率怎么样，并通过抽烟率来观察其健康生活方式的状况。最终，本研究形成了关于“我国青少年体质健康状况及影响因素”的调查问卷，详见附录二。

第二节　抽样调研原则与内容

一、抽样调研原则

根据课题组的设计，本次调研在尽量覆盖全国的同时，也要与各地青少年体质健康促进实际工作相关联；既要考虑覆盖面，又要关注典型性。课题组根据调研实施的进度，让调查员进行部分实地访谈工作，以获取实证材料。

二、抽样调研内容

本次调研的人口学变量，包含调查对象的性别、年龄、城乡分布等基础性信息，同时为了体现健康社会决定因素，本研究主要对现实中体现体质健康的问题进行分析。本研究的指标在参考《国家学生体质健康标准（2024年修订）》相关指标的基础上，加入了学生自评健康状况指标（主要采用两周患病率的指标）。由于当前社会各界对学生近视状况较为关注，因此本研究也将近视状况作为体质健康的重要指标，于是本研究出现了四个与健康相关的指标：两周患病率、近视状况、BMI、体质测试。

分析青少年体质健康的社会决定因素，就是要对青少年体质健康的诸多影响因素进行分类分析，从而呈现诸多影响因素对青少年体质健康的影响程度。根据研究需要，在充分进行文献分析和实地访谈的基础上，本研究共形成了如下具体的调研内容：

第一，在青少年体质健康的体育促进因素方面，从受众角度出发，本研究主要调研了体育课的运动量、体育喜爱程度、体育参与次数、运动伙伴、运动技能的掌握情况、运动指导的需求程度等内容。

第二，在青少年体质健康的健康教育促进因素方面，从受众角度出发，本研究主要调研了健康教育需求程度、健康教育课程的开设效果、健康教育信息的获取方式等内容。

第三，在青少年体质健康的校园卫生促进因素方面，从受众角度出发，本研究主要调研了饮用水卫生、校园环境卫生、食品卫生、教室卫生等内容。

第四，在青少年体质健康的营养摄入促进因素方面，从受众角度出发，本研究主要调研了饮食状况、早餐状况、高热量食品摄入状况等内容。

第五，在青少年体质健康的休息促进因素方面，从受众角度出发，本研究主要调研了课业负担状况、作业时间、学习时间、屏幕时间、睡眠时间等内容。

第六，在青少年体质健康的建成环境促进因素方面，从受众角度出发，本研究主要调研了通勤方式与通勤时间、周边健身环境、校园健康环境等内容。

在实地调查中，本研究通过一些开放性问题，展示了学生对青少年体质健康的期待，为我国青少年体质健康促进提供了一定的现实依据；通过对上述六个方面的分析，本研究展示了我国青少年体质健康促进的典型状况与问题。

第三节　抽样调研方案

按照我国区域划分习惯，本研究依据2011年国家统计局发布的我国经济区域划分的标准[1]，将调研区域限定为东部、中部、西部和东北地区。为了确保调查对象的覆盖面，本研究在严格按照抽样原则的前提下，同时考虑到实际操作的便利性，抽取东部8个省级行政区（广东省、山东省、江苏省、福建省、北京市、浙江省、天津市、上海市）、中部4个省级行政区（河南省、湖北省、山西省、安徽省）、西部5个省级行政区（云南省、贵州省、广西壮族自治区、内蒙古自治区、宁夏回族自治区）和东北地区的黑龙江省，共18个省级行政区。

[1] 东部包括：北京市、天津市、河北省、上海市、江苏省、浙江省、福建省、山东省、广东省和海南省。
中部包括：山西省、安徽省、江西省、河南省、湖北省和湖南省。
西部包括：内蒙古自治区、广西壮族自治区、重庆市、四川省、贵州省、云南省、西藏自治区、陕西省、甘肃省、青海省、宁夏回族自治区和新疆维吾尔自治区。
东北地区包括：辽宁省、吉林省和黑龙江省。

抽样按照小学、初中、高中和大学四个阶段，两头大、中间稍小的原则，具体考虑如下：小学生在校生数量较多，而大学生则是最接近社会工作岗位的人，相关健康行为对后续发展更有意义。因此，本次抽样调研方案共抽取小学生2 700名、初中生1 750名、高中生2 000名、大学生2 650名。调研区域和调查问卷发放数量的统计结果见表2–1。

表2–1　调研区域和调查问卷发放数量的统计结果

区域	学段	具体省（自治区、直辖市）	数量 / 份
东部	小学	江苏省、福建省	1 100
	初中	北京市、浙江省	1 000
	高中	广东省、天津市	1 000
	大学	山东省、上海市	1 000
中部	小学	河南省、山西省	1 100
	初中	安徽省	200
	高中	湖北省	400
	大学	湖北省、安徽省	500
西部	小学	内蒙古自治区	500
	初中	宁夏回族自治区	500
	高中	广西壮族自治区	400
	大学	贵州省、云南省	1 000
东北地区	初中	黑龙江省	50
	高中	黑龙江省	200
	大学	黑龙江省	150
合计			9 100

第四节　调查员培训

为了顺利地进行研究工作，确保每个调研区域均有一名受过培训的调查员，课题组对调查员进行了培训。培训的内容主要涵盖调查过程中的问题解释、部分题目的解读。对于部分在读硕士研究生，主要培训的是如何参与地方学校体育和卫生环境的考察，以及访谈技巧。参与调查的学校和人员的统计表见表2–2。

表2–2　参与调查的学校和人员的统计表

省（自治区、直辖市）	承担院校	联络人
福建省	三明学院	郑伟
	福建体育职业技术学院	郝海亭
山西省	山西大同大学	张智
山东省	山东省临沂第四中学	李志强
	临沭第一中学	郇昌飞
云南省	红河学院	唐章文
广西壮族自治区	广西师范大学	夏良珍
湖北省	湖北大学体育学院	李丽
北京市	北京市朝阳师范学校附属小学	侯永坤
天津市	天津商业大学	咸立印
内蒙古自治区	内蒙古交通职业技术学院	郎晓伟
贵州省	兴义民族师范学院	谭达顺
河南省	河南财政金融学院	党琳燕
安徽省	淮南师范学院	何敬堂
上海市	上海财经大学	陈瑜
江苏省	江苏师范大学	李斐
	江苏海洋大学	沈丽玲
宁夏回族自治区	宁夏大学	文掬
黑龙江省	大庆师范学院	艾振国

续表

省（自治区、直辖市）	承担院校	联络人
广东省	佛山职业技术学院	张德军
浙江省	杭州师范大学	李军

为了保证培训的质量，课题组邀请了曾参与同类型基金项目调研的团队成员来分享调研经验。该课题负责人结合自身的经历，回顾了2009年负责的同类型基金项目的调研过程，当时他们主要利用大学生寒假回家的机会，让大学生在家乡的中小学发放问卷，而回收问卷主要采用邮寄的方式。课题组比较后认为，尽管此种方式能保证问卷的回收率，但调研成本太高。

华东交通大学张文鹏教授（现工作单位为云南师范大学）分享了他在河南省为期7天的调研经验，特别是与地方教育行政部门沟通与联系的方法。天津师范大学孙荣会教授分享了其针对青少年体育社会组织的调研经验，尤其是在遇到学生无法回答的问题时，如何变通以确保不影响填答结果，以及如何保证调研的质量等关键问题。

通过3次培训，相关调查员已经熟悉了问卷发放与质量检查的要求，并结合课题组制定的访谈方案进行组内模拟训练。课题组的陈红老师根据心理学的特征，设计了部分社会情境障碍题，如遇到调查对象故意不回答问题或回避问题等情况，要求调查员在撰写调研报告时，不能曲解调查对象的表达。

第五节 调研实施步骤

本次调查问卷在徐州市印刷完成后，通过快递分发至各调研区域。本次调研的质量控制由调查员和督导员共同负责，课题组委托相关成员协助其实施调研，保证调研过程的科学性和严谨性。

每个调研点均保证有1名督导员和2或3名调查员参与。调查员负责向调查对象说明本次调研的意义和问卷填写的要求，同时对调研过程中出现的问题进行回答。督导员主要负责甄别问卷填写的错误，并对调研礼品分发进行记录。

为了保证调查问卷的可读性和可接受性，课题组在江苏省和河南省进行了预调查，并根据预调查的结果修订了部分问题的表述，对调研的具体要求进行细化。本次调查对象包含小学4～6年级的学生、中学和大学的学生。中学和大学的学生均能够较好地理解题目表达的含义，而在小学4～6年级中有部分学生可能不理解题目表达的含义，因此小学问卷的填写主要安排在课间进行。在填写问卷前，班主任在家长群发布调查问卷的电子版并征求学生家长的意见，如果家长对此有异议或明确表示不参与，则该名学生不参与问卷填写。

第六节　问卷复核整理

课题组共回收调查问卷6 703份，经过问卷回收后的甄别，将部分填写有明显逻辑错误的问卷和残缺数值较多的问卷剔除，共剔除不符合要求的问卷1 295份，最终回收有效问卷5 408份。

本次问卷结果借助EpiData软件进行双录入。录入人员主要是江苏师范大学的研究生和大四本科生，共分为两组。所有问卷结果录入两次，然后进行双录入比对，从而保证录入的一致性。

EpiData软件的优势在于能够设置录入的数字区间并进行录入控制，保证录入的质量。如第1题性别只能录入两个数据“1”“2”，如果输入错误，则数据无法正常录入。同时，EpiData软件能够进行跳题设计，从而提高录入的效率。例如，在第9题中，若学生选择了“[1]走读生”的选项，那么9-1和9-2的题目就会出现在录入界面中并允许录入；若选择“[2]住校生”，这两个题目则不会出现。传统的Excel软件或者SPSS软件录入数据，均无法保证录入过程中数据的自我甄别；而EpiData软件录入数据，能够输出多种数据格式，保证了数据能用于SPSS软件的后续分析。

第三章

青少年的人口学变量和体质健康状况

本研究共回收有效问卷5 408份，尽管有效问卷的数量只占59.43%，但其覆盖面较大，能够满足分析使用，并反映青少年体质健康的现实状况。课题组首先分析调查对象的人口学变量，然后呈现当前青少年体质健康的有关特征，以便为后续研究提供基础。

第一节　青少年的人口学变量分析

从表3-1可以看出，东部地区共回收有效问卷2 111份，占有效问卷总量的39.03%；中部地区共回收有效问卷1 320份，占有效问卷总量的24.41%；西部地区共回收有效问卷1 684份，占有效问卷总量的31.14%；东北地区共回收有效问卷293份，占有效问卷总量的5.42%。本次调查人口分布状况与第七次全国人口普查的人口比例相对一致，能够反映当前青少年的特征。

表3-1　有效问卷的区域分布的统计结果

题目	选项	数量 / 份	比例 /%
区域分布	东部	2 111	39.03
	中部	1 320	24.41

续表

题目	选项	数量 / 份	比例 /%
区域分布	西部	1 684	31.14
	东北地区	293	5.42

一、青少年的性别分析

从表3–2可以看出，男生共有2 371人，占总数的43.84%；而女生共有3 037人，占总数的56.16%。实地调查发现，中小学男、女生比例基本为1:1，随着学历的提升，女生的比例逐渐增加。比较而言，女生填写问卷更为仔细，这在一定程度上保证了问卷的质量。分析发现，在被剔除的1 295份问卷中，男生填写的比例相对较高。

表3–2　性别的统计结果

题目	选项	人数 / 人	比例 /%
性别	男生	2 371	43.84
	女生	3 037	56.16

二、青少年的民族分析

从表3–3可以看出，汉族学生共4 010人，占总数的74.15%；少数民族学生的数量为1 398人，占总数的25.85%。

表3–3　民族的统计结果

题目	选项	人数 / 人	比例 /%
民族	汉族	4 010	74.15
	少数民族	1 398	25.85

三、青少年的城乡分布分析

从表3–4可以看出，城市学生的数量为2 825人，占总数的52.24%；乡镇学生的数量为989人，占总数的18.29%；农村学生数量为1 594人，占总数的29.47%。

表3–4　城乡分布的统计结果

题目	选项	人数 / 人	比例 /%
城乡分布	城市	2 825	52.24
	乡镇	989	18.29
	农村	1 594	29.47

四、青少年的学段情况分析

从表3–5可以看出，小学生的数量为1 492人，占总数的27.59%；初中生的数量为1 250人，占总数的23.11%；高中生的数量为1 225人，占总数的22.65%；大学生的数量为1 441人，占总数的26.65%。

表3–5　学段的统计结果

题目	选项	人数 / 人	比例 /%
学段	小学	1 492	27.59
	初中	1 250	23.11
	高中	1 225	22.65
	大学	1 441	26.65

五、青少年的独生子女情况分析

从表3–6可以看出，独生子女人数占总数的24.52%，非独生子女人数占总数的75.48%。既往研究表明，独生子女对自身的身心健康具有显著性影响[1]。因

[1]　王家林，彭崇基．独生与非独生子女身心健康及影响因素研究 [J]. 中国校医，1996（5）：321–323.

此本研究也设置如下假设：独生子女因为能够获得家庭的独特照顾等，有可能会影响到个体的健康状况。

表3-6 独生子女情况的统计结果

题目	选项	人数 / 人	比例 /%
独生子女情况	是	1 326	24.52
	否	4 082	75.48

六、青少年的与父母住情况分析

在家庭照顾中，与母亲住或与父亲住，主要展示调查对象的家庭是否为留守家庭或单亲家庭。从表3-7可以看出，青少年与母亲一直住在一起的人数占总数的72.47%，这体现了其能够得到母亲的关爱。既往研究表明，母亲的照顾对青少年健康具有重要影响[1]。

表3-7 与母亲住的统计结果

题目	选项	人数 / 人	比例 /%
与母亲住	一直住在一起	3 919	72.47
	偶尔住在一起	893	16.51
	不住在一起	596	11.02

同理，从表3-8可以看出，青少年与父亲一直住在一起的人数占总数的77.20%，“与父亲住”亦体现了父亲对青少年的照顾。既往研究成果表明，父亲陪伴是子女身心健康成长的关键因素之一，父亲的行为示范也能影响青少年的健康成长[2]。

[1] 孙文凯，王乙杰. 父母外出务工对留守儿童健康的影响——基于微观面板数据的再考察 [J]. 经济学（季刊），2016，15（3）：963–988.

[2] 许琪，王金水. 爸爸去哪儿？父亲育儿投入及其对中国青少年发展的影响 [J]. 社会发展研究，2019，6（1）：68–85.

表3-8 与父亲住的统计结果

题目	选项	人数/人	比例/%
与父亲住	一直住在一起	4 175	77.20
	偶尔住在一起	804	14.87
	不住在一起	429	7.93

七、青少年的抽烟行为分析

从表3-9可以看出，有抽烟行为的青少年人数占总数的4.29%，说明我国对青少年抽烟的控制相对较好。抽烟作为一种危害健康的行为，容易在青少年中传播，并对其后续的健康具有持续性不良影响[1]。

表3-9 抽烟行为的统计结果

题目	选项	人数/人	比例/%
抽烟行为	是	232	4.29
	否	5 176	95.71

本研究利用交叉分析来探究抽烟行为对于学段、性别、城乡、区域共4项的差异性。从表3-10可以看出，不同抽烟行为样本对于城乡未呈现出显著性（$P>0.05$），意味着不同抽烟行为样本对于城乡均呈现出一致性，没有显著性差异。另外，不同抽烟行为样本对于学段、性别、区域共3项呈现出显著性（$P<0.01$），意味着不同抽烟行为样本对于学段、性别、区域共3项均呈现出差异性。

不同抽烟行为样本对于学段呈现出0.01水平的显著性（$\chi^2=102.441$，$P=0.000$）。对比显示，小学选择“否”的比例（28.42%）明显高于选择“是”的比例（9.05%），初中选择“否”的比例（23.40%）明显高于选择“是”的比例（16.81%），大学选择“是”的比例（53.88%）明显高于选择“否”的比例（25.43%），说明大学阶段是抽烟行为形成的重要阶段。

[1] 林晓珊．“香烟”弥漫的青春：作为一种“过渡期仪式”的青少年香烟消费[J]. 青年研究，2010（3）：46-57.

表3-10　抽烟行为与相关变量的交叉分析

题目	选项	是		否		总计		χ^2	P
		人数 / 人	比例 /%	人数 / 人	比例 /%	人数 / 人	比例 /%		
学段	小学	21	9.05	1 471	28.42	1 492	27.59	102.441	0.000**
	初中	39	16.81	1 211	23.40	1 250	23.11		
	高中	47	20.26	1 178	22.76	1 225	22.65		
	大学	125	53.88	1 316	25.43	1 441	26.65		
性别	男生	185	79.74	2 186	42.23	2 371	43.84	126.879	0.000**
	女生	47	20.26	2 990	57.77	3 037	56.16		
城乡	城市	121	52.16	2 704	52.24	2 825	52.24	0.489	0.783
	乡镇	46	19.83	943	18.22	989	18.29		
	农村	65	28.02	1 529	29.54	1 594	29.47		
区域	东部	77	33.19	2 034	39.30	2 111	39.03	37.801	0.000**
	中部	43	18.53	1 277	24.67	1 320	24.41		
	西部	80	34.48	1 604	30.99	1 684	31.14		
	东北地区	32	13.79	261	5.04	293	5.42		

注：** 代表 $P < 0.01$。

不同抽烟行为样本对于性别呈现出0.01水平的显著性（χ^2=126.879，P=0.000）。对比显示，男生选择“是”的比例（79.74%）明显高于选择“否”的比例（42.23%），女生选择“否”的比例（57.77%）明显高于选择“是”的比例（20.26%），说明男生抽烟比例高于女生。

不同抽烟行为样本对于区域呈现出0.01水平的显著性（χ^2=37.801，P=0.000）。对比显示，东部学生选择“否”的比例（39.30%）明显高于选择“是”的比例（33.19%），中部学生选择“否”的比例（24.67%）明显高于选择“是”的比例（18.53%）。西部和东北地区学生选择“是”的比例（34.48%、13.79%）均高于选择“否”的比例（30.99%、5.04%）。

八、青少年的父母职业分析

国家将职业分为8类，为了展示职业的分类状况，本研究将8类职业划分为3种类型。其中，职业1包含机关、企事业单位管理者，机关、企事业一般工作人员，专业技术人员（教师、医生等）等。职业2包含个体工商户，商业、服务业员工等。职业3包含工人、农民等（农、林、牧、渔）。

从表3–11可以看出，父亲从事职业1的人数占总数的22.08%，从事职业2的人数占总数的22.71%，从事职业3的人数占总数的55.21%。通过父亲职业与母亲职业的统计结果（表3–12）的对比，本研究发现一个较为明显的问题，即父母从事职业3的人数均占比较大。

表3–11 父亲职业的统计结果

题目	选项	人数 / 人	比例 /%
父亲职业	职业1	1 194	22.08
	职业2	1 228	22.71
	职业3	2 986	55.21

表3–12 母亲职业的统计结果

题目	选项	人数 / 人	比例 /%
母亲职业	职业1	876	16.20
	职业2	1 296	23.96
	职业3	3 236	59.84

九、青少年的父母受教育程度分析

从表3-13和表3-14可以看出，大多数父母的受教育程度集中在初/高中、中专，其人数分别占总数的53.83%和43.53%；未上过学的人数最少，其分别占总数的3.98%和13.18%。此外，从样本数据可知，父亲的受教育程度更高。

表3-13　父亲受教育程度的统计结果

题目	选项	人数 / 人	比例 /%
父亲受教育程度	未上过学	215	3.98
	小学	1 221	22.58
	初/高中、中专	2 911	53.83
	大学及以上	1 061	19.62

表3-14　母亲受教育程度的统计结果

题目	选项	人数 / 人	比例 /%
母亲受教育程度	未上过学	713	13.18
	小学	1 371	25.35
	初/高中、中专	2 354	43.53
	大学及以上	970	17.94

十、青少年的家庭经济状况分析

家庭经济状况是重要的变量，对青少年健康成长具有重要意义。既往研究表明，家庭经济状况对子女的健康具有重要影响，家庭经济状况较好的子女健康状况相对较好[1]。从表3-15可以看出，低收入家庭的数量占总数的70.64%，中等收入家庭的数量占总数的22.34%，高收入家庭的数量占总数的7.02%。

[1] 尹慧，郭岩 . 儿童期父母社会经济地位对子女成年健康的影响：中国居民健康的代际不公平效应 [J]. 中国卫生经济，2011，30（12）：17-20.

表3-15　家庭经济状况的统计结果

题目	选项	人数 / 人	比例 /%
家庭经济状况	低收入	3 820	70.64
	中等收入	1 208	22.34
	高收入	380	7.02

第二节　青少年的体质健康状况分析

本研究采取了4项指标来衡量青少年体质健康状况，即以两周患病率、BMI、近视状况、体质测试为主要指标。

一、青少年的两周患病率状况分析

从表3-16可以看出，有10.65%的学生在调查的两周内出现了患病状况，有89.35%的学生在调查的两周内身体呈现健康状态。由于本次调查主要在2020年秋季，而秋季是青少年的疾病多发期，调查两周患病率能够反映出我国青少年体质健康的状况。

表3-16　两周患病率的统计结果

题目	选项	人数 / 人	比例 /%
两周患病率	健康	4 832	89.35
	不健康	576	10.65

本研究利用交叉分析来探究两周患病率对于区域、性别、民族、城乡、学段、独生子女、与母亲住、与父亲住、抽烟行为、父亲职业、母亲职业、父亲受教育程度、母亲受教育程度、家庭经济状况共14项的差异性。从表3-17可以看出，不同两周患病率样本对于区域、性别、城乡、独生子女、与父亲住、抽

烟行为、母亲职业、父亲受教育程度共8项未呈现出显著性（$P>0.05$），意味着不同两周患病率样本对于区域、性别、城乡、独生子女、与父亲住、抽烟行为、母亲职业、父亲受教育程度共8项均呈现出一致性，没有显著性差异。另外，不同两周患病率样本对于民族、学段、与母亲住、父亲职业、母亲受教育程度、家庭经济状况共6项呈现出显著性（$P<0.05$），意味着不同两周患病率样本对于民族、学段、与母亲住、父亲职业、母亲受教育程度、家庭经济状况共6项均呈现出差异性。

不同两周患病率样本对于民族呈现出0.01水平的显著性（χ^2=20.436，P=0.000）。对比显示，汉族学生选择不健康的比例（81.94%）明显高于选择健康的比例（73.22%），少数民族学生选择健康的比例（26.78%）明显高于选择不健康的比例（18.06%）。

不同两周患病率样本对于学段呈现出0.01水平的显著性（χ^2=71.602，P=0.000）。对比显示，小学生选择健康的比例（28.29%）明显高于选择不健康的比例（21.70%），初中生选择不健康的比例（30.21%）明显高于选择健康的比例（22.27%），高中生选择不健康的比例（31.77%）明显高于选择健康的比例（21.56%），大学生选择健康的比例（27.88%）明显高于选择不健康的比例（16.32%）。

不同两周患病率样本对于与母亲住呈现出0.01水平的显著性（χ^2=11.259，P=0.004）。对比显示，与母亲“一直住在一起”的学生选择不健康的比例（78.30%）明显高于选择健康的比例（71.77%）。

不同两周患病率样本对于父亲职业呈现出0.05水平的显著性（χ^2=8.434，P=0.015）。对比显示，父亲从事职业1的学生选择不健康的比例（26.74%）明显高于选择健康的比例（21.52%）。

不同两周患病率样本对于母亲受教育程度呈现出0.05水平的显著性（χ^2=10.726，P=0.013）。

不同两周患病率样本对于家庭经济状况呈现出0.01水平的显著性（χ^2=12.846，P=0.002）。对比显示，低收入家庭的学生选择健康的比例（71.32%）明显高于选择不健康的比例（64.93%）。

表3-17　两周患病率与相关变量的交叉分析

题目	选项	健康		不健康		总计		χ^2	*P*
		人数 / 人	比例 /%	人数 / 人	比例 /%	人数 / 人	比例 /%		
区域	东部	1 876	38.82	235	40.80	2 111	39.03	4.551	0.208
	中部	1 187	24.57	133	23.09	1 320	24.41		
	西部	1 516	31.37	168	29.17	1 684	31.14		
	东北地区	253	5.24	40	6.94	293	5.42		
性别	男生	2 097	43.40	274	47.57	2 371	43.84	3.637	0.057
	女生	2 735	56.60	302	52.43	3 037	56.16		
民族	汉族	3 538	73.22	472	81.94	4 010	74.15	20.436	0.000**
	少数民族	1 294	26.78	104	18.06	1 398	25.85		
城乡	城市	2 513	52.01	312	54.17	2 825	52.24	5.889	0.053
	乡镇	871	18.03	118	20.49	989	18.29		
	农村	1 448	29.97	146	25.35	1 594	29.47		
学段	小学	1 367	28.29	125	21.70	1 492	27.59	71.602	0.000**
	初中	1 076	22.27	174	30.21	1 250	23.11		
	高中	1 042	21.56	183	31.77	1 225	22.65		
	大学	1 347	27.88	94	16.32	1 441	26.65		

续表

题目	选项	健康		不健康		总计		χ^2	P
		人数 / 人	比例 /%	人数 / 人	比例 /%	人数 / 人	比例 /%		
独生子女	是	1 167	24.15	159	27.60	1 326	24.52	3.315	0.069
	否	3 665	75.85	417	72.40	4 082	75.48		
与母亲住	一直住在一起	3 468	71.77	451	78.30	3 919	72.47	11.259	0.004**
	偶尔住在一起	815	16.87	78	13.54	893	16.51		
	不住在一起	549	11.36	47	8.16	596	11.02		
与父亲住	一直住在一起	3 748	77.57	427	74.13	4 175	77.20	3.475	0.176
	偶尔住在一起	706	14.61	98	17.01	804	14.87		
	不住在一起	378	7.82	51	8.85	429	7.93		
抽烟行为	是	202	4.18	30	5.21	232	4.29	1.324	0.250
	否	4 630	95.82	546	94.79	5 176	95.71		
父亲职业	职业1	1 040	21.52	154	26.74	1 194	22.08	8.434	0.015*
	职业2	1 100	22.76	128	22.22	1 228	22.71		
	职业3	2 692	55.71	294	51.04	2 986	55.21		
母亲职业	职业1	763	15.79	113	19.62	876	16.20	5.620	0.060
	职业2	1 166	24.13	130	22.57	1 296	23.96		
	职业3	2 903	60.08	333	57.81	3 236	59.84		

续表

题目	选项	健康		不健康		总计		χ^2	P
		人数 / 人	比例 /%	人数 / 人	比例 /%	人数 / 人	比例 /%		
父亲受教育程度	未上过学	194	4.01	21	3.65	215	3.98	1.878	0.598
	小学	1 101	22.79	120	20.83	1 221	22.58		
	初/高中、中专	2 598	53.77	313	54.34	2 911	53.83		
	大学及以上	939	19.43	122	21.18	1 061	19.62		
母亲受教育程度	未上过学	661	13.68	52	9.03	713	13.18	10.726	0.013*
	小学	1 217	25.19	154	26.74	1 371	25.35		
	初/高中、中专	2 100	43.46	254	44.10	2 354	43.53		
	大学及以上	854	17.67	116	20.14	970	17.94		
家庭经济状况	低收入	3 446	71.32	374	64.93	3 820	70.64	12.846	0.002**
	中等收入	1 063	22.00	145	25.17	1 208	22.34		
	高收入	323	6.68	57	9.90	380	7.03		

注：* 代表 $P < 0.05$，** 代表 $P < 0.01$。

通过对样本的分析和非参数检验，本研究发现两周患病率在区域、性别、城乡等指标上差异性不明显。通过专家访谈发现，两周患病率作为反映卫生服务需求的指标，与青少年体质健康关联度相对较低。本研究缺少导致两周患病率的直接指标，无法客观地与青少年的体质健康状况做直接比对，且两周患病率是一个回忆型指标，填写过程中受到一些因素的影响，故本研究在后续的数据分析中对该健康指标的使用较谨慎。

二、青少年的BMI分析

BMI常用于量化身高和体重之间的关系。从表3-18可以看出，BMI正常的学生数量占总数的50.48%，超重与肥胖的学生数量占总数的14.50%，这与《中国居民营养与慢性病状况报告（2020年）》显示6～17岁儿童青少年的超重与肥胖比例（19%）差异不大。需要注意的是，在本次调查中，与青少年肥胖和超重相对应，调查对象中有35.02%的学生体重偏轻。虽然部分学生对体重的填写较为谨慎，可能导致一定程度的误差，但35.02%的青少年体重偏轻的情况依然不容忽视。

表3-18 BMI的统计结果

题目	选项	人数 / 人	比例 /%
BMI	偏轻	1 894	35.02
	正常	2 730	50.48
	超重	386	7.14
	肥胖	398	7.36

本研究利用交叉分析来探究BMI对于区域、性别、民族、城乡、学段、独生子女、与母亲住、与父亲住、抽烟行为、父亲职业、母亲职业、父亲受教育程度、母亲受教育程度共13项的差异性。从表3-19可以看出，不同BMI样本对于区域、性别、民族、城乡、学段、独生子女、与母亲住、与父亲住、抽烟行为、父亲职业、母亲职业、父亲受教育程度、母亲受教育程度共13项均呈现出差异性（$P<0.01$）。

表3-19 BMI与相关变量的交叉分析

题目	选项	偏轻		正常		超重		肥胖		总计		χ^2	P
		人数 / 人	比例 /%	人数 / 人	比例 /%	人数 / 人	比例 /%	人数 / 人	比例 /%	人数 / 人	比例 /%		
区域	东部	776	40.97	1 063	38.94	148	38.34	124	31.16	2 111	39.03	50.855	0.000**
	中部	511	26.98	619	22.67	90	23.32	100	25.13	1 320	24.41		
	西部	543	28.67	865	31.68	130	33.68	146	36.68	1 684	31.14		
	东北地区	64	3.38	183	6.70	18	4.66	28	7.04	293	5.42		
性别	男生	736	38.86	1 188	43.52	245	63.47	202	50.75	2 371	43.84	87.346	0.000**
	女生	1 158	61.14	1 542	56.48	141	36.53	196	49.25	3 037	56.16		
民族	汉族	1 536	81.10	1 874	68.64	321	83.16	279	70.10	4 010	74.15	110.625	0.000**
	少数民族	358	18.90	856	31.36	65	16.84	119	29.90	1 398	25.85		
城乡	城市	1 098	57.97	1 307	47.88	244	63.21	176	44.22	2 825	52.24	82.238	0.000**
	乡镇	279	14.73	577	21.14	55	14.25	78	19.60	989	18.29		
	农村	517	27.30	846	30.99	87	22.54	144	36.18	1 594	29.47		
学段	小学	826	43.61	487	17.84	81	20.98	98	24.62	1 492	27.59	654.424	0.000**
	初中	485	25.61	569	20.84	117	30.31	79	19.85	1 250	23.11		
	高中	396	20.91	669	24.51	100	25.91	60	15.08	1 225	22.65		
	大学	187	9.87	1 005	36.81	88	22.80	161	40.45	1 441	26.65		

续表

题目	选项	偏轻		正常		超重		肥胖		总计		χ^2	P
		人数 / 人	比例 /%	人数 / 人	比例 /%	人数 / 人	比例 /%	人数 / 人	比例 /%	人数 / 人	比例 /%		
独生子女	是	523	27.61	592	21.68	130	33.68	81	20.35	1 326	24.52	42.881	0.000**
	否	1 371	72.39	2 138	78.32	256	66.32	317	79.65	4 082	75.48		
与母亲住	一直住在一起	1 571	82.95	1 839	67.36	265	68.65	244	61.31	3 919	72.47	233.172	0.000**
	偶尔住在一起	177	9.35	498	18.24	94	24.35	124	31.16	893	16.51		
	不住在一起	146	7.71	393	14.40	27	6.99	30	7.54	596	11.02		
与父亲住	一直住在一起	1 389	73.34	2 176	79.71	302	78.24	308	77.39	4 175	77.20	26.949	0.000**
	偶尔住在一起	333	17.58	363	13.30	52	13.47	56	14.07	804	14.87		
	不住在一起	172	9.08	191	7.00	32	8.29	34	8.54	429	7.93		
抽烟行为	是	47	2.48	127	4.65	30	7.77	28	7.04	232	4.29	34.661	0.000**
	否	1 847	97.52	2 603	95.35	356	92.23	370	92.96	5 176	95.71		
父亲职业	职业1	494	26.08	533	19.52	92	23.83	75	18.84	1 194	22.08	58.1	0.000**
	职业2	463	24.45	577	21.14	105	27.20	83	20.85	1 228	22.71		
	职业3	937	49.47	1 620	59.34	189	48.96	240	60.30	2 986	55.21		

续表

题目	选项	偏轻		正常		超重		肥胖		总计		χ^2	P
		人数 / 人	比例 /%	人数 / 人	比例 /%	人数 / 人	比例 /%	人数 / 人	比例 /%	人数 / 人	比例 /%		
母亲职业	职业1	371	19.59	370	13.55	72	18.65	63	15.83	876	16.20	43.772	0.000**
	职业2	462	24.39	639	23.41	109	28.24	86	21.61	1 296	23.96		
	职业3	1 061	56.02	1 721	63.04	205	53.11	249	62.56	3 236	59.84		
父亲受教育程度	未上过学	67	3.54	115	4.21	18	4.66	15	3.77	215	3.98	76.873	0.000**
	小学	335	17.69	716	26.23	66	17.10	104	26.13	1 221	22.58		
	初/高中、中专	1 050	55.44	1 430	52.38	211	54.66	220	55.28	2 911	53.83		
	大学及以上	442	23.34	469	17.18	91	23.58	59	14.82	1 061	19.62		
母亲受教育程度	未上过学	175	9.24	418	15.31	51	13.21	69	17.34	713	13.18	147.340	0.000**
	小学	385	20.33	817	29.93	74	19.17	95	23.87	1 371	25.35		
	初/高中、中专	905	47.78	1 073	39.30	191	49.48	185	46.48	2 354	43.53		
	大学及以上	429	22.65	422	15.46	70	18.13	49	12.31	970	17.94		

注：** 代表 $P < 0.01$。

三、青少年的近视状况分析

从表3-20可以看出，青少年近视率为53.51%，其中300度以下（轻度近视）的人数占总数的28.01%，300～600度（中度近视）的人数占总数的22.52%，而600度以上（高度近视）的人数占总数的2.98%。这与2020年我国学生的总体近视率接近。

表3-20 近视状况的统计结果

题目	选项	人数 / 人	比例 /%
近视状况	300度以下	1 515	28.01
	300～600度	1 218	22.52
	600度以上	161	2.98
	不近视	2 514	46.49

本研究利用交叉分析来探究近视状况对于区域、性别、民族、城乡、学段、独生子女、与母亲住、与父亲住、抽烟行为、父亲职业、母亲职业、父亲受教育程度、母亲受教育程度、家庭经济状况共14项的差异性。从表3-21可以看出，不同近视状况样本对于独生子女未呈现出显著性（$P>0.05$），意味着不同近视状况样本对于独生子女均呈现出一致性，并没有差异性；不同近视状况样本对于区域、性别、民族、城乡、学段、与母亲住、与父亲住、抽烟行为、父亲职业、母亲职业、父亲受教育程度、母亲受教育程度、家庭经济状况共13项呈现出显著性（$P<0.05$），意味着不同近视状况样本对于区域、性别、民族、城乡、学段、与母亲住、与父亲住、抽烟行为、父亲职业、母亲职业、父亲受教育程度、母亲受教育程度、家庭经济状况共13项均呈现出差异性。

不同近视状况样本对于区域呈现出0.01水平的显著性（χ^2=30.407，P=0.000）。

不同近视状况样本对于性别呈现出0.01水平的显著性（χ^2=94.128，P=0.000）。对比显示，男生选择不近视的比例（50.28%）明显高于整体水平（43.84%），女生选择300～600度的比例（65.93%）明显高于整体水平（56.16%）。

不同近视状况样本对于民族呈现出0.01水平的显著性（χ^2=20.171，P=0.000）。

不同近视状况样本对于城乡呈现出0.01水平的显著性（χ^2=57.661，P=0.000）。

不同近视状况样本对于学段呈现出0.01水平的显著性（χ^2=583.076，P=0.000）。对比显示，小学生选择不近视的比例（41.17%）明显高于整体水平（27.59%），高中生选择600度以上、300～600度的比例（33.54%、27.83%）明显高于整体水平（22.65%），大学生选择600度以上、300～600度的比例（44.10%、40.56%）明显高于整体水平（26.65%）。

不同近视状况样本对于与母亲住呈现出0.01水平的显著性（χ^2=71.106，P=0.000）。对比显示，与母亲“一直住在一起”的学生选择600度以上的比例（77.64%）明显高于整体水平（72.47%）。

不同近视状况样本对于与父亲住呈现出0.01水平的显著性（χ^2=51.201，P=0.000）。对比显示，与父亲“一直住在一起”的学生选择600度以上、300～600度的比例（83.85%、83.42%）明显高于整体水平（77.20%）

不同近视状况样本对于抽烟行为呈现出0.05水平的显著性（χ^2=10.544，P=0.014）。

不同近视状况样本对于父亲职业呈现出0.05水平的显著性（χ^2=14.356，P=0.026）。

不同近视状况样本对于母亲职业呈现出0.05水平的显著性（χ^2=13.959，P=0.030）。

不同近视状况样本对于父亲受教育程度呈现出0.01水平的显著性（χ^2=53.115，P=0.000）。

不同近视状况样本对于母亲受教育程度呈现出0.01水平的显著性（χ^2=95.466，P=0.000）。对比显示，母亲受教育程度为“未上过学”的学生选择600度以上的比例（21.12%）明显高于整体水平（13.18%），母亲受教育程度为“小学”的学生选择300～600度的比例（31.94%）明显高于整体水平（25.35%）。

不同近视状况样本对于家庭经济状况呈现出0.01水平的显著性（χ^2=25.760，P=0.000）。

表3-21　近视状况与相关变量的交叉分析

题目	选项	300度以下		300～600度		600度以上		不近视		总计		χ^2	P
		人数/人	比例/%	人数/人	比例/%	人数/人	比例/%	人数/人	比例/%	人数/人	比例/%		
区域	东部	609	40.20	458	37.60	62	38.51	982	39.06	2 111	39.03	30.407	0.000**
	中部	332	21.91	262	21.51	42	26.09	684	27.21	1 320	24.41		
	西部	488	32.21	428	35.14	49	30.43	719	28.60	1 684	31.14		
	东北地区	86	5.68	70	5.75	8	4.97	129	5.13	293	5.42		
性别	男生	628	41.45	415	34.07	64	39.75	1 264	50.28	2 371	43.84	94.128	0.000**
	女生	887	58.55	803	65.93	97	60.25	1 250	49.72	3 037	56.16		
民族	汉族	1 103	72.81	857	70.36	118	73.29	1 932	76.85	4 010	74.15	20.171	0.000**
	少数民族	412	27.19	361	29.64	43	26.71	582	23.15	1 398	25.85		
城乡	城市	791	52.21	578	47.45	89	55.28	1 367	54.38	2 825	52.24	57.661	0.000**
	乡镇	318	20.99	279	22.91	32	19.88	360	14.32	989	18.29		
	农村	406	26.80	361	29.64	40	24.84	787	31.30	1 594	29.47		
学段	小学	325	21.45	119	9.77	13	8.07	1 035	41.17	1 492	27.59	583.076	0.000**
	初中	412	27.19	266	21.84	23	14.29	549	21.84	1 250	23.11		
	高中	380	25.08	339	27.83	54	33.54	452	17.98	1 225	22.65		
	大学	398	26.27	494	40.56	71	44.10	478	19.01	1 441	26.65		
独生子女	是	383	25.28	267	21.92	46	28.57	630	25.06	1 326	24.52	6.742	0.081
	否	1 132	74.72	951	78.08	115	71.43	1 884	74.94	4 082	75.48		

续表

题目	选项	300度以下		300 ~ 600度		600度以上		不近视		总计		χ^2	P
		人数/人	比例/%	人数/人	比例/%	人数/人	比例/%	人数/人	比例/%	人数/人	比例/%		
与母亲住	一直住在一起	1 107	73.07	797	65.44	125	77.64	1 890	75.18	3 919	72.47	71.106	0.000**
	偶尔住在一起	206	13.60	243	19.95	24	14.91	420	16.71	893	16.51		
	不住在一起	202	13.33	178	14.61	12	7.45	204	8.11	596	11.02		
与父亲住	一直住在一起	1 162	76.70	1 016	83.42	135	83.85	1 862	74.07	4 175	77.20	51.201	0.000**
	偶尔住在一起	243	16.04	135	11.08	12	7.45	414	16.47	804	14.87		
	不住在一起	110	7.26	67	5.50	14	8.70	238	9.47	429	7.93		
抽烟行为	是	59	3.89	43	3.53	14	8.70	116	4.61	232	4.29	10.544	0.014*
	否	1 456	96.11	1 175	96.47	147	91.30	2 398	95.39	5 176	95.71		
父亲职业	职业1	323	21.32	235	19.29	42	26.09	594	23.63	1 194	22.08	14.356	0.026*
	职业2	347	22.90	272	22.33	29	18.01	580	23.07	1 228	22.71		
	职业3	845	55.78	711	58.37	90	55.90	1 340	53.30	2 986	55.21		
母亲职业	职业1	256	16.90	164	13.46	25	15.53	431	17.14	876	16.20	13.959	0.030*
	职业2	369	24.36	277	22.74	34	21.12	616	24.50	1 296	23.96		
	职业3	890	58.75	777	63.79	102	63.35	1 467	58.35	3 236	59.84		

续表

题目	选项	300 度以下		300 ~ 600 度		600 度以上		不近视		总计		χ^2	P
		人数 / 人	比例 /%	人数 / 人	比例 /%	人数 / 人	比例 /%	人数 / 人	比例 /%	人数 / 人	比例 /%		
父亲受教育程度	未上过学	59	3.89	45	3.69	14	8.70	97	3.86	215	3.98	53.115	0.000**
	小学	332	21.91	326	26.77	38	23.60	525	20.88	1 221	22.58		
	初/高中、中专	846	55.84	663	54.43	84	52.17	1 318	52.43	2 911	53.83		
	大学及以上	278	18.35	184	15.11	25	15.53	574	22.83	1 061	19.62		
母亲受教育程度	未上过学	209	13.80	178	14.61	34	21.12	292	11.61	713	13.18	95.466	0.000**
	小学	396	26.14	389	31.94	40	24.84	546	21.72	1 371	25.35		
	初/高中、中专	666	43.96	491	40.31	68	42.24	1 129	44.91	2 354	43.53		
	大学及以上	244	16.11	160	13.14	19	11.80	547	21.76	970	17.94		
家庭经济状况	低收入	1 071	70.69	919	75.45	120	74.53	1 710	68.02	3 820	70.64	25.760	0.000**
	中等收入	346	22.84	233	19.13	30	18.63	599	23.83	1 208	22.34		
	高收入	98	6.47	66	5.42	11	6.83	205	8.15	380	7.03		

注：* 代表 $P < 0.05$，** 代表 $P < 0.01$。

四、青少年的体质测试分析

从表3-22可以看出，29.09%的学生没有进行体质测试。《学生体质健康监测评价办法》规定，中小学校均要组织年度的体质测试，没有测试的可能是因为该文件中的此类情况：因病或残疾学生可依申请准予暂缓或免于体质健康测试。2018年全国学生体质测试的合格率为91.19%，而本次调查的不及格率仅为1.92%。由此可见，有可能大量的学生因为成绩不及格而选择“没测试”的选项。如果将“没测试”的50%纳入“不及格”层次，那么“不及格”层次的人数占总数的16.47%。但本研究坚持客观原则，将“没测试”作为一种非典型现象予以分析，并在后续的研究中予以体现。

表3-22 体质测试的统计结果

题目	选项	人数 / 人	比例 /%
体质测试	没测试	1 573	29.09
	不及格	104	1.92
	合格	709	13.11
	良好	1 560	28.85
	优秀	1 462	27.03

本研究利用交叉分析来探究体质测试对于区域、性别、民族、城乡、学段、独生子女、与母亲住、与父亲住、抽烟行为、父亲职业、母亲职业、父亲受教育程度、母亲受教育程度、家庭经济状况共14项的差异性。从表3-23可以看出，不同体质测试样本对于区域、性别、民族、城乡、学段、独生子女、与母亲住、与父亲住、抽烟行为、父亲职业、母亲职业、父亲受教育程度、母亲受教育程度、家庭经济状况共14项呈现出显著性（$P<0.01$），意味着不同体质测试样本对于区域、性别、民族、城乡、学段、独生子女、与母亲住、与父亲住、抽烟行为、父亲职业、母亲职业、父亲受教育程度、母亲受教育程度、家庭经济状况共14项均呈现出差异性。

表3-23　体质测试与相关变量的交叉分析

题目	选项	没测试		不及格		合格		良好		优秀		总计		χ^2	P
		人数/人	比例/%	人数/人	比例/%	人数/人	比例/%	人数/人	比例/%	人数/人	比例/%	人数/人	比例/%		
区域	东部	676	42.98	39	37.50	201	28.35	563	36.09	632	43.23	2 111	39.03	1 056.549	0.000**
	中部	363	23.08	27	25.96	164	23.13	326	20.90	440	30.10	1 320	24.41		
	西部	241	15.32	38	36.54	344	48.52	671	43.01	390	26.68	1 684	31.14		
	东北地区	293	18.63	0	0.00	0	0.00	0	0.00	0	0.00	293	5.42		
性别	男生	727	46.22	53	50.96	270	38.08	569	36.47	752	51.44	2 371	43.84	83.942	0.000**
	女生	846	53.78	51	49.04	439	61.92	991	63.53	710	48.56	3 037	56.16		
民族	汉族	1 230	78.19	88	84.62	486	68.55	1 010	64.74	1 196	81.81	4 010	74.15	147.692	0.000**
	少数民族	343	21.81	16	15.38	223	31.45	550	35.26	266	18.19	1 398	25.85		
城乡	城市	783	49.78	55	52.88	243	34.27	741	47.50	1 003	68.60	2 825	52.24	342.891	0.000**
	乡镇	275	17.48	21	20.19	123	17.35	390	25.00	180	12.31	989	18.29		
	农村	515	32.74	28	26.92	343	48.38	429	27.50	279	19.08	1 594	29.47		
学段	小学	356	22.63	23	22.12	88	12.41	404	25.90	621	42.48	1 492	27.59	1 057.531	0.000**
	初中	472	30.01	30	28.85	169	23.84	252	16.15	327	22.37	1 250	23.11		
	高中	570	36.24	36	34.62	111	15.66	193	12.37	315	21.55	1 225	22.65		
	大学	175	11.13	15	14.42	341	48.10	711	45.58	199	13.61	1 441	26.65		
独生子女	是	378	24.03	42	40.38	139	19.61	338	21.67	429	29.34	1 326	24.52	48.842	0.000**
	否	1 195	75.97	62	59.62	570	80.39	1 222	78.33	1 033	70.66	4 082	75.48		

续表

题目	选项	没测试		不及格		合格		良好		优秀		总计		χ^2	P
		人数/人	比例/%	人数/人	比例/%	人数/人	比例/%	人数/人	比例/%	人数/人	比例/%	人数/人	比例/%		
与母亲住	一直住在一起	1 203	76.48	62	59.62	453	63.89	1 029	65.96	1 172	80.16	3 919	72.47	139.676	0.000**
	偶尔住在一起	202	12.84	23	22.12	174	24.54	330	21.15	164	11.22	893	16.51		
	不住在一起	168	10.68	19	18.27	82	11.57	201	12.88	126	8.62	596	11.02		
与父亲住	一直住在一起	1 090	69.29	67	64.42	577	81.38	1 314	84.23	1 127	77.09	4 175	77.20	125.713	0.000**
	偶尔住在一起	298	18.94	21	20.19	92	12.98	176	11.28	217	14.84	804	14.87		
	不住在一起	185	11.76	16	15.38	40	5.64	70	4.49	118	8.07	429	7.93		
抽烟行为	是	68	4.32	9	8.65	46	6.49	64	4.10	45	3.08	232	4.29	18.534	0.001**
	否	1 505	95.68	95	91.35	663	93.51	1 496	95.90	1 417	96.92	5 176	95.71		
父亲职业	职业1	323	20.53	28	26.92	116	16.36	315	20.19	412	28.18	1 194	22.08	91.594	0.000**
	职业2	383	24.35	24	23.08	145	20.45	305	19.55	371	25.38	1 228	22.71		
	职业3	867	55.12	52	50.00	448	63.19	940	60.26	679	46.44	2 986	55.21		
母亲职业	职业1	235	14.94	29	27.88	97	13.68	213	13.65	302	20.66	876	16.20	76.765	0.000**
	职业2	414	26.32	22	21.15	159	22.43	319	20.45	382	26.13	1 296	23.96		
	职业3	924	58.74	53	50.96	453	63.89	1 028	65.90	778	53.21	3 236	59.84		

续表

题目	选项	没测试		不及格		合格		良好		优秀		总计		χ^2	P
		人数/人	比例/%	人数/人	比例/%	人数/人	比例/%	人数/人	比例/%	人数/人	比例/%	人数/人	比例/%		
父亲受教育程度	未上过学	66	4.20	7	6.73	42	5.92	68	4.36	32	2.19	215	3.98	245.028	0.000**
	小学	338	21.49	26	25.00	213	30.04	449	28.78	195	13.34	1 221	22.58		
	初/高中、中专	933	59.31	48	46.15	358	50.49	767	49.17	805	55.06	2 911	53.83		
	大学及以上	236	15.00	23	22.12	96	13.54	276	17.69	430	29.41	1 061	19.62		
母亲受教育程度	未上过学	182	11.57	9	8.65	137	19.32	284	18.21	101	6.91	713	13.18	305.765	0.000**
	小学	402	25.56	29	27.88	220	31.03	467	29.94	253	17.31	1 371	25.35		
	初/高中、中专	772	49.08	44	42.31	265	37.38	562	36.03	711	48.63	2 354	43.53		
	大学及以上	217	13.80	22	21.15	87	12.27	247	15.83	397	27.15	970	17.94		
家庭经济状况	低收入	1 141	72.54	73	70.19	567	79.97	1 183	75.83	856	58.55	3 820	70.64	170.133	0.000**
	中等收入	347	22.06	24	23.08	118	16.64	282	18.08	437	29.89	1 208	22.34		
	高收入	85	5.40	7	6.73	24	3.39	95	6.09	169	11.56	380	7.03		

注：** 代表 $P < 0.01$。

第三节　青少年对体质健康促进的需求分析

一、青少年体质健康的影响主体分析

从表3–24可以看出，青少年体质健康的影响主体包括学校、家庭、社区和政府。学校和家庭的重要性远远超过社区等其他主体。未来我国青少年体质健康促进依旧要秉承以学校为主的思路，高度关注家庭成员的健康素质培养问题。

表3–24　体质健康的影响主体的统计结果

题目	选项	人数 / 人	比例 /%
体质健康的影响主体	家庭	1 933	35.74
	社区	495	9.15
	学校	2 731	50.50
	政府	249	4.60

二、青少年对以学校为主体促进体质健康的评价分析

从青少年对以学校为主体来促进体质健康的评价来看（表3-25），56.14%的青少年认为效果较好和非常好，20.10%的青少年认为效果较差和差，23.76%的青少年认为效果一般。客观地说，学校作为青少年体质健康促进的主战场，如果学生对学校满意度不高，需要引起学校的高度重视。

表3–25　对以学校为主体促进体质健康的评价的统计结果

题目	选项	人数 / 人	比例 /%
对以学校为主体促进体质健康的评价	较差	503	9.30
	差	584	10.80
	一般	1 285	23.76
	较好	1 493	27.61
	非常好	1 543	28.53

三、青少年获取健康信息的渠道分析

从表3-26可以看出，青少年获取健康信息的渠道主要依靠电视、广播和互联网。鉴于此，学校、家长要高度重视当前电视、广播、互联网中健康信息的传播问题，从负责任的角度出发，为青少年营造健康、科学、积极向上的成长环境。教师在青少年健康信息的获取方面也扮演着重要的角色。早期的研究表明，学校要关注教师群体的健康状况与健康知识的全面性，以便为青少年的健康成长提供直接的健康知识来源，并且要高度重视体育与健康课程在传播青少年健康知识方面的重要作用[1]。家庭的健康知识也至关重要，家长要高度关注青少年的肥胖和视力问题，通过合理膳食、体育活动、合理的休息时间等方式，降低青少年肥胖和近视比例。

表3-26　获取健康信息的渠道的统计结果

题目	选项	人数 / 人	比例 /%
获取健康信息的渠道	电视、广播、互联网	3 880	71.75
	讲座、宣传栏	1 916	35.43
	书籍、报纸、杂志	2 638	48.78
	朋友、同学	2 632	48.67
	老师	3 128	57.84
	家长	2 626	48.56

四、青少年的健康需求分析

从表3-27可以看出，74.98%的青少年要求增加体育活动。尽管当前我国已经明确了“每天一小时”的校园体育活动要求，但能否满足青少年群体的需求，还有待实践验证。增加青少年的体育活动，是有效保证青少年体质健康的重要依据。排在需求第2位的是“开展营养指导活动”。访谈发现，大量的青少年

[1]　李龙 . 学校家庭社会协同促进青少年体质健康研究 [J]. 体育文化导刊，2014（10）：134-136.

比较喜欢高热量、高脂肪的食物，此类食物的摄入对其肥胖的影响比较严重。现实中部分家长以高热量、高脂肪的食品作为学生成长的奖励，这严重影响了学生对健康饮食的认知，使他们误以为只有高热量、高脂肪的食品才是好的食品，需要通过努力才能够获取。这是一种极为普遍且非常严重的营养价值观偏移问题。

表3-27 健康需求的统计结果

题目	选项	人数 / 人	比例 /%
健康需求	增加体育活动	4 055	74.98
	开展营养指导活动	3 780	69.90
	强化健康环境建设	2 878	53.22
	加强健康教育	3 229	59.71
	降低学习压力	2 794	51.66
	完善校园健康环境建设	3 120	57.69
	完善社区体育设施	2 415	44.66
	社会媒体引导	1 390	25.70

青少年的健康需求是推进青少年体质健康治理的前提。本研究通过对健康需求的分析，明确了青少年体质健康需求的重点，以及当前青少年体质健康供给的侧重点，从而为精准治理提供依据。

第四章

青少年体质健康的体育促进因素及影响

体育是促进青少年体质健康的重要途径，受到各界的高度关注[1]。研究表明，体育不仅能够对青少年的体质健康起到重要作用，而且对青少年的心理健康等诸多方面具有重要的影响[2]。全球众多国家将体育与营养作为促进青少年体质健康的重要方略，我国也将中小学体育课程的名称修改为“体育与健康”，这显示了国家对体育与健康关系的高度重视与期望。1979年，教育部等四部委在扬州市召开了“全国学校体育、卫生工作经验交流会”（又称“扬州会议”），此次会议明确了“增强学生体质”是学校体育工作的根本任务，为改革开放以来体育促进青少年体质健康指明了方向。

本研究对青少年的体育课的运动量、体育喜爱程度和体育参与次数等方面进行了分析，旨在展示青少年体质健康与体育参与方面的结果，以期为体育促进我国青少年体质健康提供决策参考。

---

[1] 孙民康，孙小玲，李良，等.从“渐进合作”到“多边融合”：新中国学生体育健康促进政策的历史回眸与现实审思[J].南京体育学院学报，2021，20（5）：51-59.

[2] 降彩虹.大学生体育运动与心理健康效应研究[J].山东农业工程学院学报，2017，34（6）：57-58.

第一节　青少年体育参与状况——基于受众的分析

一、青少年体育课的运动量[1]分析

运动量是体育课质量的保证。从笔者对运动量的判断标准来看，我国学校体育课的运动量（以下简称“运动量”）适中（表4-1中3～5的选择数量占总数的61.76%）。

本研究利用交叉分析来探究性别、学段共2项对于运动量的差异关系。

从表4-2可以看出，不同性别样本对于运动量没有显著性差异（χ^2=8.419，P=0.209），意味着不同性别样本对于运动量未呈现出差异性。

从表4-3可以看出，不同学段样本对于运动量呈现出显著性（P<0.01），意味着不同学段样本对于运动量呈现出差异性。

不同学段样本对于运动量呈现出0.01水平的显著性（χ^2=262.275，P=0.000）。对比显示，初中生选择“1”的比例（28.56%）明显高于整体水平（19.79%），大学生选择“4”的比例（40.32%）明显高于整体水平（31.42%）。

表4-1　运动量的统计结果

题目	选项	比例 /%
运动量	1	19.79
	2	11.59
	3	18.08
	4	31.42
	5	12.26
	6	3.37
	7	3.49

[1] 本研究用数字 1~7 来表示体育课的运动量由很轻松到很累的程度变化。

表4-2 性别与运动量的交叉分析

题目	选项	男生		女生		总计		χ^2	P
		人数 / 人	比例 /%	人数 / 人	比例 /%	人数 / 人	比例 /%		
运动量	1	486	20.50	584	19.23	1 070	19.79	8.419	0.209
	2	264	11.13	363	11.95	627	11.59		
	3	413	17.42	565	18.60	978	18.08		
	4	778	32.81	921	30.33	1 699	31.42		
	5	271	11.43	392	12.91	663	12.26		
	6	81	3.42	101	3.33	182	3.37		
	7	78	3.29	111	3.65	189	3.49		

表4-3 学段与运动量的交叉分析

题目	选项	小学		初中		高中		大学		总计		χ^2	P
		人数 / 人	比例 /%	人数 / 人	比例 /%	人数 / 人	比例 /%	人数 / 人	比例 /%	人数 / 人	比例 /%		
运动量	1	351	23.53	357	28.56	209	17.06	153	10.62	1 070	19.79	262.275	0.000**
	2	197	13.20	174	13.92	127	10.37	129	8.95	627	11.59		
	3	271	18.16	227	18.16	219	17.88	261	18.11	978	18.08		
	4	426	28.55	317	25.36	375	30.61	581	40.32	1 699	31.42		
	5	148	9.92	110	8.80	183	14.94	222	15.41	663	12.26		
	6	45	3.02	29	2.32	48	3.92	60	4.16	182	3.37		
	7	54	3.62	36	2.88	64	5.22	35	2.43	189	3.49		

注：** 代表 $P < 0.01$。

二、青少年的体育喜爱程度[1]分析

本研究对青少年体育喜爱程度的分析，主要从体育课和校外体育活动两个维度来体现。从表4-4可以看出，36.15%的学生非常喜欢体育课，说明当前学校体育课程建设受到学生的高度认可；从选择“1”“2”“3”的比例来看，16.29%的学生不喜欢体育课；从选择“5”“6”“7”的比例来看，64.89%的学生对学校体育课持正面评价，远远超过了负面评价，说明我国学校体育课程发展较好。青少年对校外体育活动的喜爱程度也呈现出类似的趋势，从选择“1”“2”“3”的比例来看，15.61%的学生不喜欢校外体育活动；从选择“5”“6”“7”的比例来看，64.48%的学生喜欢校外体育活动。

表4-4　体育课和校外体育活动的喜爱程度的统计结果

题目	选项	比例 /%
体育课的喜爱程度	1	4.64
	2	3.31
	3	8.34
	4	18.82
	5	15.63
	6	13.11
	7	36.15
校外体育活动的喜爱程度	1	4.68
	2	3.31
	3	7.62
	4	19.91
	5	16.70
	6	12.65
	7	35.13

[1] 本研究用数字 1~7 来表示体育喜爱程度由很不喜欢到很喜欢的程度变化。

本研究利用交叉分析来探究性别对于体育课和校外体育活动共2项的喜爱程度的差异性。从表4–5可以看出，不同性别样本对于体育课的喜爱程度未呈现出显著性（$P>0.05$），意味着不同性别样本对于体育课的喜爱程度均呈现出一致性，没有显著性差异。

不同性别样本对于校外体育活动呈现出显著性（$P<0.05$），意味着不同性别样本对于校外体育活动均呈现出差异性。不同性别样本对于校外体育活动呈现出0.05水平的显著性（χ^2=14.687，P=0.023），意味着不同性别样本对于校外体育活动呈现出了显著性差异。

表4–5　性别与体育课和校外体育活动的喜爱程度的交叉分析

题目	选项	男生		女生		总计		χ^2	P
		人数 / 人	比例 /%	人数 / 人	比例 /%	人数 / 人	比例 /%		
体育课的喜爱程度	1	102	4.30	149	4.91	251	4.64	9.031	0.172
	2	80	3.37	99	3.26	179	3.31		
	3	212	8.94	239	7.87	451	8.34		
	4	473	19.95	545	17.95	1 018	18.82		
	5	359	15.14	486	16.00	845	15.63		
	6	320	13.50	389	12.81	709	13.11		
	7	825	34.80	1 130	37.21	1 955	36.15		
校外体育活动的喜爱程度	1	95	4.01	158	5.20	253	4.68	14.687	0.023*
	2	90	3.80	89	2.93	179	3.31		
	3	196	8.27	216	7.11	412	7.62		
	4	495	20.88	582	19.16	1 077	19.91		
	5	405	17.08	498	16.40	903	16.70		
	6	291	12.27	393	12.94	684	12.65		
	7	799	33.70	1 101	36.25	1 900	35.13		

注：* 代表 $P<0.05$。

三、青少年的体育参与次数分析

本研究对青少年体育参与次数的分析，主要从校内体育参与次数和体育活动（包括体育课，以下简称“体育活动”）参与次数两个维度来体现。从表4–6可以看出，校内体育参与次数和体育活动参与次数均是“2次”的数量最多。体育活动参与“2次”的比例为67.09%，说明我国青少年体育活动参与状况良好。

表4–6 校内体育参与次数、体育活动参与次数的统计结果

题目	选项	比例 /%
校内体育参与次数/次	2	33.28
	3	12.35
	4	9.17
	5	7.84
	6	8.17
	7	29.18
体育活动参与次数/次	2	67.09
	3	11.98
	4	7.97
	5	4.57
	6	2.35
	7	6.05

本研究利用交叉分析来探究学段对于校内体育参与次数、体育活动参与次数共2项的差异性。从表4–7可以看出，不同学段样本对于校内体育参与次数呈现出0.01水平的显著性（χ^2=136.013，P=0.000）。对比显示，小学选择“7次”的比例（34.99%）明显高于整体水平（29.18%），大学选择“2次”的比例（42.33%）明显高于整体水平（33.28%）。我国中小学体育课程具有一定的强制性，而大学阶段除了公共体育课，我国对大学生的体育参与并没有明确的约束，从而导致大学生体育参与状况明显不如小学生。

表4-7 学段与校内体育参与次数、体育活动参与次数的交叉分析

题目	选项	小学		初中		高中		大学		总计		χ^2	P
		人数/人	比例/%	人数/人	比例/%	人数/人	比例/%	人数/人	比例/%	人数/人	比例/%		
校内体育参与次数/次	2	395	26.47	383	30.64	412	33.63	610	42.33	1 800	33.28	136.013	0.000**
	3	189	12.67	133	10.64	159	12.98	187	12.98	668	12.35		
	4	121	8.11	127	10.16	119	9.71	129	8.95	496	9.17		
	5	123	8.24	88	7.04	91	7.43	122	8.47	424	7.84		
	6	142	9.52	117	9.36	104	8.49	79	5.48	442	8.17		
	7	522	34.99	402	32.16	340	27.76	314	21.79	1 578	29.18		
体育活动参与次数/次	2	909	60.92	827	66.16	847	69.14	1 045	72.52	3 628	67.09	77.432	0.000**
	3	214	14.34	133	10.64	152	12.41	149	10.34	648	11.98		
	4	125	8.38	112	8.96	89	7.27	105	7.29	431	7.97		
	5	85	5.70	51	4.08	67	5.47	44	3.05	247	4.57		
	6	46	3.08	39	3.12	22	1.80	20	1.39	127	2.35		
	7	113	7.57	88	7.04	48	3.92	78	5.41	327	6.05		

注：** 代表 $P < 0.01$。

不同学段样本对于体育活动参与次数呈现出0.01水平的显著性（χ^2=77.432，P=0.000）。对比显示，大学生选择“2次”的比例（72.52%）明显高于整体水平（67.09%）。

本研究利用交叉分析来探究城乡对于校内体育参与次数、体育活动参与次数共2项的差异性。从表4-8可以看出，不同城乡样本对于校内体育参与次数、体育活动参与次数共2项呈现出显著性（P<0.01），意味着不同城乡样本对于校内体育参与次数、体育活动参与次数共2项均呈现出差异性。不同城乡样本对于校内体育参与次数呈现出0.01水平的显著性（χ^2=48.720，P=0.000）。对比显示，乡镇学生选择“2次”的比例（38.32%）明显高于整体水平（33.28%）。

不同城乡样本对于体育活动参与次数呈现出0.01水平的显著性（χ^2=34.408，P=0.000）。

表4-8 城乡与校内体育参与次数、体育活动参与次数的交叉分析

题目	选项	城市		乡镇		农村		总计		χ^2	P
		人数/人	比例/%	人数/人	比例/%	人数/人	比例/%	人数/人	比例/%		
校内体育参与次数/次	2	877	31.04	379	38.32	544	34.13	1 800	33.28	48.720	0.000**
	3	355	12.57	141	14.26	172	10.79	668	12.35		
	4	262	9.27	94	9.50	140	8.78	496	9.17		
	5	222	7.86	84	8.49	118	7.40	424	7.84		
	6	264	9.35	67	6.77	111	6.96	442	8.17		
	7	845	29.91	224	22.65	509	31.93	1 578	29.18		
体育活动参与次数/次	2	1 845	65.31	684	69.16	1 099	68.95	3 628	67.09	34.408	0.000**
	3	344	12.18	136	13.75	168	10.54	648	11.98		
	4	224	7.93	84	8.49	123	7.72	431	7.97		
	5	136	4.81	28	2.83	83	5.21	247	4.57		
	6	83	2.94	15	1.52	29	1.82	127	2.35		
	7	193	6.83	42	4.25	92	5.77	327	6.05		

注：** 代表 P < 0.01。

四、青少年的运动伙伴分析

运动伙伴是青少年体育参与过程中，与之形成共同价值、信念和行为的群体。研究表明，运动伙伴是体育参与的重要构成要素，能够促进青少年体育参与[1]。从表4–9可以看出，青少年的运动伙伴最重要的是同学（48.28%），其他依次为朋友（25.44%）、家人（16.53%）、其他（7.17%）、教练（2.57%）。

本研究利用交叉分析来探究城乡对于运动伙伴的差异性。从表4–10可以看出，不同城乡样本对于运动伙伴呈现出0.01水平的显著性（χ^2=70.574，P=0.000）。对比显示，乡镇学生选择同学的比例（55.71%）明显高于整体水平（48.28%）。

表4–9　运动伙伴的统计结果

题目	选项	比例 /%
运动伙伴	同学	48.28
	家人	16.53
	朋友	25.44
	教练	2.57
	其他	7.17

表4–10　城乡与运动伙伴的交叉分析

题目	选项	城市		乡镇		农村		总计		χ^2	P
		人数 / 人	比例 / %	人数 / 人	比例 / %	人数 / 人	比例 / %	人数 / 人	比例 / %		
运动伙伴	同学	1 258	44.53	551	55.71	802	50.31	2 611	48.28	70.574	0.000**
	家人	555	19.65	117	11.83	222	13.93	894	16.53		
	朋友	718	25.42	225	22.75	433	27.16	1 376	25.44		
	教练	89	3.15	20	2.02	30	1.88	139	2.57		
	其他	205	7.26	76	7.68	107	6.71	388	7.17		

注：** 代表 $P < 0.01$。

[1] 田红梅，李欣，鲁心灵，等 . 大学生体育锻炼态度与其锻炼行为的关系：锻炼伙伴的调节作用 [J]. 吉林体育学院学报，2018，34（1）：80–85.

与朋友和同学一起参与体育活动可以增进他们之间的感情，提高青少年人际交往的能力，这对于青少年来说极其有益。与家人一起锻炼所占的比重不高，反映出家庭体育的开展氛围并不浓厚，家庭体育教育理念也相对较弱，但家庭体育作为青少年体育习惯的重要组成部分，我们应当给予足够的重视。同时，朋友和家庭反映出的伙伴关系与家庭体育教育理念对青少年体育参与的影响也不容忽视。从教练的参与情况来看，尽管当前我国青少年体育培训市场发展较快，但依旧存在覆盖面不足的问题，有较大的提升空间。

五、青少年的运动技能的掌握情况分析

我国高度重视青少年的运动技能的掌握情况，相关政策均要求青少年掌握1～2项运动技能。从表4-11可以看出，有24.24%的青少年熟练地掌握了1项运动技能，有38.70%的青少年熟练地掌握了3项及以上的运动技能，还有13.87%的青少年没有掌握运动技能。

表4-11　运动技能的掌握情况的统计结果

题目	选项	比例 /%
运动技能的掌握情况/项	0	13.87
	1	24.24
	2	23.19
	3及以上	38.70

本研究利用交叉分析来探究学段对于运动技能的掌握情况的差异性。从表4-12可以看出，不同学段样本对于运动技能的掌握情况呈现出0.01水平的显著性（χ^2=73.157，P=0.000）。

表4-12　学段与运动技能的掌握情况的交叉分析

题目	选项	小学		初中		高中		大学		总计		χ^2	P
		人数/人	比例/%	人数/人	比例/%	人数/人	比例/%	人数/人	比例/%	人数/人	比例/%		
运动技能的掌握情况/项	0	178	11.93	179	14.32	180	14.69	213	14.78	750	13.87	73.157	0.000**
	1	304	20.38	266	21.28	321	26.20	420	29.15	1 311	24.24		
	2	381	25.54	282	22.56	318	25.96	273	18.95	1 254	23.19		
	3及以上	629	42.16	523	41.84	406	33.14	535	37.13	2 093	38.70		

注：** 代表 $P < 0.01$。

六、青少年的运动指导的需求程度[1]分析

本研究对青少年参与校外体育活动是否需要体育教师的指导进行了调查。从表4–13可以看出，在青少年进行校外体育活动时，34.97%（需求程度1和2的比例之和）的青少年不需要体育教师的指导，52.05%（需求程度3、4和5的比例之和）的青少年有时需要体育教师的指导，12.98%（需求程度6和7的比例之和）的青少年则很需要体育教师的指导。

本研究利用交叉分析来探究学段对于运动指导的需求程度的差异性。从表4–14可以看出，不同学段样本对于运动指导的需求程度呈现出0.01水平的显著性（χ^2=219.199，P=0.000）。对比显示，小学和初中选择“1”的比例（27.95%和28.40%）明显高于整体水平（22.56%），大学选择“4”的比例（28.17%）明显高于整体水平（23.13%），大学选择“5”的比例（18.67%）明显高于整体水平（12.46%）。

表4–13　运动指导的需求程度的统计结果

题目	选项	比例 /%
运动指导的需求程度	1	22.56
	2	12.41
	3	16.46
	4	23.13
	5	12.46
	6	4.94
	7	8.04

[1] 本研究用数字 1~7 来表示运动指导的需求程度由很不需要到很需要的程度变化。

表4-14　学段与运动指导的需求程度的交叉分析

题目	选项	小学		初中		高中		大学		总计		χ^2	P
		人数 / 人	比例 / %	人数 / 人	比例 / %	人数 / 人	比例 / %	人数 / 人	比例 / %	人数 / 人	比例 / %		
	1	417	27.95	355	28.40	239	19.51	209	14.50	1 220	22.56		
	2	207	13.87	163	13.04	171	13.96	130	9.02	671	12.41		
	3	257	17.23	201	16.08	220	17.96	212	14.71	890	16.46		
运动指导的需求程度	4	317	21.25	255	20.40	273	22.29	406	28.17	1 251	23.13	219.199	0.000**
	5	135	9.05	126	10.08	144	11.76	269	18.67	674	12.46		
	6	54	3.62	44	3.52	78	6.37	91	6.32	267	4.94		
	7	105	7.04	106	8.48	100	8.16	124	8.61	435	8.04		

注：** 代表 $P < 0.01$。

第二节　体育对青少年体质健康促进的影响

一、体育对青少年两周患病率的影响

本研究利用交叉分析来探究两周患病率对于运动量、体育课的喜爱程度、校外体育活动的喜爱程度、校内体育参与次数、体育活动参与次数、运动伙伴、运动技能的掌握情况、运动指导的需求程度共8项的差异性。从表4-15可以看出，不同两周患病率样本对于运动量、体育课的喜爱程度、校外体育活动的喜爱程度、校内体育参与次数、体育活动参与次数、运动伙伴、运动技能的掌握情况、运动指导的需求程度共8项未呈现出显著性（$P>0.05$），意味着不同两周患病率样本对于运动量、体育课的喜爱程度、校外体育活动的喜爱程度、校内体育参与次数、体育活动参与次数、运动伙伴、运动技能的掌握情况、运动指导的需求程度共8项均呈现出一致性，没有显著性差异。

表4-15　两周患病率与相关变量的交叉分析

题目	选项	健康		不健康		总计		χ^2	P
		人数 / 人	比例 /%	人数 / 人	比例 /%	人数 / 人	比例 /%		
运动量	1	960	19.87	110	19.10	1 070	19.79	1.786	0.938
	2	565	11.69	62	10.76	627	11.59		
	3	870	18.00	108	18.75	978	18.08		
	4	1 521	31.48	178	30.90	1 699	31.42		
	5	589	12.19	74	12.85	663	12.26		
	6	162	3.35	20	3.47	182	3.37		
	7	165	3.41	24	4.17	189	3.49		
体育课的喜爱程度	1	223	4.62	28	4.86	251	4.64	3.743	0.711
	2	161	3.33	18	3.13	179	3.31		
	3	410	8.49	41	7.12	451	8.34		
	4	903	18.69	115	19.97	1 018	18.82		

续表

题目	选项	健康		不健康		总计		χ^2	P
		人数 / 人	比例 /%	人数 / 人	比例 /%	人数 / 人	比例 /%		
体育课的喜爱程度	5	766	15.85	79	13.72	845	15.63	3.743	0.711
	6	631	13.06	78	13.54	709	13.11		
	7	1 738	35.97	217	37.67	1 955	36.15		
校外体育活动的喜爱程度	1	223	4.62	30	5.21	253	4.68	5.520	0.479
	2	160	3.31	19	3.30	179	3.31		
	3	379	7.84	33	5.73	412	7.62		
	4	971	20.10	106	18.40	1 077	19.91		
	5	807	16.70	96	16.67	903	16.70		
	6	610	12.62	74	12.85	684	12.65		
	7	1 682	34.81	218	37.85	1 900	35.13		
校内体育参与次数/次	2	1 621	33.55	179	31.08	1 800	33.28	2.548	0.769
	3	597	12.36	71	12.33	668	12.35		
	4	440	9.11	56	9.72	496	9.17		
	5	376	7.78	48	8.33	424	7.84		
	6	399	8.26	43	7.47	442	8.17		
	7	1 399	28.95	179	31.08	1 578	29.18		
体育活动参与次数/次	2	3 248	67.22	380	65.97	3 628	67.09	1.946	0.857
	3	576	11.92	72	12.50	648	11.98		
	4	388	8.03	43	7.47	431	7.97		
	5	222	4.59	25	4.34	247	4.57		
	6	112	2.32	15	2.60	127	2.35		
	7	286	5.92	41	7.12	327	6.05		
运动伙伴	同学	2 362	48.88	249	43.23	2 611	48.28	8.311	0.081
	家人	794	16.43	100	17.36	894	16.53		
	朋友	1 218	25.21	158	27.43	1 376	25.44		
	教练	119	2.46	20	3.47	139	2.57		
	其他	339	7.02	49	8.51	388	7.17		

续表

题目	选项	健康		不健康		总计		χ^2	P
		人数 / 人	比例 /%	人数 / 人	比例 /%	人数 / 人	比例 /%		
运动技能的掌握情况/项	0	674	13.95	76	13.19	750	13.87	3.971	0.265
	1	1 185	24.52	126	21.88	1 311	24.24		
	2	1 104	22.85	150	26.04	1 254	23.19		
	3及以上	1 869	38.68	224	38.89	2 093	38.70		
运动指导的需求程度	1	1 089	22.54	131	22.74	1 220	22.56	3.407	0.756
	2	609	12.60	62	10.76	671	12.41		
	3	786	16.27	104	18.06	890	16.46		
	4	1 115	23.08	136	23.61	1 251	23.13		
	5	608	12.58	66	11.46	674	12.46		
	6	240	4.97	27	4.69	267	4.94		
	7	385	7.97	50	8.68	435	8.04		

二、体育对青少年BMI的影响

本研究利用交叉分析来探究BMI对于运动量、体育课的喜爱程度、校外体育活动的喜爱程度、校内体育参与次数、体育活动参与次数、运动伙伴、运动技能的掌握情况、运动指导的需求程度共8项的差异性。从表4-16可以看出，不同BMI样本对于运动量、运动技能的掌握情况、运动指导的需求程度共3项未呈现出显著性（$P>0.05$），意味着不同BMI样本对于运动量、运动技能的掌握情况、运动指导的需求程度共3项均呈现出一致性，没有显著性差异。另外，不同BMI样本对于体育课的喜爱程度、校外体育活动的喜爱程度、校内体育参与次数、体育活动参与次数、运动伙伴共5项呈现出显著性（$P<0.05$），说明不同BMI样本对于体育课的喜爱程度、校外体育活动的喜爱程度、校内体育参与次数、体育活动参与次数、运动伙伴共5项均呈现出差异性。

表4-16　BMI与相关变量的交叉分析

题目	选项	偏轻		正常		超重		肥胖		总计		χ^2	P
		人数 / 人	比例 /%	人数 / 人	比例 /%	人数 / 人	比例 /%	人数 / 人	比例 /%	人数 / 人	比例 /%		
运动量	1	400	21.12	525	19.23	71	18.39	74	18.59	1 070	19.79	27.969	0.063
	2	219	11.56	314	11.50	53	13.73	41	10.30	627	11.59		
	3	368	19.43	449	16.45	72	18.65	89	22.36	978	18.08		
	4	572	30.20	892	32.67	110	28.50	125	31.41	1 699	31.42		
	5	210	11.09	362	13.26	49	12.69	42	10.55	663	12.26		
	6	53	2.80	98	3.59	16	4.15	15	3.77	182	3.37		
	7	72	3.80	90	3.30	15	3.89	12	3.02	189	3.49		
体育课的喜爱程度	1	92	4.86	117	4.29	25	6.48	17	4.27	251	4.64	36.960	0.005**
	2	62	3.27	95	3.48	8	2.07	14	3.52	179	3.31		
	3	149	7.87	241	8.83	26	6.74	35	8.79	451	8.34		
	4	316	16.68	538	19.71	77	19.95	87	21.86	1 018	18.82		
	5	280	14.78	435	15.93	60	15.54	70	17.59	845	15.63		
	6	241	12.72	378	13.85	39	10.10	51	12.81	709	13.11		
	7	754	39.81	926	33.92	151	39.12	124	31.16	1 955	36.15		

续表

题目	选项	偏轻		正常		超重		肥胖		总计		χ^2	P
		人数 / 人	比例 /%	人数 / 人	比例 /%	人数 / 人	比例 /%	人数 / 人	比例 /%	人数 / 人	比例 /%		
校外体育活动的喜爱程度	1	94	4.96	122	4.47	22	5.70	15	3.77	253	4.68	40.027	0.002**
	2	63	3.33	91	3.33	12	3.11	13	3.27	179	3.31		
	3	128	6.76	214	7.84	31	8.03	39	9.80	412	7.62		
	4	343	18.11	572	20.95	72	18.65	90	22.61	1 077	19.91		
	5	293	15.47	480	17.58	61	15.80	69	17.34	903	16.70		
	6	229	12.09	373	13.66	40	10.36	42	10.55	684	12.65		
	7	744	39.28	878	32.16	148	38.34	130	32.66	1 900	35.13		
校内体育参与次数/次	2	585	30.89	941	34.47	139	36.01	135	33.92	1 800	33.28	27.485	0.025*
	3	231	12.20	343	12.56	44	11.40	50	12.56	668	12.35		
	4	175	9.24	254	9.30	32	8.29	35	8.79	496	9.17		
	5	126	6.65	229	8.39	28	7.25	41	10.30	424	7.84		
	6	172	9.08	219	8.02	25	6.48	26	6.53	442	8.17		
	7	605	31.94	744	27.25	118	30.57	111	27.89	1 578	29.18		
体育活动参与次数/次	2	1 209	63.83	1 886	69.08	268	69.43	265	66.58	3 628	67.09	33.797	0.004**
	3	237	12.51	321	11.76	35	9.07	55	13.82	648	11.98		
	4	155	8.18	206	7.55	34	8.81	36	9.05	431	7.97		
	5	109	5.76	112	4.10	15	3.89	11	2.76	247	4.57		
	6	42	2.22	64	2.34	13	3.37	8	2.01	127	2.35		
	7	142	7.50	141	5.16	21	5.44	23	5.78	327	6.05		

续表

题目	选项	偏轻		正常		超重		肥胖		总计		χ^2	P
		人数 / 人	比例 /%	人数 / 人	比例 /%	人数 / 人	比例 /%	人数 / 人	比例 /%	人数 / 人	比例 /%		
运动伙伴	同学	788	41.61	1 418	51.94	197	51.04	208	52.26	2 611	48.28	79.650	0.000**
	家人	402	21.22	369	13.52	67	17.36	56	14.07	894	16.53		
	朋友	490	25.87	697	25.53	87	22.54	102	25.63	1 376	25.44		
	教练	60	3.17	65	2.38	6	1.55	8	2.01	139	2.57		
	其他	154	8.13	181	6.63	29	7.51	24	6.03	388	7.17		
运动技能的掌握情况/项	0	261	13.78	380	13.92	58	15.03	51	12.81	750	13.87	6.114	0.728
	1	439	23.18	683	25.02	88	22.80	101	25.38	1 311	24.24		
	2	457	24.13	608	22.27	99	25.65	90	22.61	1 254	23.19		
	3及以上	737	38.91	1 059	38.79	141	36.53	156	39.20	2 093	38.70		
运动指导的需求程度	1	457	24.13	603	22.09	81	20.98	79	19.85	1 220	22.56	18.320	0.435
	2	242	12.78	330	12.09	54	13.99	45	11.31	671	12.41		
	3	326	17.21	431	15.79	67	17.36	66	16.58	890	16.46		
	4	411	21.70	653	23.92	82	21.24	105	26.38	1 251	23.13		
	6	221	11.67	356	13.04	48	12.44	49	12.31	674	12.46		
	6	92	4.86	140	5.13	21	5.44	14	3.52	267	4.94		
	7	145	7.66	217	7.95	33	8.55	40	10.05	435	8.04		

注：* 代表 $P < 0.05$，** 代表 $P < 0.01$。

不同BMI样本对于体育课的喜爱程度呈现出0.01水平的显著性（χ^2=36.960，P=0.005）。

不同BMI样本对于校外体育活动的喜爱程度呈现出0.01水平的显著性（χ^2=40.027，P=0.002）。

不同BMI样本对于校内体育参与次数呈现出0.05水平的显著性（χ^2=27.485，P=0.025）。对比显示，校内体育参与次数为2次的平均值比其他校内体育参与次数的均高，说明尽管青少年热爱体育活动，但最终实施状况不佳。

不同BMI样本对于体育活动参与次数呈现出0.01水平的显著性（χ^2=33.797，P=0.004），体育活动参与次数为2次的平均值比其他体育活动参与次数的均高。

不同BMI样本对于运动伙伴呈现出0.01水平的显著性（χ^2=79.650，P=0.000）。

三、体育对青少年近视状况的影响

本研究利用交叉分析来探究近视状况对于运动量、体育课的喜爱程度、校外体育活动的喜爱程度、校内体育参与次数、体育活动参与次数、运动伙伴、运动技能的掌握情况、运动指导的需求程度共8项的差异性。从表4–17可以看出，不同近视状况样本对于运动量、校外体育活动的喜爱程度、运动技能的掌握情况共3项未呈现出显著性（$P>0.05$），说明不同近视状况样本对于运动量、校外体育活动的喜爱程度、运动技能的掌握情况共3项均呈现出一致性，没有显著性差异。另外，不同近视状况样本对于体育课的喜爱程度、校内体育参与次数、体育活动参与次数、运动伙伴、运动指导的需求程度共5项呈现出显著性（$P<0.05$），说明不同近视状况样本对于体育课的喜爱程度、校内体育参与次数、体育活动参与次数、运动伙伴、运动指导的需求程度共5项均呈现出差异性。

不同近视状况样本对于体育课的喜爱程度呈现出0.01水平的显著性（χ^2=35.728，P=0.008）。对比显示，600度以上学生选择“5”的比例（21.74%）明显高于整体水平（15.63%）。

不同近视状况样本对于校内体育参与次数呈现出0.05水平的显著性（χ^2=27.723，P=0.023）。

表4-17 近视状况与相关变量的交叉分析

题目	选项	300 度以下		300 ~ 600 度		600 度以上		不近视		总计		χ^2	P
		人数 / 人	比例 /%	人数 / 人	比例 /%	人数 / 人	比例 /%	人数 / 人	比例 /%	人数 / 人	比例 /%		
运动量	1	312	20.59	213	17.49	22	13.66	523	20.80	1 070	19.79	18.829	0.402
	2	168	11.09	148	12.15	20	12.42	291	11.58	627	11.59		
	3	297	19.60	218	17.90	34	21.12	429	17.06	978	18.08		
	4	448	29.57	393	32.27	52	32.30	806	32.06	1 699	31.42		
	5	185	12.21	161	13.22	23	14.29	294	11.69	663	12.26		
	6	47	3.10	42	3.45	5	3.11	88	3.50	182	3.37		
	7	58	3.83	43	3.53	5	3.11	83	3.30	189	3.49		
体育课的喜爱程度	1	84	5.54	53	4.35	8	4.97	106	4.22	251	4.64	35.728	0.008**
	2	41	2.71	52	4.27	4	2.48	82	3.26	179	3.31		
	3	127	8.38	101	8.29	13	8.07	210	8.35	451	8.34		
	4	260	17.16	259	21.26	35	21.74	464	18.46	1 018	18.82		
	5	230	15.18	192	15.76	35	21.74	388	15.43	845	15.63		
	6	185	12.21	169	13.88	24	14.91	331	13.17	709	13.11		
	7	588	38.81	392	32.18	42	26.09	933	37.11	1 955	36.15		

续表

题目	选项	300 度以下		300 ~ 600 度		600 度以上		不近视		总计		χ^2	P
		人数 / 人	比例 /%	人数 / 人	比例 /%	人数 / 人	比例 /%	人数 / 人	比例 /%	人数 / 人	比例 /%		
校外体育活动的喜爱程度	1	81	5.35	57	4.68	8	4.97	107	4.26	253	4.68	28.298	0.058
	2	48	3.17	44	3.61	5	3.11	82	3.26	179	3.31		
	3	123	8.12	94	7.72	13	8.07	182	7.24	412	7.62		
	4	276	18.22	263	21.59	40	24.84	498	19.81	1 077	19.91		
	5	226	14.92	207	17.00	35	21.74	435	17.30	903	16.70		
	6	201	13.27	167	13.71	15	9.32	301	11.97	684	12.65		
	7	560	36.96	386	31.69	45	27.95	909	36.16	1 900	35.13		
校内体育参与次数/次	2	506	33.40	425	34.89	59	36.65	810	32.22	1 800	33.28	27.723	0.023*
	3	172	11.35	154	12.64	21	13.04	321	12.77	668	12.35		
	4	124	8.18	127	10.43	20	12.42	225	8.95	496	9.17		
	5	100	6.60	99	8.13	14	8.70	211	8.39	424	7.84		
	6	127	8.38	99	8.13	14	8.70	202	8.04	442	8.17		
	7	486	32.08	314	25.78	33	20.50	745	29.63	1 578	29.18		
体育活动参与次数/次	2	1 008	66.53	818	67.16	111	68.94	1 691	67.26	3 628	67.09	31.550	0.007**
	3	205	13.53	143	11.74	9	5.59	291	11.58	648	11.98		
	4	105	6.93	103	8.46	17	10.56	206	8.19	431	7.97		
	5	53	3.50	57	4.68	12	7.45	125	4.97	247	4.57		
	6	31	2.05	24	1.97	3	1.86	69	2.74	127	2.35		
	7	113	7.46	73	5.99	9	5.59	132	5.25	327	6.05		

续表

题目	选项	300 度以下		300 ~ 600 度		600 度以上		不近视		总计		χ^2	P
		人数 / 人	比例 /%	人数 / 人	比例 /%	人数 / 人	比例 /%	人数 / 人	比例 /%	人数 / 人	比例 /%		
运动伙伴	同学	734	48.45	624	51.23	96	59.63	1 157	46.02	2 611	48.28	31.312	0.002**
	家人	247	16.30	159	13.05	23	14.29	465	18.50	894	16.53		
	朋友	382	25.21	316	25.94	31	19.25	647	25.74	1 376	25.44		
	教练	47	3.10	27	2.22	3	1.86	62	2.47	139	2.57		
	其他	105	6.93	92	7.55	8	4.97	183	7.28	388	7.17		
运动技能的掌握情况/项	0	210	13.86	177	14.53	22	13.66	341	13.56	750	13.87	15.080	0.091
	1	345	22.77	333	27.34	38	23.60	595	23.67	1 311	24.24		
	2	342	22.57	287	23.56	36	22.36	589	23.43	1 254	23.19		
	3及以上	618	40.79	421	34.56	65	40.37	989	39.34	2 093	38.70		
运动指导的需求程度	1	362	23.89	245	20.11	24	14.91	589	23.43	1 220	22.56	42.945	0.001**
	2	198	13.07	138	11.33	11	6.83	324	12.89	671	12.41		
	3	259	17.10	182	14.94	25	15.53	417	16.59	890	16.46		
	4	348	22.97	280	22.99	42	26.09	581	23.11	1 251	23.13		
	5	176	11.62	180	14.78	32	19.88	293	11.65	674	12.46		
	6	70	4.62	76	6.24	9	5.59	112	4.46	267	4.94		
	7	102	6.73	117	9.61	18	11.18	198	7.88	435	8.04		

注：* 代表 $P < 0.05$，** 代表 $P < 0.01$。

不同近视状况样本对于体育活动参与次数呈现出0.01水平的显著性（χ^2=31.550，P=0.007）。

不同近视状况样本对于运动伙伴呈现出0.01水平的显著性（χ^2=31.312，P=0.002）。

不同近视状况样本对于运动指导的需求程度呈现出0.01水平的显著性（χ^2=42.945，P=0.001）。对比显示，近视600度以上学生选择需求程度“5”的比例（19.88%）明显高于整体水平（12.46%）。

四、体育对青少年体质测试的影响

本研究将青少年体质测试与运动量、体育课的喜爱程度、校外体育活动的喜爱程度、校内体育参与次数、体育活动参与次数、运动伙伴、运动技能的掌握情况、运动指导的需求程度等要素进行交叉分析，以揭示上述要素对青少年体质测试的影响。

本研究利用交叉分析来探究青少年的体质测试对于运动量、体育课的喜爱程度、校外体育活动的喜爱程度、校内体育参与次数、体育活动参与次数、运动伙伴、运动技能的掌握情况、运动指导的需求程度共8项的差异性。从表4–18可以看出，不同体质测试样本对于运动量、体育课的喜爱程度、校外体育活动的喜爱程度、校内体育参与次数、体育活动参与次数、运动伙伴、运动技能的掌握情况、运动指导的需求程度共8项呈现出显著性（$P<0.05$），说明不同体质测试样本对于运动量、体育课的喜爱程度、校外体育活动的喜爱程度、校内体育参与次数、体育活动参与次数、运动伙伴、运动技能的掌握情况、运动指导的需求程度共8项均呈现出差异性。

不同体质测试样本对于运动量呈现出0.01水平的显著性（χ^2=54.836，P=0.000）。对比显示，合格和良好的学生选择运动量“4”的比例（34.41%和34.17%）高于整体水平（31.42%）。

不同体质测试样本对于体育课的喜爱程度呈现出0.01水平的显著性（χ^2=67.868，P=0.000）。

表4-18　体质测试与相关变量的交叉分析

题目	选项	没测试		不及格		合格		良好		优秀		总计		χ^2	P
		人数/人	比例/%	人数/人	比例/%	人数/人	比例/%	人数/人	比例/%	人数/人	比例/%	人数/人	比例/%		
运动	1	325	20.66	22	21.15	141	19.89	247	15.83	335	22.91	1 070	19.79	54.836	0.000**
	2	196	12.46	10	9.62	68	9.59	171	10.96	182	12.45	627	11.59		
	3	271	17.23	23	22.12	116	16.36	289	18.53	279	19.08	978	18.08		
	4	462	29.37	29	27.88	244	34.41	533	34.17	431	29.48	1 699	31.42		
	5	196	12.46	12	11.54	90	12.69	219	14.04	146	9.99	663	12.26		
	6	61	3.88	3	2.88	27	3.81	50	3.21	41	2.80	182	3.37		
	7	62	3.94	5	4.81	23	3.24	51	3.27	48	3.28	189	3.49		
体育课的喜爱程度	1	78	4.96	2	1.92	46	6.49	58	3.72	67	4.58	251	4.64	67.868	0.000**
	2	47	2.99	4	3.85	27	3.81	52	3.33	49	3.35	179	3.31		
	3	118	7.50	12	11.54	56	7.90	147	9.42	118	8.07	451	8.34		
	4	286	18.18	20	19.23	160	22.57	309	19.81	243	16.62	1 018	18.82		
	5	254	16.15	12	11.54	108	15.23	281	18.01	190	13.00	845	15.63		
	6	203	12.91	12	11.54	70	9.87	223	14.29	201	13.75	709	13.11		
	7	587	37.32	42	40.38	242	34.13	490	31.41	594	40.63	1 955	36.15		

续表

题目	选项	没测试		不及格		合格		良好		优秀		总计		χ^2	P
		人数/人	比例/%	人数/人	比例/%	人数/人	比例/%	人数/人	比例/%	人数/人	比例/%	人数/人	比例/%		
校外体育活动的喜爱程度	1	82	5.21	4	3.85	38	5.36	55	3.53	74	5.06	253	4.68	82.127	0.000**
	2	57	3.62	0	0.00	25	3.53	50	3.21	47	3.21	179	3.31		
	3	109	6.93	15	14.42	52	7.33	134	8.59	102	6.98	412	7.62		
	4	288	18.31	18	17.31	158	22.28	354	22.69	259	17.72	1 077	19.91		
	5	265	16.85	10	9.62	135	19.04	292	18.72	201	13.75	903	16.70		
	6	208	13.22	20	19.23	73	10.30	197	12.63	186	12.72	684	12.65		
	7	564	35.86	37	35.58	228	32.16	478	30.64	593	40.56	1 900	35.13		
校内体育参与次数/次	2	509	32.36	32	30.77	261	36.81	572	36.67	426	29.14	1 800	33.28	62.910	0.000**
	3	193	12.27	18	17.31	86	12.13	207	13.27	164	11.22	668	12.35		
	4	145	9.22	12	11.54	59	8.32	152	9.74	128	8.76	496	9.17		
	5	130	8.26	5	4.81	56	7.90	133	8.53	100	6.84	424	7.84		
	6	119	7.57	8	7.69	50	7.05	123	7.88	142	9.71	442	8.17		
	7	477	30.32	29	27.88	197	27.79	373	23.91	502	34.34	1 578	29.18		
体育活动参与次数/次	2	1 035	65.80	75	72.12	493	69.53	1 092	70.00	933	63.82	3 628	67.09	42.120	0.003**
	3	192	12.21	6	5.77	76	10.72	176	11.28	198	13.54	648	11.98		
	4	129	8.20	10	9.62	59	8.32	110	7.05	123	8.41	431	7.97		
	5	96	6.10	6	5.77	27	3.81	62	3.97	56	3.83	247	4.57		
	6	39	2.48	3	2.88	10	1.41	34	2.18	41	2.80	127	2.35		
	7	82	5.21	4	3.85	44	6.21	86	5.51	111	7.59	327	6.05		

续表

题目	选项	没测试		不及格		合格		良好		优秀		总计		χ^2	P
		人数/人	比例/%	人数/人	比例/%	人数/人	比例/%	人数/人	比例/%	人数/人	比例/%	人数/人	比例/%		
运动伙伴	同学	682	43.36	45	43.27	405	57.12	866	55.51	613	41.93	2 611	48.28	109.815	0.000**
	家人	281	17.86	20	19.23	89	12.55	208	13.33	296	20.25	894	16.53		
	朋友	444	28.23	33	31.73	151	21.30	335	21.47	413	28.25	1 376	25.44		
	教练	46	2.92	2	1.92	16	2.26	35	2.24	40	2.74	139	2.57		
	其他	120	7.63	4	3.85	48	6.77	116	7.44	100	6.84	388	7.17		
运动技能的掌握情况/项	0	208	13.22	16	15.38	106	14.95	217	13.91	203	13.89	750	13.87	23.298	0.025*
	1	366	23.27	20	19.23	194	27.36	406	26.03	325	22.23	1 311	24.24		
	2	398	25.30	28	26.92	130	18.34	345	22.12	353	24.15	1 254	23.19		
	3及以上	601	38.21	40	38.46	279	39.35	592	37.95	581	39.74	2 093	38.70		
运动指导的需求程度	1	378	24.03	22	21.15	139	19.61	310	19.87	371	25.38	1 220	22.56	60.924	0.000**
	2	220	13.99	11	10.58	77	10.86	161	10.32	202	13.82	671	12.41		
	3	271	17.23	21	20.19	110	15.51	253	16.22	235	16.07	890	16.46		
	4	352	22.38	29	27.88	187	26.38	389	24.94	294	20.11	1 251	23.13		
	5	170	10.81	7	6.73	99	13.96	224	14.36	174	11.90	674	12.46		
	6	73	4.64	6	5.77	33	4.65	89	5.71	66	4.51	267	4.94		
	7	109	6.93	8	7.69	64	9.03	134	8.59	120	8.21	435	8.04		

注：* 代表 $P < 0.05$，** 代表 $P < 0.01$。

不同体质测试样本对于校外体育活动的喜爱程度呈现出0.01水平的显著性（χ^2=82.127，P=0.000）。对比显示，不及格的学生选择“6”的比例（19.23%）明显高于整体水平（12.65%），优秀的学生选择“7”的比例（40.56%）明显高于整体水平（35.13%）。

不同体质测试样本对于校内体育参与次数呈现出0.01水平的显著性（χ^2=62.910，P=0.000）。对比显示，优秀的学生选择7次的比例（34.34%）明显高于整体水平（29.18%）。

不同体质测试样本对于体育活动参与次数呈现出0.01水平的显著性（χ^2=42.120，P=0.003）。对比显示，不及格的学生选择2次的比例（72.12%）明显高于整体水平（67.09%）。

不同体质测试样本对于运动伙伴呈现出0.01水平的显著性（χ^2=109.815，P=0.000）。对比显示，合格和良好的学生选择同学的比例（57.12%和55.51%）明显高于整体水平（48.28%），不及格的学生选择朋友的比例（31.73%）明显高于整体水平（25.44%）。

不同体质测试样本对于运动技能的掌握情况呈现出0.05水平的显著性（χ^2=23.298，P=0.025）。

不同体质测试样本对于运动指导的需求程度呈现出0.01水平的显著性（χ^2=60.924，P=0.000）。

第三节　体育促进青少年体质健康存在的典型问题

尽管在理论层面体育作为促进体质健康的方法受到重视；然而，在实践环节，体育促进体质健康依旧存在一些典型问题，亟待各界予以高度重视。

一、体育运动量的判断差异，何种运动量更能促进健康

运动量是表征个体运动状况的直接指标。从调查数据来看，大部分青少年认为自己的运动量适中。但数据分析发现，运动量与健康、BMI、近视状况和体质测试之间的相关性并不强，这导致青少年的与体质健康相关的指标之间缺乏显著差异。

不可否认，随着时代的发展，以及生活习惯和饮食方式的转变，青少年对体能的感受程度确实有所下降。长期以来，我国专家一直认为体育教学的运动负荷不足，难以发挥促进体质健康的作用。但也有学者认为，体育教学不能一味地追求运动负荷[1]。当前，普遍以心率130次/分和体育强度训练占总时长的30%作为体育课程运动负荷判定的标准[2]。尽管不同的运动项目教学，可能导致心率有所不同，但一堂体育课保证一定的运动负荷，对青少年的心肺功能训练具有重要意义。

从当前学校体育教学来看，学生尽管对体育课的喜爱程度有所提高，但运动量明显不足，有些学生甚至采取各种方式躲避体育课的强度训练。但同时，校外体育培训机构存在“超时、超量”训练的现象。校外体育培训机构超长时间、大运动量的授课和训练，虽然可能在短期内提升青少年的运动技能，但存在运动损伤等诸多风险，不符合科学训练的原则。

上述种种现象突出了一个典型问题，即运动量的主观感受是否科学？如果主观感受科学，那么是否说明我国青少年对运动量的主观感受偏低？本研究受研究条件限制，无法在体育课或运动场直接测量相关运动量，而通过主观感受来评价体育课和校外体育锻炼的运动负荷科学性不足，这可能受个体认知的较大影响。

[1]　张显．刍议体育教学不能一味追求运动负荷 [J]. 田径，2021（3）：80–82.
[2]　顾渊彦．体育课运动负荷测定有待完善 [J]. 体育教学，2007（2）：6–7.

二、家庭体育开展受限，体育中考刺激性明显

从青少年体育参与陪伴的形式来看，家庭的促进作用明显不足。在青少年成长的过程中，家庭具有非常重要的作用，父母对青少年的教育不仅体现在成绩方面，而且要体现在对青少年体育参与、科学营养的介入方面，以促进青少年健康成长。但从微观层面来看，如何通过家庭更好地促进青少年体育参与是一个非常重要和棘手的现实问题。从运动陪伴的角度来看，我国青少年运动陪伴以同学为主。

本研究利用交叉分析去探究运动伙伴对于学段的差异性。从表4-19可以看出，不同运动伙伴样本对于学段呈现出显著性（$P<0.01$），说明不同运动伙伴样本对于学段均呈现出差异性。

不同运动伙伴样本对于学段呈现出0.01水平的显著性（χ^2=421.262，P=0.000）。对比显示，小学生选择家人和教练作为运动伙伴的比例（40.49%和35.97%）明显高于整体水平（27.59%），初中生选择教练和家人作为运动伙伴的比例（30.94%和29.53%）明显高于整体水平（23.11%），大学生选择教练和家人作为运动伙伴的比例（37.80%）明显高于整体水平（26.65%）。

随着体育中考的重要性持续提升，云南省已将体育中考分值提高至与语文、数学、外语等分值一样，凸显了体育的重要性。同时，教育部也一再强调要将体育纳入高考，未来体育在人才选拔考试中的作用将更加重要。调查发现，很多家长倾向于通过各种方式来提高学生中考前的体育训练水平，如为孩子报名体育培训机构。但由于大多数学生缺乏体育锻炼的基础，很多体育培训机构为了短时间提高学生的运动成绩，根据考试要求加大运动量，导致学生在备战体育中考时出现伤病情况，这表明不恰当的体育锻炼方式有损学生的体质健康。

三、体育教师双重兼职，降低教学专业性

体育教师作为开展体育教学的关键主体，对体育教学质量控制和体质健康促进均具有重要影响。近年来，尽管我国体育教师数量有所增加，但数量依旧明显不足。此外，数量不足的体育教师，在教学中还存在诸多问题。

表4–19　运动伙伴与学段的交叉分析

题目	选项	同学		家人		朋友		教练		其他		总计		χ^2	P
		人数/人	比例/%	人数/人	比例/%	人数/人	比例/%	人数/人	比例/%	人数/人	比例/%	人数/人	比例/%		
学段	小学	554	21.22	362	40.49	408	29.65	50	35.97	118	30.41	1 492	27.59	421.262	0.000**
	初中	485	18.58	264	29.53	372	27.03	43	30.94	86	22.16	1 250	23.11		
	高中	585	22.41	186	20.81	324	23.55	33	23.74	97	25.00	1 225	22.65		
	大学	987	37.80	82	9.17	272	19.77	13	9.35	87	22.42	1 441	26.65		

注：** 代表 $P < 0.01$。

第一，体育教师专业性不足。在乡镇中小学中，部分体育教师由其他科目的教师兼任。这些教师并非体育专业毕业生，且没有接受过系统的体育专业方面的教育，在教学实践过程中，依靠自学坚持在基层从事体育教学工作。这对提升体育教学质量和促进青少年体质健康产生了不利影响。第二，体育教师兼任其他科目教学、学校行政工作现象突出。一些受过系统的专业训练的体育教师，进入基层后，成为弥补其他科目教师短缺的师资。访谈发现，部分具有研究生学历的体育教师进入中小学后，被安排承担语文、外语等课程的教学任务。负责课程安排的教师表示，他/她们都是研究生，承担中小学课程教学属于“小菜一碟”。究其原因，很多学校认为，体育课程相对语文、数学、外语等课程而言不那么重要。受制于学校师资补充的现实，通过调配体育教师，能够较好地安排教学任务。调查得知，体育教师兼职状况以小学和乡村学校为主。很多体育教师担任班主任、政教主任、团委书记或者在学校行政部门工作，由此形成了相对复杂的工作格局，这在一定程度上影响了体育教学质量。

第四节　关于体育促进青少年体质健康的建议

需要强调，体育促进青少年体质健康是一个非常宏大的问题。本研究的建议仅对调查结果负责。

一、提升师生对运动负荷认识的科学性

运动负荷是保证运动效果的重要方面。调查数据显示，青少年对运动负荷的认识处于较低水平。本研究认为，要通过运动知识科学普及和教育活动，让体育教师充分认识到运动负荷的重要性。在体育教学过程中，体育教师除了教授相关运动技术，还要关注学生的运动负荷，让学生在有限的体育教学过程中，享受体育的乐趣，同时要给学生灌输一定的运动负荷理念。在日常的体育

锻炼和其他身体活动中，体育教师要关注运动负荷的重要性，从提高健康水平的角度，为学生确定适宜的运动负荷，增强身体机能[1]。尤其是大学生，要高度重视体育锻炼的运动量和频次问题，因为大学生步入社会后很有可能会承受各方面的压力，进而有可能影响其身心健康。

二、重视家庭体育，引导体育中考健康发展

充分认识家庭体育对青少年体育锻炼习惯养成的重要性。家庭是培养青少年的关键场所，尤其是在年幼阶段，在青少年价值观和人生观等形成的关键时期，家庭和家长对青少年体育习惯的培养至关重要。在家庭体育的发展过程中，家长是青少年参与体育运动的第一个引导者，能够为青少年树立终身体育的理念。此外，家长要高度重视因为体育中考引发的体育培训问题，客观而言，为了取得良好的中考成绩，用短时间培训的方式无可厚非。但需要关注的是，青少年高强度的运动训练，容易出现伤病，这不利于青少年的健康维护。

三、重视基层体育，维护体育教学的专业性

教育部门和学校应高度重视学校体育，引导社会关注体育教师的成长。继续通过多种方式，优化体育教师师资，弥补体育教师缺口。当前，随着我国教育水平的持续提升，大量相关专业的本科生和研究生进入中小学从事体育教学工作，比较而言，此类人群具有专业的体育教学经历，这在一定程度上能够改善当前体育教师的种种不良评价。

建议学校要高度重视学校体育教学的专业性，不得选聘非专业体育教师，对于临时聘用的体育教师，必须进行专业化培养。同时，推动体育教师专岗专责，保障体育教学的专业性。随着我国体教融合的深入推进，体育将在未来青少年发展中占据更为重要的位置，发挥更为显著的作用，而体育教师在学校的专业性作用也会更加突出。

---

[1] 陈庆华，宋学光．适宜的运动负荷才能促进学生健康发展 [J]. 中国学校体育，2007（7）：42.

第五章

青少年体质健康的健康教育促进因素及影响

学生健康是21世纪以来学校面临的重要课题。正如有些专家所言：健康教育的完善是保证学生进行高效与快乐学习的首要条件。因此，学校健康教育的开展不仅直接关系到学生在学业方面的发展，更是在学生成长的阶段起到关键的作用。当前，学校健康教育发展凸显了两大主流特点。第一，学校健康教育正逐渐显示出它在儿童青少年中培养全面的健康观念和能力，以提高儿童青少年的身体素质和整体健康水平。在学校设立正规的健康教育课程，为学生提供有关健康的知识和信息，使学生掌握必要的技能，俨然成为学校健康教育的一项主导活动。第二，多角度、多层面的健康促进内容已融入学校健康教育，变得更为广泛和重要。健康促进强调通过环境、人口和生活方式的相互融合来帮助人们在自身生活、工作、学习和娱乐等场所，在生命发展的各个阶段以及面临每个健康选择的机会时保持正确的行为方式。

整体而言，学校健康教育应注重通过教育来传授和普及各种卫生知识，使学生掌握必要的健康知识和技能，提升其自我保健的能力。同时，学校应重视改善人文环境、文化氛围、物质条件等，以创设更加有利于学生身心健康的环境。

第一节　学校健康教育开展状况——基于受众的分析

一、青少年的健康教育需求程度[1]分析

从表5-1可以看出，健康教育需求程度为“4”的比例（27.00%）在总体比例中最高；健康教育需求程度为“5”“7”的比例次之，分别为16.38%与15.48%。健康教育需求程度“4”表示“一般”（也可理解为“中立”“观望”）；而健康教育需求程度“5”“6”“7”表示需求程度逐渐递进，占总体的40.05%。可见，近1/3的青少年对健康教育需求持中立态度，大部分青少年对健康教育需求相对较高。对健康教育需求持中立态度的青少年可能对健康教育的认识不足，或对健康教育认知存在偏差，这也从侧面反映了当前学校健康教育开展过程中存在“健康教育普及”“有效宣传引导”“思想与实践落实”等方面的不足。

表5-1　健康教育需求程度的统计结果

题目	选项	人数 / 人	比例 /%
健康教育需求程度	1	728	13.46
	2	317	5.86
	3	737	13.63
	4	1 460	27.00
	5	886	16.38
	6	443	8.19
	7	837	15.48

[1] 本研究用数字 1~7 来表示健康教育需求程度由很不需要到很需要的程度变化。

二、青少年健康教育课程的开设效果分析

从表5-2可以看出，青少年健康教育课程的开设效果为“一般”的比例为33.97%，在总体比例中最高；其次是开设效果为“较好”“非常好”的比例，分别为31.25%与22.98%。开设效果为“较差”“差”的总体占比（11.80%）较小。这在某种程度上反映了大部分青少年对学校开设健康教育课程持乐观态度。

表5-2　健康教育课程的开设效果的统计结果

题目	选项	人数 / 人	比例 /%
健康教育课程的开设效果	较差	293	5.42
	差	345	6.38
	一般	1 837	33.97
	较好	1 690	31.25
	非常好	1 243	22.98

本研究利用交叉分析来探究健康教育课程的开设效果对于区域、性别、城乡、学段共4项的差异性。从表5-3可以看出，不同健康教育课程的开设效果样本对于性别未呈现出显著性（$P>0.05$），说明不同健康教育课程的开设效果样本对于性别均呈现出一致性，没有显著性差异。另外，不同健康教育课程的开设效果样本对于区域、城乡、学段共3项呈现出显著性（$P<0.01$），说明不同健康教育课程的开设效果样本对于区域、城乡、学段共3项均呈现出差异性。

不同健康教育课程的开设效果样本对于区域呈现出0.01水平的显著性（χ^2=677.976，P=0.000）。对比显示，东部学生选择“非常好”的比例（67.82%）明显高于整体水平（39.03%），中部学生选择“较差”和“差”的比例（34.13%和31.59%）明显高于整体水平（24.41%），西部学生选择“一般”和“差”的比例（39.36%和37.10%）明显高于整体水平（31.14%）。

不同健康教育课程的开设效果样本对于城乡呈现出0.01水平的显著性（χ^2=61.631，P=0.000）。对比显示，城市学生选择“非常好”的比例（59.77%）明显高于整体水平（52.24%）。

表5-3 健康教育课程的开设效果与相关要素的交叉分析

题目	选项	较差		差		一般		较好		非常好		总计		χ^2	P
		人数/人	比例/%	人数/人	比例/%	人数/人	比例/%	人数/人	比例/%	人数/人	比例/%	人数/人	比例/%		
区域	东部	114	38.91	91	26.38	462	25.15	601	35.56	843	67.82	2 111	39.03	677.976	0.000**
	中部	100	34.13	109	31.59	497	27.05	401	23.73	213	17.14	1 320	24.41		
	西部	73	24.91	128	37.10	723	39.36	588	34.79	172	13.84	1 684	31.14		
	东北地区	6	2.05	17	4.93	155	8.44	100	5.92	15	1.21	293	5.42		
性别	男生	140	47.78	152	44.06	784	42.68	742	43.91	553	44.49	2 371	43.84	3.078	0.545
	女生	153	52.22	193	55.94	1 053	57.32	948	56.09	690	55.51	3 037	56.16		
城乡	城市	162	55.29	189	54.78	869	47.31	862	51.01	743	59.77	2 825	52.24	61.631	0.000**
	乡镇	65	22.18	66	19.13	366	19.92	290	17.16	202	16.25	989	18.29		
	农村	66	22.53	90	26.09	602	32.77	538	31.83	298	23.97	1 594	29.47		
学段	小学	90	30.72	96	27.83	374	20.36	458	27.10	474	38.13	1 492	27.59	270.136	0.000**
	初中	79	26.96	65	18.84	362	19.71	385	22.78	359	28.88	1 250	23.11		
	高中	66	22.53	76	22.03	449	24.44	390	23.08	244	19.63	1 225	22.65		
	大学	58	19.80	108	31.30	652	35.49	457	27.04	166	13.35	1 441	26.65		

注：** 代表 $P < 0.01$。

不同健康教育课程的开设效果样本对于学段呈现出0.01水平的显著性（χ^2=270.136，P=0.000）。对比显示，小学生选择“非常好”的比例（38.13%）明显高于整体水平（27.59%），初中生选择“非常好”的比例（28.88%）明显高于整体水平（23.11%），大学生选择“一般”的比例（35.49%）明显高于整体水平（26.65%）。

三、青少年健康教育信息的获取方式分析

从表5-4可以看出，在当前健康教育信息的获取方式中，电视、广播、互联网所占的比例（71.75%）相对较高，随后是老师（57.84%），书籍、报纸、杂志（48.78%），朋友、同学（48.67%），家长（48.56%）。从统计数据来看，讲座、宣传栏的作用最不明显，需要在后续的健康教育过程中予以关注。

表5-4　健康教育信息的获取方式的统计结果

题目	选项	人数 / 人	比例 /%
健康教育信息的获取方式	电视、广播、互联网	3 880	71.75
	讲座、宣传栏	1 916	35.43
	老师	3 128	57.84
	朋友、同学	2 632	48.67
	家长	2 626	48.56
	书籍、报纸、杂志	2 638	48.78

（一）电视、广播、互联网与相关变量的交叉分析

本研究利用交叉分析来探究电视、广播、互联网对于区域、性别、城乡、学段共4项的差异性。从表5-5可以看出，不同电视、广播、互联网样本对于性别未呈现出显著性（$P>0.05$），说明不同电视、广播、互联网样本对于性别均呈现出一致性，没有显著性差异；不同电视、广播、互联网样本对于区域、城乡、学段共3项呈现出显著性（$P<0.01$），说明不同电视、广播、互联网样本对于区域、城乡、学段共3项均呈现出差异性。

不同电视、广播、互联网样本对于区域呈现出0.01水平的显著性（χ^2=293.033，P=0.000）。对比显示，东部学生选择“否”的比例（56.35%）明显高于“是”的比例（32.22%），西部学生选择“是”的比例（35.59%）明显高于“否”的比例（19.83%）。

不同电视、广播、互联网样本对于城乡呈现出0.01水平的显著性（χ^2=23.313，P=0.000）。对比显示，农村学生选择“是”的比例（31.29%）明显高于“否”的比例（24.87%）。

不同电视、广播、互联网样本对于学段呈现出0.01水平的显著性（χ^2=152.760，P=0.000）。对比显示，小学生选择“否”的比例（31.48%）明显高于“是”的比例（26.06%），初中生选择“否”的比例（27.81%）明显高于“是”的比例（21.26%），大学生选择“是”的比例（31.29%）明显高于“否”的比例（14.86%）。

表5-5　电视、广播、互联网与相关变量的交叉分析

题目	选项	否		是		χ^2	P
		人数 / 人	比例 /%	人数 / 人	比例 /%		
区域	东部	861	56.35	1 250	32.22	293.033	0.000**
	中部	326	21.34	994	25.62		
	西部	303	19.83	1 381	35.59		
	东北地区	38	2.49	255	6.57		
性别	男生	678	44.37	1 693	43.63	0.242	0.623
	女生	850	55.63	2 187	56.37		
城乡	城市	835	54.65	1 990	51.29	23.313	0.000**
	乡镇	313	20.48	676	17.42		
	农村	380	24.87	1 214	31.29		
学段	小学	481	31.48	1 011	26.06	152.760	0.000**
	初中	425	27.81	825	21.26		
	高中	395	25.85	830	21.39		
	大学	227	14.86	1 214	31.29		

注：** 代表 $P < 0.01$。

（二）讲座、宣传栏与相关变量的交叉分析

本研究利用交叉分析来探究讲座、宣传栏对于区域、性别、城乡、学段共4项的差异性。从表5-6可以看出，不同讲座、宣传栏样本对于性别、城乡共2项未呈现出显著性（$P>0.05$），说明不同讲座、宣传栏样本对于性别、城乡共2项均呈现出一致性，没有显著性差异；不同讲座、宣传栏样本对于区域、学段共2项呈现出显著性（$P<0.01$），说明不同讲座、宣传栏样本对于区域、学段共2项均呈现出差异性。

不同讲座、宣传栏样本对于区域呈现出0.01水平的显著性（χ^2=125.578，P=0.000）。对比显示，东部学生选择“否”的比例（42.84%）明显高于“是”的比例（32.10%），西部学生选择“是”的比例（37.53%）明显高于“否”的比例（27.63%）。

不同讲座、宣传栏样本对于学段呈现出0.01水平的显著性（χ^2=51.606，P=0.000）。对比显示，初中生选择“否”的比例（25.11%）明显高于“是”的比例（19.47%），大学生选择“是”的比例（32.05%）明显高于“否”的比例（23.68%）。

表5-6　讲座、宣传栏与相关变量的交叉分析

题目	选项	否		是		χ^2	P
		人数 / 人	比例 /%	人数 / 人	比例 /%		
区域	东部	1 496	42.84	615	32.10	125.578	0.000**
	中部	896	25.66	424	22.13		
	西部	965	27.63	719	37.53		
	东北地区	135	3.87	158	8.25		
性别	男生	1 536	43.99	835	43.58	0.083	0.774
	女生	1 956	56.01	1 081	56.42		
城乡	城市	1 842	52.75	983	51.30	1.313	0.519
	乡镇	638	18.27	351	18.32		
	农村	1 012	28.98	582	30.38		

续表

题目	选项	否		是		χ^2	P
		人数 / 人	比例 /%	人数 / 人	比例 /%		
学段	小学	988	28.29	504	26.30	51.606	0.000**
	初中	877	25.11	373	19.47		
	高中	800	22.91	425	22.18		
	大学	827	23.68	614	32.05		

注：** 代表 $P < 0.01$。

（三）教师与相关变量的交叉分析

本研究利用交叉分析来探究教师对于区域、性别、城乡、学段共4项的差异性。从表5-7可以看出，不同教师样本对于区域、性别、城乡、学段共4项呈现出显著性（$P<0.05$），说明不同教师样本对于区域、性别、城乡、学段共4项均呈现出差异性。

不同教师样本对于区域呈现出0.01水平的显著性（χ^2=53.336，P=0.000）。对比显示，中部学生选择“否”的比例（28.86%）高于“是”的比例（21.16%）。

不同教师样本对于性别呈现出0.01水平的显著性（χ^2=16.589，P=0.000）。对比显示，男生选择“否”的比例（47.06%）高于“是”的比例（41.50%），女生选择“是”的比例（58.50%）高于“否”的比例（52.94%）。

不同教师样本对于城乡呈现出0.05水平的显著性（χ^2=8.613，P=0.013）。对比显示，城市学生选择“是”的比例（53.93%）高于“否”的比例（49.91%），乡镇学生选择“否”的比例（19.04%）高于“是”的比例（17.74%），农村学生选择“否”的比例（31.05%）高于“是”的比例（28.32%）。

不同教师样本对于学段呈现出0.01水平的显著性（χ^2=13.652，P=0.003）。对比显示，小学生选择“否”的比例（28.90%）高于“是”的比例（26.63%），大学生选择“是”的比例（28.52%）高于“否”的比例（24.08%）。

表5-7 教师与相关变量的交叉分析

题目	选项	否		是		χ^2	P
		人数 / 人	比例 /%	人数 / 人	比例 /%		
区域	东部	864	37.89	1 247	39.87	53.336	0.000**
	中部	658	28.86	662	21.16		
	西部	668	29.30	1 016	32.48		
	东北地区	90	3.95	203	6.49		
性别	男生	1 073	47.06	1 298	41.50	16.589	0.000**
	女生	1 207	52.94	1 830	58.50		
城乡	城市	1 138	49.91	1 687	53.93	8.613	0.013*
	乡镇	434	19.04	555	17.74		
	农村	708	31.05	886	28.32		
学段	小学	659	28.90	833	26.63	13.652	0.003**
	初中	545	23.90	705	22.54		
	高中	527	23.11	698	22.31		
	大学	549	24.08	892	28.52		

注：* 代表 $P<0.05$，** 代表 $P<0.01$。

（四）书籍、报纸、杂志与相关变量的交叉分析

本研究利用交叉分析来探究书籍、报纸、杂志对于区域、性别、城乡、学段共4项的差异性。从表5-8可以看出，不同书籍、报纸、杂志样本对于性别、城乡共2项未呈现出显著性（$P>0.05$），说明不同书籍、报纸、杂志样本对于性别、城乡共2项均呈现出一致性，没有显著性差异；不同书籍、报纸、杂志样本对于区域、学段共2项呈现出显著性（$P<0.01$），说明不同书籍、报纸、杂志样本对于区域、学段共2项均呈现出差异性。

不同书籍、报纸、杂志样本对于区域呈现出0.01水平的显著性（χ^2=107.540，P=0.000）。对比显示，东部学生选择“否”的比例（42.09%）明显高于“是”的比例（35.82%），中部学生选择“否”的比例（27.00%）明显高于“是”的比例（21.68%），西部学生选择“是”的比例（34.61%）明显高于“否”的比例（27.83%。）

不同书籍、报纸、杂志样本对于学段呈现出0.01水平的显著性（χ^2=54.650，P=0.000）。对比显示，初中生选择“否”的比例（25.23%）明显高于“是”的比例（20.89%），高中生选择“否”的比例（24.15%）明显高于“是”的比例（21.08%），大学生选择“是”的比例（31.01%）明显高于“否”的比例（22.49%）。

表5-8　书籍、报纸、杂志与相关变量的交叉分析

题目	选项	否		是		χ^2	P
		人数 / 人	比例 /%	人数 / 人	比例 /%		
区域	东部	1 166	42.09	945	35.82	107.540	0.000**
	中部	748	27.00	572	21.68		
	西部	771	27.83	913	34.61		
	东北地区	85	3.07	208	7.88		
性别	男生	1 205	43.50	1 166	44.20	0.268	0.605
	女生	1 565	56.50	1 472	55.80		
城乡	城市	1 421	51.30	1 404	53.22	5.280	0.081
	乡镇	538	19.42	451	17.10		
	农村	811	29.28	783	29.68		
学段	小学	779	28.12	713	27.03	54.650	0.000**
	初中	699	25.23	551	20.89		
	高中	669	24.15	556	21.08		
	大学	623	22.49	818	31.01		

注：** 代表 $P<0.01$。

（五）朋友、同学与相关变量的交叉分析

本研究利用交叉分析来探究朋友、同学对于区域、性别、城乡、学段共4项的差异性。从表5-9可以看出，不同朋友、同学样本对于性别未呈现出显著性（$P>0.05$），说明不同朋友、同学样本对于性别均呈现出一致性，没有显著性差异；不同朋友、同学样本对于区域、城乡、学段共3项呈现出显著性（$P<0.05$），说明不同朋友、同学样本对于区域、城乡、学段共3项均呈现出差异性。

不同朋友、同学样本对于区域呈现出0.01水平的显著性（χ^2=158.696，P=0.000）。对比显示，东部学生选择“否”的比例（45.28%）明显高于“是”的比例（32.45%），西部学生选择“是”的比例（36.97%）明显高于“否”的比例（25.61%）。

不同朋友、同学样本对于城乡呈现出0.05水平的显著性（χ^2=7.212，P=0.027）。

不同朋友、同学样本对于学段呈现出0.01水平的显著性（χ^2=88.155，P=0.000）。对比显示，初中生选择“否”的比例（25.68%）明显高于“是”的比例（20.40%），大学生选择“是”的比例（32.26%）明显高于“否”的比例（21.33%）。

表5-9　朋友、同学与相关变量的交叉分析

题目	选项	否		是		χ^2	P
		人数 / 人	比例 /%	人数 / 人	比例 /%		
区域	东部	1 257	45.28	854	32.45	158.696	0.000**
	中部	713	25.68	607	23.06		
	西部	711	25.61	973	36.97		
	东北地区	95	3.42	198	7.52		
性别	男生	1 247	44.92	1 124	42.71	2.694	0.101
	女生	1 529	55.08	1 508	57.29		
城乡	城市	1 472	53.03	1 353	51.41	7.212	0.027*
	乡镇	529	19.06	460	17.48		
	农村	775	27.92	819	31.12		
学段	小学	829	29.86	663	25.19	88.155	0.000**
	初中	713	25.68	537	20.40		
	高中	642	23.13	583	22.15		
	大学	592	21.33	849	32.26		

注：* 代表 $P < 0.05$，** 代表 $P < 0.01$。

（六）家长与相关变量的交叉分析

本研究利用交叉分析来探究家长对于区域、性别、城乡、学段共4项的差异性。从表5-10可以看出，不同家长样本对于性别未呈现出显著性（$P>0.05$），说明不同家长样本对于性别均呈现出一致性，没有显著性差异；不同家长样本对于区域、城乡、学段共3项呈现出显著性（$P<0.01$），说明不同家长样本对于区域、城乡、学段共3项均呈现出差异性。

不同家长样本对于区域呈现出0.01水平的显著性（$\chi^2=31.410$，$P=0.000$）。对比显示，东部学生选择“是”的比例（42.76%）明显高于“否”的比例（35.51%）。

不同家长样本对于城乡呈现出0.01水平的显著性（$\chi^2=13.052$，$P=0.001$）。对比显示，城市学生选择“是”的比例（54.61%）明显高于“否”的比例（50.00%）。

不同家长样本对于学段呈现出0.01水平的显著性（$\chi^2=13.222$，$P=0.004$）。对比显示，小学生选择“是”的比例（29.82%）明显高于“否”的比例（25.49%）。

表5-10 家长与相关变量的交叉分析

题目	选项	否		是		χ^2	P
		人数/人	比例/%	人数/人	比例/%		
区域	东部	988	35.51	1 123	42.76	31.410	0.000**
	中部	717	25.77	603	22.96		
	西部	926	33.29	758	28.87		
	东北地区	151	5.43	142	5.41		
性别	男生	1 232	44.28	1 139	43.37	0.455	0.500
	女生	1 550	55.72	1 487	56.63		
城乡	城市	1 391	50.00	1 434	54.61	13.052	0.001**
	乡镇	548	19.70	441	16.79		
	农村	843	30.30	751	28.60		
学段	小学	709	25.49	783	29.82	13.222	0.004**
	初中	660	23.72	590	22.47		
	高中	640	23.01	585	22.28		
	大学	773	27.79	668	25.44		

注：** 代表 $P<0.01$。

第二节 健康教育对青少年体质健康促进的影响

青少年体质健康状况薄弱是长期以来困扰我国教育和社会发展的问题之一。在我国全面构建社会主义和谐社会的背景下，切实改善青少年体质健康状况有着良好的历史契机和前所未有的有利条件。20世纪70年代，研究发现，高达50%的疾病或死亡因素与“不良行为及不健康的生活方式”有关，因此人们开始将健康促进从疾病预防中分离，并置于同等地位，强调健康的人群应采取积极有益的健康行为，通过改善教育、政策、环境等来获得更健康的生活方式。随着“正向积极的健康”（positive health）概念的出现，全社会普遍认识到，应把健康教育与政治、经济结合起来，共同促使行为和环境发生改变，以改善和保护人们的健康，使人们逐渐认识到健康教育对于促进体质健康的重要性。本研究利用交叉分析来探究两周患病率、BMI、近视状况、体质测试对于健康教育课程的开设效果的差异性，旨在揭示健康教育对青少年体质健康的影响。

一、健康教育课程的开设效果对青少年两周患病率的影响

本研究利用交叉分析来探究两周患病率对于健康教育课程的开设效果的差异性。从表5-11可以看出，不同两周患病率样本对于健康教育课程的开设效果呈现出0.05水平的显著性（χ^2=11.119，P=0.025）。对比显示，不健康学生选择非常好的比例（28.47%）明显高于整体水平（22.98%）。

二、健康教育课程的开设效果对青少年BMI的影响

本研究利用交叉分析来探究BMI对于健康教育课程的开设效果的差异性。从表5-12可以看出，不同BMI样本对于健康教育课程的开设效果呈现出0.01水平的显著性（χ^2=60.274，P=0.000）。对比显示，肥胖学生选择“一般”的比例

（39.95%）明显高于整体水平（33.97%）。

三、健康教育课程的开设效果对青少年近视状况的影响

本研究利用交叉分析来探究近视状况对于健康教育课程的开设效果的差异性。从表5-13可以看出，不同近视状况样本对于健康教育课程的开设效果呈现出0.05水平的显著性（χ^2=22.314，P=0.034）。对比显示，近视600度以上的学生选择“一般”的比例（39.75%）明显高于整体水平（33.97%）。

四、健康教育课程的开设效果对青少年体质测试的影响

本研究利用交叉分析来探究体质测试对于健康教育课程的开设效果的差异性。从表5-14可以看出，不同体质测试样本对于健康教育课程的开设效果呈现出0.01水平的显著性（χ^2=62.081，P=0.000）。对比显示，合格学生选择“一般”的比例（39.77%）明显高于整体水平（33.97%）。

表5-11　两周患病率与健康教育课程的开设效果的交叉分析

题目	选项	健康		不健康		总计		χ^2	P
		人数 / 人	比例 /%	人数 / 人	比例 /%	人数 / 人	比例 /%		
健康教育课程的开设效果	较差	264	5.46	29	5.03	293	5.42	11.119	0.025*
	差	313	6.48	32	5.56	345	6.38		
	一般	1 654	34.23	183	31.77	1 837	33.97		
	较好	1 522	31.50	168	29.17	1 690	31.25		
	非常好	1 079	22.33	164	28.47	1 243	22.98		

注：* 代表 $P < 0.05$。

表5-12　BMI与健康教育课程的开设效果的交叉分析

题目	选项	偏轻		正常		超重		肥胖		总计		χ^2	P
		人数 / 人	比例 / %	人数 / 人	比例 / %	人数 / 人	比例 / %	人数 / 人	比例 / %	人数 / 人	比例 / %		
健康教育课程的开设效果	较差	108	5.70	149	5.46	16	4.15	20	5.03	293	5.42	60.274	0.000**
	差	118	6.23	164	6.01	33	8.55	30	7.54	345	6.38		
	一般	542	28.62	1 013	37.11	123	31.87	159	39.95	1 837	33.97		
	较好	613	32.37	837	30.66	122	31.61	118	29.65	1 690	31.25		
	非常好	513	27.09	567	20.77	92	23.83	71	17.84	1 243	22.98		

注：** 代表 $P < 0.01$。

表5-13 近视状况与健康教育课程的开设效果的交叉分析

题目	选项	300 度以下		300 ~ 600 度		600 度以上		不近视		总计		χ^2	P
		人数 / 人	比例 /%	人数 / 人	比例 /%	人数 / 人	比例 /%	人数 / 人	比例 /%	人数 / 人	比例 /%		
健康教育课程的开设效果	较差	77	5.08	72	5.91	11	6.83	133	5.29	293	5.42	22.314	0.034*
	差	92	6.07	73	5.99	13	8.07	167	6.64	345	6.38		
	一般	529	34.92	454	37.27	64	39.75	790	31.42	1 837	33.97		
	较好	463	30.56	366	30.05	43	26.71	818	32.54	1 690	31.25		
	非常好	354	23.37	253	20.77	30	18.63	606	24.11	1 243	22.98		

注：* 代表 $P < 0.05$。

表5-14 体质测试与健康教育课程的开设效果的交叉分析

题目	选项	没测试		不及格		合格		良好		优秀		总计		χ^2	P
		人数 / 人	比例 /%	人数 / 人	比例 %	人数 / 人	比例 /%	人数 / 人	比例 /%	人数 / 人	比例 /%	人数 / 人	比例 /%		
健康教育课程的开设效果	较差	87	5.53	8	7.69	32	4.51	88	5.64	78	5.34	293	5.42	62.081	0.000**
	差	90	5.72	5	4.81	45	6.35	121	7.76	84	5.75	345	6.38		
	一般	523	33.25	34	32.69	282	39.77	577	36.99	421	28.80	1 837	33.97		
	较好	515	32.74	36	34.62	216	30.47	453	29.04	470	32.15	1 690	31.25		
	非常好	358	22.76	21	20.19	134	18.90	321	20.58	409	27.98	1 243	22.98		

注：** 代表 $P < 0.01$。

第三节 健康教育促进青少年体质健康存在的典型问题

学校体育和体育课程是提高青少年体质健康水平的重要途径。体育教师是学校体育的体育课程实施者和组织者，同时也是提高青少年体质健康水平的指导者和参与者，因而，体育教师的专业思想和专业能力在提高青少年体质健康水平中具有举足轻重的作用。本研究在基层调查时发现，当前体育师资确实存在一些不容忽视的问题。例如，专业水平较低、关注学生体质健康的意识较差、教学理念模糊、掌握学科和术科的知识和能力不足，尤其是缺乏在新形势下提高青少年体质健康水平的有效措施和方法，还有少数教师缺少工作责任心等。笔者认为，其中部分问题源于教师在实施健康教育的过程中教育形式过于随意化，对教育环境、教育主体及教育资源方面不够重视。

一、健康教育形式随意化，以讲座、班会、室内体育课为主

时至今日，仍有不少学校校长、教师、家长对素质教育和心理健康教育重视不够、认识片面，坚持应试教育是根本，认为素质教育和心理健康教育乃一时形势需要，所以消极等待，简单应付。一些学校即便是名义上开展了一些活动，如开设了健康教育课程、建立了健康教育辅导室、举办了学生健康教育讲座等，但由于忽视了教育者自身思想观念的转变和更新，缺乏正确的认识，最终也只能是形式主义。更有甚者，为了应付检查、评比或达标，不惜弄虚作假，开展名不副实的心理健康教育活动，形式主义问题严重。此种倾向是当前乃至今后影响我国学校健康教育真正全面开展的重要因素。

体育教育专业的大学生应该具有较强的教育实践能力，因为体育课程的教育实践性和操作性强的基本特点，决定了体育教育专业的培养特点。因此，教育实践环节在体育教育专业大学生的培养中占有重要的地位。虽然专业性的知识和技能可以通过教师的传授和从书本中间接获得，但从实践中获得的专业性知识和技能会更加直接和具体。有专家把教育实践环节比作联系理论与实践的

纽带，认为教育实践环节是引导未来教师进入专业领域的关键环节，是促进学生将知识转化为能力的有效途径之一。但在调查中发现，由于对教育实践认识上的不足以及受到专业教育评价导向的影响，一些大学的授课形式主要还是以讲座、班会、室内体育课等为主。近年来，一些学校对学生专业教育实践活动的指导与监控有所淡化。例如，有的学校实习点过于分散，一些学校为了节约办学成本，取消了实习单位指导教师的带教费，只安排少量的专业教师担任整个专业学生的实习指导工作，指导教师很难兼顾各实习点和各位学生。

上面所述的问题是影响学生教育实践能力提高的重要因素，应该引起足够重视。学校在教育实践中除了要培养学生的一般教学能力，还要根据形势的发展需求，重点提高学生解决肥胖等实际问题的能力。只有这样，培养出来的体育教师才能得到社会的认可，才能承担起体育教师的崇高职责。

二、教育内容片段化，以教学人员的理解和经历为主

健康课程体系和教学内容未能与我国青少年体质健康现状紧密结合是当前教育内容的一个突出问题，必须引起全社会的重视。2007年,《中共中央 国务院关于加强青少年体育增强青少年体质的意见》表明了党中央、国务院对青少年体育和青少年体质关心和重视的态度与决心，也是针对一个时期以来我国青少年体育中存在的问题而提出来的。

本研究在基层调查中发现，许多体育教师在进行青少年体质健康教育的过程中，存在教学理念模糊和专业能力不足的问题，这也是落实《中共中央　国务院关于加强青少年体育增强青少年体质的意见》和增强青少年体质中不容忽视的问题。《中共中央　国务院关于加强青少年体育增强青少年体质的意见》明确了将体育课作为学生每天1小时体育锻炼时间的计算方式。但调查发现，至今仍有不少体育教师固守着“教学课”和“活动课”的陈旧观念，忽视了体育课在健身功能和方法上的突出作用，导致学生普遍存在身体锻炼不足、运动量和运动强度不够的问题。部分体育教师对于如何根据青少年体质健康状况不佳的实际状况，采取有效措施来改善青少年体质健康状况感到困惑。部分体育教师，

尤其是青年教师存在教学理念模糊和专业能力低下的情况，究其原因主要在于一些高等学校体育教育专业在课程体系和教学内容方面还未能与我国青少年体质健康状况紧密结合。

同时，健康教育内容的设定过于以教师为主体考虑，而非从学生的角度出发，这样所设置的健康教育内容便会在理解与传递的过程中形成一种“双向错位”。除此之外，健康教育内容的设置需要深入的理解与研究，这就要求教学人员在充分理解的基础上，投入更多的精力和时间进行课程的设置，但由于教学人员精力有限，这一过程往往受到阻碍。

三、教育环境虚拟化，校园禁烟不完善

健康教育的环境决定了健康教育对体质发展的促进效果，因此，如何打造一个有助于体质发展的高质量教育环境是决定健康教育成败的重要因素。调研发现，当前学校对健康教育相关环境的重视不足。例如，校园的禁烟措施不完备，教师的工作责任心不强，对学生体质健康关注不够，没有起到模范带头作用，部分教师对健康教育、体质健康等工作缺乏积极主动的态度，缺乏探索与改革创新精神等。上述现象反映出部分教师的专业化水平较低，特别是缺乏规范的行为指导和约束。这也就是健康教育在实施过程中常常出现失控的重要原因，究其本质是对教育环境不重视，进而产生了负面影响。这种现象是教育环境虚拟化的重要特点，如“重少数、轻全体”的个别化倾向、“重教学、轻活动”的灌输化倾向、“重德育、轻心育”的片面教育化倾向等，这些显性和隐性的消极倾向已经给我国学校健康教育带来了不同程度的负面影响。

四、教育引领平庸化，多元执行主体沟通不畅

我国的体质健康教育政策的多元执行主体间存在着沟通不畅、合作机制欠缺的短板，这也就陷入了政策执行机制和监督机制不健全，甚至失效的窘境。从政策执行角度讲，教育、体育、卫生、财政、共青团等多个部门构成了青少年体质健康教育政策的具体执行主体。纵观各相关政策文本，文本中并没有明

确划分各相关职能部门的职权和职责，相应的事权关系和边界界定更无从谈起，这导致了职能部门间权责不明、沟通与合作机制缺乏、政策执行机制不健全及执行效率低下的问题。长期以来，教育和体育部门主要负责青少年体质健康教育政策的落实与执行工作，但并没有被赋予处理和协调本部门以外相关事务和职能部门的权力，有悖于责权对等的组织设计原则，造成了青少年体质健康教育政策执行力度的“无奈”和“纵深”不足。

同时，教育和体育部门在推动和执行青少年体质健康教育政策时，常常会掣肘于学校体育经费不足，与当地财政部门意见分歧，体育教师编制与人社部门意见不一。这使得政策执行部门能够调动的资源非常有限。同时，因职能部门间责权不明，事权关系和管理边界划分模糊，也造成了青少年体质健康教育政策执行的评价、考核和奖惩机制无法建立。从政策监督角度来看，我国青少年体质健康教育政策执行缺乏常态化、制度化、多层次的有效监督。政策执行缺乏对学校体育常态化工作的有力推进和监管。青少年体质健康教育政策执行的事前防御、事中控制、事后反馈等制度化监督机制有待进一步完善和规范。

长期以来，青少年体质健康教育政策执行的监测和督导工作主要由教育行政部门来承担，其监督形式主要表现为听取学校汇报、查阅文字材料和实地考察，形成了一种固定式、流程式的“三部曲”。教育行政部门对政策执行反馈信息的获取过分依赖于学校的单方面汇报，故学校多在文字和数据上挖空心思，对政策执行中的问题多轻描淡写，真正的问题往往不能被发现，这就加剧了政策执行信息的不对称和失真的风险，大大增加了政策监控的难度。

五、教育资源短缺化，校内专业人员严重不足

当前，部分学校师资队伍薄弱，专业人才匮乏，亟须加强师资队伍建设。提高广大教师健康教育的能力，是保障健康教育正常顺利开展的重要条件和关键。这一问题突出表现在两个方面。其一，健康教育相关教师数量不足。在美国，学校健康教育工作者与学生的比例是1：1 500，相比之下，如果我国500名学生配备1名专业人员，以全国2亿名中小学生来计算，至少也要40万名从事学

校健康教育的专业人才，而目前我国所有从事学校健康教育的工作者总数也没有达到这个数字，更不用说从事与体质相关的健康教育的专业人才了。其二，健康教育质量不高。据调查，当前从事学校健康教育的教师大多数是“半路出家”，有团队干部、班主任、校医、政治课教师等，其大多对体质健康知识尤其是健康教育的基本知识缺乏必要的了解和掌握，因此，这项工作的科学性和严肃性受到了损害，这也使得健康教育的质量难以迅速提高。

目前，负责推动学校健康教育和相关活动的主要力量是各级学校的保健教师和校医。然而，由于多方面的原因，能够独立地开展学校健康教育和健康促进工作的校医人数并不多。我国学校健康教育的多元化发展，对专业人员的素质提出了更高的要求，不仅需要专业人员进行健康教育，而且需要其他相关学科的任课教师具有传授健康教育知识的能力。当前，上海市、北京市等地区已经在健康教育领域积累了丰富的经验，取得了显著的成效。然而，全国的学校健康教育发展水平参差不齐。许多地区对健康教育仍然很陌生，甚至连最基本的常识和观念也很少了解，导致一些违背学校健康教育理念的行为和事件时有发生。从全国范围看来，大中城市、经济发达地区、东南沿海地区的学校对健康教育的重视程度高、普及面广，其发展速度快；而小城镇、中西部经济欠发达地区，特别是农村的中小学，无论是重视程度、普及面还是发展水平都很不理想，两者差距十分显著，农村中小学的健康教育几乎还是空白。

第四节　关于健康教育促进青少年体质健康的建议

我国青少年体质健康促进的推广和实施主要体现在健康促进在学校的实施与推广、国家宏观政策的推动和多元联动机制的探索等方面。通过分析国内外青少年体质健康促进的发展规律和内在价值基础，结合我国实际情况，本研究提出如下建议。

一、建立评价与监督机制

政府相关职能部门需要对青少年体质健康促进的实施效果进行评价，需要对其政策制定、资金投入、人员配备等工作进行有效监督，因此需要建立评价与监督机制。科学的评价与监督机制主要包括灵敏的反馈机制、科学的评价机制和严肃的监督机制，这将有助于更好地促进青少年体质健康。

二、实施学校、家庭、社区联动的多维发展策略

综合分析学生体质健康水平下降原因，本研究认为，当前学生课业负担重、运动不足是导致学生体质健康水平下降的主要原因。因此，从长远考虑，改革高考制度是提高学生体质健康水平的根本途径。当前，首先要加强宣传，积极营造关心学生体质健康的社会氛围；其次要积极贯彻落实《中共中央 国务院关于加强青少年体育增强青少年体质的意见》精神，全面加强学校体育工作；最后要切实改革体育课程，以提高学生体质健康水平为基础来设计课程方案。

2012年，全国体育局长会议提出并启动的《中国青少年体育振兴规划》进一步加强了我国青少年体育基础政策法规建设和顶层设计，从国家层面推动了我国青少年的健康发展。在诸多国家政策的推动下，全国各地都不同程度地开展了体质健康促进的实践探索。例如，2010年上海市推出的“上海市学生健康促进工程”和2012年江苏省出台的《江苏省学生体质健康促进行动计划（2012—2015年）》都明确提出了青少年学生“健康促进”工作实施方案，根据各地的实际情况提出了具有针对性的体质健康促进发展规划。然而，在这一过程中，我们也遇到了一些问题：一方面，地方职能部门能否准确解读国家的纲领性文件；另一方面，摒除行政的组织压力，行动计划能否依然保有持续的内在推动力。这些问题都是目前健康促进工作能否持续发展的重要因素，需要引起健康促进工作者的高度关注。就学校方面而言，增强学生体质健康是其最基础、最主要的职责。学校应充分利用师资、体育场地设施、技术指导、健康教育等方面的资源和优势，结合学生的特点，与家庭体育相结合，开展形式多样、丰富多彩的体育竞赛、表演等，为学生的体育健身开辟途径，为学生的健康成长创造条

件。学校要贯彻“健康第一”的指导思想，全面实施《国家学生体质健康标准（2014年修订）》，把健康素质作为评价学生全面健康发展的重要指标。

三、优化健康教育课程培养体系

制定体育教育专业课程方案，必须对社会发展和青少年体质健康方面存在的问题进行深入的调查与分析，以增强青少年体质健康为目标，构建高等学校体育教育专业的课程体系。课程体系应增加如“体育健身方法”“青少年体能训练”“健康体适能评价”“运动负荷评价”“体育伤害事故防范”等学生急需了解和掌握的课程。在“学校体育学”以及各门术科中，教师要不断更新教学内容，将有关我国学生体质健康状况以及利用某项运动进行健身锻炼的方法充实到教学内容中去，使学生具有发现青少年体质健康方面所存在的问题的敏锐性及解决这些问题的实际能力，更好地满足社会的需求，进一步体现体育教育专业注重人才培养的社会性和时代性。

第六章

青少年体质健康的校园卫生促进因素及影响

校园卫生是保障青少年健康成长的基础，同时也是青少年健康状况的直接体现。对青少年而言，校园发挥着至关重要的作用，因为青少年大量的时间都集中在学校。因此，国际上普遍把学校作为青少年健康促进的重要基地。但需要注意的是，校园卫生问题对青少年健康的影响非常直观。一旦校园卫生出现问题，通常会影响到大量学生，进而可能引发广泛的公众关注。

第一节　我国校园卫生状况——基于受众的分析

校园卫生环境与青少年学生健康之间具有密切关系[1]。本研究对校园卫生的分析主要通过饮用水卫生、校园环境卫生、食品卫生、教室卫生等方面予以体现。

一、青少年的饮用水卫生分析

校园饮用水的安全直接关系到青少年的健康状况。对青少年饮用水的来源

[1] 张文君 . 校园卫生环境与学生健康的关系 [J]. 中国校医，2019，33（2）：76.

进行调查，能够体现出学校在校园饮用水方面的建设进展情况。从表6–1可以看出，青少年的饮用水来源以自带水杯和饮水机为主，比例分别达到43.16%和37.44%，说明青少年饮用水以自备水为主。青少年自带饮用水属于家庭供给范畴，也凸显了家庭对青少年健康成长的重视。但部分地方认为，青少年自带饮用水属于带食品范畴，受到学校的监控。目前，有3.30%的青少年饮用山涧水和自来水、井水，说明尚有部分地区，校园饮用水存在安全隐患，亟待引起高度重视。

表6–1 饮用水来源的统计结果

题目	选项	人数 / 人	比例 /%
饮用水来源	山涧水	82	1.52
	自来水、井水	96	1.78
	自带水杯	2 334	43.16
	超市买水	871	16.11
	饮水机	2 025	37.44

本研究利用交叉分析来探究饮用水来源对于区域、城乡、学段、家庭经济状况、性别共5项的差异性。从表6–2可以看出，不同饮用水来源样本对于性别未呈现出显著性（$P>0.05$），说明不同饮用水来源样本对于性别均呈现出一致性，没有显著性差异；不同饮用水来源样本对于区域、城乡、学段、家庭经济状况共4项呈现出显著性（$P<0.01$），说明不同饮用水来源样本对于区域、城乡、学段、家庭经济状况共4项均呈现出差异性。

不同饮用水来源样本对于区域呈现出0.01水平的显著性（χ^2=544.405，P=0.000）。对比显示，东部学生选择自带水杯，自来水、井水，山涧水的比例（54.80%、52.08%、50.00%）明显高于整体水平（39.03%），中部学生选择山涧水、饮水机的比例（35.37%、29.83%）明显高于整体水平（24.41%），西部学生选择超市买水的比例（46.38%）明显高于整体水平（31.14%）。

不同饮用水来源样本对于城乡呈现出0.01水平的显著性（χ^2=33.523，P=0.000）。对比显示，乡镇学生选择山涧水的比例（32.93%）明显高于整体水平（18.29%）。

表6-2 饮用水来源与相关变量的交叉分析

题目	选项	山涧水		自来水、井水		自带水杯		超市买水		饮水机		总计		χ^2	P
		人数/人	比例/%	人数/人	比例/%	人数/人	比例/%	人数/人	比例/%	人数/人	比例/%	人数/人	比例/%		
区域	东部	41	50.00	50	52.08	1 279	54.80	162	18.60	579	28.59	2 111	39.03	544.405	0.000**
	中部	29	35.37	14	14.58	434	18.59	239	27.44	604	29.83	1 320	24.41		
	西部	11	13.41	30	31.25	546	23.39	404	46.38	693	34.22	1 684	31.14		
	东北地区	1	1.22	2	2.08	75	3.21	66	7.58	149	7.36	293	5.42		
城乡	城市	31	37.80	53	55.21	1 254	53.73	401	46.04	1 086	53.63	2 825	52.24	33.523	0.000**
	乡镇	27	32.93	12	12.50	398	17.05	183	21.01	369	18.22	989	18.29		
	农村	24	29.27	31	32.29	682	29.22	287	32.95	570	28.15	1 594	29.47		
学段	小学	25	30.49	28	29.17	758	32.48	149	17.11	532	26.27	1 492	27.59	178.289	0.000**
	初中	17	20.73	24	25.00	560	23.99	179	20.55	470	23.21	1 250	23.11		
	高中	28	34.15	27	28.13	555	23.78	213	24.45	402	19.85	1 225	22.65		
	大学	12	14.63	17	17.71	461	19.75	330	37.89	621	30.67	1 441	26.65		
家庭经济状况	低收入	60	73.17	66	68.75	1 578	67.61	680	78.07	1 436	70.91	3 820	70.64	35.947	0.000**
	中等收入	14	17.07	23	23.96	578	24.76	143	16.42	450	22.22	1 208	22.34		
	高收入	8	9.76	7	7.29	178	7.63	48	5.51	139	6.86	380	7.03		
性别	男生	35	42.68	45	46.88	1 059	45.37	364	41.79	868	42.86	2 371	43.84	4.899	0.298
	女生	47	57.32	51	53.13	1 275	54.63	507	58.21	1 157	57.14	3 037	56.16		

注：** 代表 $P < 0.01$。

不同饮用水来源样本对于学段呈现出0.01水平的显著性（χ^2=178.289，P=0.000）。对比显示，高中生选择山涧水，自来水、井水的比例（34.15%、28.13%）明显高于整体水平（22.65%），大学生选择超市买水的比例（37.89%）明显高于整体水平（26.65%）。

不同饮用水来源样本对于家庭经济状况呈现出0.01水平的显著性（χ^2=35.947，P=0.000）。对比显示，低收入家庭的学生选择超市买水的比例（78.07%）明显高于整体水平（70.64%）。

二、青少年的校园环境卫生分析

教育行政部门与卫生部门等机构联合起来，对学校校园环境卫生进行指导和评定，并对符合要求的学校授予“卫生示范学校”称号，这极大地推动了学校校园环境卫生的改善。校园环境卫生基本上通过学生主动参与、家长有机辅助的方式来维护。校园环境卫生主要分为校园卫生和教室卫生两部分。其中，校园卫生基本上由学校负责，会划分区域给不同班级，由学生负责打扫；而一些较为重要的事务，则由学校负责卫生的职工处理。至于教室卫生，主要安排值日生负责。

访谈发现，部分家委会认可聘请专业的保洁团队来负责教室卫生，每天放学后，由保洁人员来打扫教室。尽管卫生状况得到了维护，但部分家长和教师却有不同的看法。部分家长认为，学校打扫卫生是理所当然的，没有必要聘请保洁团队。教师从促进学生自我发展的角度提出，学生的事情应该由学生自己做。但部分家委会成员认为，学生在学校打扫卫生既不专业也不安全，卫生死角难以顾及，不如让专业的人员来做。

三、青少年的食品卫生分析

食品卫生是校园卫生的重点，也是社会各界普遍关注的焦点。食品卫生在不同阶段的学校表现形式不同。中小学阶段，由于部分学校没有配备食堂，因此将学生营养餐的供应委托给社会企业来负责，因此食品卫生就成为委托供应食品的卫生维护；而拥有校园餐厅的学校，就要自身维护好食品安全问题。食品安全问题的发生容易引发群体性事件，因此教育行政部门和学校均予以高度重视。学校通过多种方式引导企业和供餐单位要高度重视校园食品安全，且保证食品质量。

在与某校的校园食品安全小组监控负责人的访谈中，笔者得知，部分学校食堂使用的食用油是转基因大豆压榨的，这不符合学校食品安全规定。学校后勤部门表示，该校食堂已承包给个人，但未就食材来源和采购进行明确规定。该问题暴露了部分学校为了谋取利益，存在以次充好、以劣充优等问题，需要学校高度重视。问题暴露后，该校开展了食材来源的检查，且建立了随机抽查制度，以保障校园食品安全。

从表6-3可以看出，对含糖饮料的控制的评价为较好和非常好的比例占总数的49.28%，说明我国高度重视青少年健康维护，对含糖饮料的控制相对较好。

表6-3　对含糖饮料的控制的统计结果

题目	选项	人数/人	比例/%
对含糖饮料的控制	较差	258	4.77
	差	303	5.60
	一般	2 182	40.35
	较好	1 615	29.86
	非常好	1 050	19.42

四、青少年的教室卫生分析

教室卫生包含很多方面，本研究主要从教室内光线和桌椅舒适度来分析教师卫生状况。

（一）教室内光线方面

从表6-4可以看出，48.72%（选择“总是”“经常”“有时”的比例之和）的学生认为日光过足导致眼部不适，说明部分学校窗帘设计不科学；71.03%（选择“较充足”“非常充足”的比例之和）的学生认为教室内自然光能够满足学习需要；在开灯后，94.45%的学生认为教室内光线能够满足学习需要。对教室内光线影响的调查得知，仅有7.97%（选择“严重影响”“很影响”的比例之和）的学生认为光线对学习有较严重的影响，而42.77%的学生认为只有轻微影响，38.46%的学生认为没有影响，这在一定程度上说明我国教室内灯光供给相对较好。

表6-4 教室内光线的统计结果

题目	选项	人数 / 人	比例 /%
日光过足导致眼部不适	总是	270	4.99
	经常	454	8.39
	有时	1 911	35.34
	很少	1 692	31.29
	没有	1 081	19.99
教室内自然光充足程度	非常缺乏	113	2.09
	缺乏	186	3.44
	差不多	1 268	23.45
	较充足	2 115	39.11
	非常充足	1 726	31.92
开灯后，教室内光线充足程度	非常缺乏	96	1.78
	缺乏	204	3.77
	差不多	832	15.38
	较充足	1 927	35.63
	非常充足	2 349	43.44
光线影响	严重影响	174	3.22
	很影响	257	4.75
	影响	584	10.80
	轻微影响	2 313	42.77
	不影响	2 080	38.46

（二）桌椅舒适度方面

从表6-5可以看出，从桌椅舒适度来看，样本中选择“一般”的相对较多，比例为37.11%。但选择“较好”的比例为30.62%，选择“很好”的比例为18.08%，这在一定程度上表明，我国教室内的桌椅能够满足青少年的需求。

表6–5　桌椅舒适度的统计结果

题目	选项	人数 / 人	比例 /%
桌椅舒适度	较差	301	5.57
	差	466	8.62
	一般	2 007	37.11
	较好	1 656	30.62
	很好	978	18.08

本研究利用交叉分析来探究桌椅舒适度对于区域、性别、城乡、学段共4项的差异性。从表6–6可以看出，不同桌椅舒适度样本对于性别未呈现出显著性（$P>0.05$），说明不同桌椅舒适度样本对于性别均呈现出一致性，没有显著性差异；不同桌椅舒适度样本对于区域、城乡、学段共3项呈现出显著性（$P<0.01$），说明不同桌椅舒适度样本对于区域、城乡、学段共3项均呈现出差异性。

不同桌椅舒适度样本对于区域呈现出0.01水平的显著性（χ^2=543.775，P=0.000）。对比显示，东部学生选择“很好”的比例（68.71%）明显高于整体水平（39.03%），中部学生选择“差”“较差”的比例（36.05%、29.90%）明显高于整体水平（24.41%），西部学生选择“一般”的比例（37.82%）明显高于整体水平（31.14%）。

不同桌椅舒适度样本对于城乡呈现出0.01水平的显著性（χ^2=47.947，P=0.000）。对比显示，城市学生选择“很好”的比例（60.33%）明显高于整体水平（52.24%）。

不同桌椅舒适度样本对于学段呈现出0.01水平的显著性（χ^2=159.186，P=0.000）。对比显示，小学生选择“很好”的比例（36.50%）明显高于整体水平（27.59%），初中生选择“很好”的比例（29.65%）明显高于整体水平（23.11%）。

表6-6　桌椅舒适度与相关变量的交叉分析

题目	选项	较差		差		一般		较好		很好		总计		χ^2	P
		人数/人	比例/%	人数/人	比例/%	人数/人	比例/%	人数/人	比例/%	人数/人	比例/%	人数/人	比例/%		
区域	东部	101	33.55	122	26.18	556	27.70	660	39.86	672	68.71	2 111	39.03	543.775	0.000**
	中部	90	29.90	168	36.05	546	27.20	379	22.89	137	14.01	1 320	24.41		
	西部	100	33.22	163	34.98	759	37.82	515	31.10	147	15.03	1 684	31.14		
	东北地区	10	3.32	13	2.79	146	7.27	102	6.16	22	2.25	293	5.42		
性别	男生	144	47.84	220	47.21	874	43.55	718	43.36	415	42.43	2 371	43.84	5.119	0.275
	女生	157	52.16	246	52.79	1 133	56.45	938	56.64	563	57.57	3 037	56.16		
城乡	城市	156	51.83	262	56.22	978	48.73	839	50.66	590	60.33	2 825	52.24	47.947	0.000**
	乡镇	67	22.26	65	13.95	399	19.88	305	18.42	153	15.64	989	18.29		
	农村	78	25.91	139	29.83	630	31.39	512	30.92	235	24.03	1 594	29.47		
学段	小学	84	27.91	144	30.90	493	24.56	414	25.00	357	36.50	1 492	27.59	159.186	0.000**
	初中	84	27.91	113	24.25	419	20.88	344	20.77	290	29.65	1 250	23.11		
	高中	65	21.59	97	20.82	472	23.52	399	24.09	192	19.63	1 225	22.65		
	大学	68	22.59	112	24.03	623	31.04	499	30.13	139	14.21	1 441	26.65		

注：** 代表 $P < 0.01$。

第二节　校园卫生对青少年体质健康促进的影响

研究认为，校园卫生对健康的影响可能呈现针对性，因为校园卫生本身就是影响健康的重要因素之一。本研究将对含糖饮料控制、饮用水来源、桌椅舒适度、光线影响与青少年体质健康进行交叉分析，探索其中的内在关系。

一、校园卫生对青少年两周患病率的影响

本研究利用交叉分析来探究两周患病率对于对含糖饮料的控制、饮用水来源、桌椅舒适度、光线影响共4项的差异性。从表6–7可以看出，不同两周患病率样本对于对含糖饮料的控制、饮用水来源、桌椅舒适度共3项未呈现出显著性（$P>0.05$），说明不同两周患病率样本对于对含糖饮料的控制、饮用水来源、桌椅舒适度共3项均呈现出一致性，没有显著性差异。不同两周患病率样本对于光线影响呈现出显著性（$P<0.05$），说明不同两周患病率样本对于光线影响均呈现出差异性。

表6–7　两周患病率与相关变量的交叉分析

题目	选项	健康		不健康		总计		χ^2	P
		人数 / 人	比例 /%	人数 / 人	比例 /%	人数 / 人	比例 /%		
对含糖饮料的控制	较差	229	4.74	29	5.03	258	4.77	3.446	0.486
	差	274	5.67	29	5.03	303	5.60		
	一般	1 965	40.67	217	37.67	2 182	40.35		
	较好	1 439	29.78	176	30.56	1 615	29.86		
	非常好	925	19.14	125	21.70	1 050	19.42		
饮用水来源	山涧水	75	1.55	7	1.22	82	1.52	2.197	0.700
	自来水、井水	89	1.84	7	1.22	96	1.78		
	自带水杯	2 075	42.94	259	44.97	2 334	43.16		
	超市买水	782	16.18	89	15.45	871	16.11		
	饮水机	1 811	37.48	214	37.15	2 025	37.44		

续表

题目	选项	健康		不健康		总计		χ^2	P
		人数 / 人	比例 /%	人数 / 人	比例 /%	人数 / 人	比例 /%		
桌椅舒适度	较差	269	5.57	32	5.56	301	5.57	7.461	0.113
	差	423	8.75	43	7.47	466	8.62		
	一般	1 786	36.96	221	38.37	2 007	37.11		
	较好	1 499	31.02	157	27.26	1 656	30.62		
	很好	855	17.69	123	21.35	978	18.08		
光线影响	严重影响	158	3.27	16	2.78	174	3.22	10.099	0.039*
	很影响	244	5.05	13	2.26	257	4.75		
	影响	523	10.82	61	10.59	584	10.80		
	轻微影响	2 064	42.72	249	43.23	2 313	42.77		
	不影响	1 843	38.14	237	41.15	2 080	38.46		

注：* 代表 $P < 0.05$。

二、校园卫生对青少年BMI的影响

本研究利用交叉分析来探究BMI对于对含糖饮料的控制、饮用水来源、桌椅舒适度、光线影响共4项的差异性。从表6–8可以看出，不同BMI样本对于对含糖饮料的控制未呈现出显著性（$P>0.05$），说明不同BMI样本对于对含糖饮料的控制均呈现出一致性，没有显著性差异；不同BMI样本对于饮用水来源、桌椅舒适度、光线影响共3项呈现出显著性（$P<0.01$），说明不同BMI样本对于饮用水来源、桌椅舒适度、光线影响共3项均呈现出差异性。

不同BMI样本对于饮用水来源呈现出0.01水平的显著性（χ^2=28.015，P=0.006）。

不同BMI样本对于桌椅舒适度呈现出0.01水平的显著性（χ^2=29.296，P=0.004）。对比显示，肥胖学生选择“一般”的比例（42.21%）明显高于整体水平（37.11%）。

不同BMI样本对于光线影响呈现出0.01水平的显著性（χ^2=160.316，P=0.000）。对比显示，超重、肥胖学生选择“不影响”的比例（44.82%、43.97%）明显高于整体水平（38.46%）。

表6-8　BMI与相关变量的交叉分析

题目	选项	偏轻		正常		超重		肥胖		总计		χ^2	P
		人数 / 人	比例 /%	人数 / 人	比例 /%	人数 / 人	比例 /%	人数 / 人	比例 /%	人数 / 人	比例 /%		
对含糖饮料的控制	较差	93	4.91	125	4.58	20	5.18	20	5.03	258	4.77	15.642	0.208
	差	107	5.65	149	5.46	25	6.48	22	5.53	303	5.60		
	一般	719	37.96	1 137	41.65	151	39.12	175	43.97	2 182	40.35		
	较好	574	30.31	800	29.30	117	30.31	124	31.16	1 615	29.86		
	非常好	401	21.17	519	19.01	73	18.91	57	14.32	1 050	19.42		
饮用水来源	山涧水	31	1.64	40	1.47	5	1.30	6	1.51	82	1.52	28.015	0.006**
	自来水、井水	38	2.01	38	1.39	10	2.59	10	2.51	96	1.78		
	自带水杯	884	46.67	1 122	41.10	159	41.19	169	42.46	2 334	43.16		
	超市买水	257	13.57	484	17.73	65	16.84	65	16.33	871	16.11		
	饮水机	684	36.11	1 046	38.32	147	38.08	148	37.19	2 025	37.44		
桌椅舒适度	较差	110	5.81	147	5.38	19	4.92	25	6.28	301	5.57	29.296	0.004**
	差	160	8.45	239	8.75	37	9.59	30	7.54	466	8.62		
	一般	641	33.84	1 058	38.75	140	36.27	168	42.21	2 007	37.11		
	较好	586	30.94	838	30.70	114	29.53	118	29.65	1 656	30.62		
	很好	397	20.96	448	16.41	76	19.69	57	14.32	978	18.08		
光线影响	严重影响	28	1.48	89	3.26	26	6.74	31	7.79	174	3.22	160.316	0.000**
	很影响	138	7.29	101	3.70	10	2.59	8	2.01	257	4.75		
	影响	178	9.40	336	12.31	28	7.25	42	10.55	584	10.80		
	轻微影响	752	39.70	1 270	46.52	149	38.60	142	35.68	2 313	42.77		
	不影响	798	42.13	934	34.21	173	44.82	175	43.97	2 080	38.46		

注：** 代表 $P<0.01$。

三、校园卫生对青少年近视状况的影响

本研究利用交叉分析来探究近视状况对于对含糖饮料的控制、饮用水来源、桌椅舒适度、光线影响共4项的差异性。从表6–9可以看出，不同近视状况样本对于对含糖饮料的控制共1项未呈现出显著性（$P>0.05$），说明不同近视状况样本对于对含糖饮料的控制共1项均呈现出一致性，没有显著性差异；不同近视状况样本对于饮用水来源、桌椅舒适度、光线影响共3项呈现出显著性（$P<0.05$），说明不同近视状况样本对于饮用水来源、桌椅舒适度、光线影响共3项均呈现出差异性。

不同近视状况样本对于饮用水来源呈现出0.01水平的显著性（χ^2=40.841，P=0.000）。

不同近视状况样本对于桌椅舒适度呈现出0.05水平的显著性（χ^2=23.156，P=0.026）。对比显示，近视600度以上的学生选择“一般”的比例（43.48%）明显高于整体水平（37.11%）。

不同近视状况样本对于光线影响呈现出0.01水平的显著性（χ^2=65.326，P=0.000）。

四、校园卫生对青少年体质测试的影响

本研究利用交叉分析来探究体质测试对于对含糖饮料的控制、饮用水来源、桌椅舒适度、光线影响共4项的差异性。从表6–10可以看出，不同体质测试样本对于对含糖饮料的控制、饮用水来源、桌椅舒适度、光线影响共4项呈现出显著性（$P<0.05$），说明不同体质测试样本对于对含糖饮料的控制、饮用水来源、桌椅舒适度、光线影响共4项均呈现出差异性。

不同体质测试样本对于对含糖饮料的控制呈现出0.01水平的显著性（χ^2=33.413，P=0.007）。

不同体质测试样本对于饮用水来源呈现出0.01水平的显著性（χ^2=39.800，P=0.001）。

表6-9 近视状况与相关变量的交叉分析

题目	选项	300 度以下		300 ~ 600 度		600 度以上		不近视		总计		χ^2	P
		人数 / 人	比例 /%	人数 / 人	比例 /%	人数 / 人	比例 /%	人数 / 人	比例 /%	人数 / 人	比例 /%		
对含糖饮料的控制	较差	79	5.21	57	4.68	7	4.35	115	4.57	258	4.77	19.710	0.073
	差	76	5.02	60	4.93	11	6.83	156	6.21	303	5.60		
	一般	598	39.47	545	44.75	62	38.51	977	38.86	2 182	40.35		
	较好	454	29.97	334	27.42	56	34.78	771	30.67	1 615	29.86		
	非常好	308	20.33	222	18.23	25	15.53	495	19.69	1 050	19.42		
饮用水来源	山涧水	26	1.72	17	1.40	4	2.48	35	1.39	82	1.52	40.841	0.000**
	自来水、井水	23	1.52	21	1.72	0	0	52	2.07	96	1.78		
	自带水杯	661	43.63	462	37.93	62	38.51	1 149	45.70	2 334	43.16		
	超市买水	244	16.11	244	20.03	33	20.50	350	13.92	871	16.11		
	饮水机	561	37.03	474	38.92	62	38.51	928	36.91	2 025	37.44		
桌椅舒适度	较差	79	5.21	64	5.25	11	6.83	147	5.85	301	5.57	23.156	0.026*
	差	129	8.51	96	7.88	10	6.21	231	9.19	466	8.62		
	一般	530	34.98	483	39.66	70	43.48	924	36.75	2 007	37.11		
	较好	487	32.15	389	31.94	48	29.81	732	29.12	1 656	30.62		
	很好	290	19.14	186	15.27	22	13.66	480	19.09	978	18.08		
光线影响	严重影响	44	2.90	59	4.84	7	4.35	64	2.55	174	3.22	65.326	0.000**
	很影响	49	3.23	66	5.42	13	8.07	129	5.13	257	4.75		
	影响	121	7.99	161	13.22	24	14.91	278	11.06	584	10.80		
	轻微影响	702	46.34	520	42.69	61	37.89	1 030	40.97	2 313	42.77		
	不影响	599	39.54	412	33.83	56	34.78	1 013	40.29	2 080	38.46		

注：* 代表 $P < 0.05$，** 代表 $P < 0.01$。

表6-10 体质测试与相关变量的交叉分析

题目	选项	没测试		不及格		合格		良好		优秀		总计		χ^2	P
		人数/人	比例/%	人数/人	比例/%	人数/人	比例/%	人数/人	比例/%	人数/人	比例/%	人数/人	比例/%		
对含糖饮料的控制	较差	82	5.21	4	3.85	34	4.80	58	3.72	80	5.47	258	4.77	33.413	0.007**
	差	84	5.34	4	3.85	47	6.63	93	5.96	75	5.13	303	5.60		
	一般	629	39.99	43	41.35	316	44.57	656	42.05	538	36.80	2 182	40.35		
	较好	484	30.77	36	34.62	189	26.66	469	30.06	437	29.89	1 615	29.86		
	非常好	294	18.69	17	16.35	123	17.35	284	18.21	332	22.71	1 050	19.42		
饮用水来源	山涧水	29	1.84	1	0.96	6	0.85	20	1.28	26	1.78	82	1.52	39.800	0.001**
	自来水、井水	33	2.10	1	0.96	13	1.83	24	1.54	25	1.71	96	1.78		
	自带水杯	716	45.52	43	41.35	287	40.48	612	39.23	676	46.24	2 334	43.16		
	超市买水	243	15.45	19	18.27	139	19.61	275	17.63	195	13.34	871	16.11		
	饮水机	552	35.09	40	38.46	264	37.24	629	40.32	540	36.94	2 025	37.44		
桌椅舒适度	较差	96	6.10	7	6.73	36	5.08	83	5.32	79	5.40	301	5.57	31.965	0.010*
	差	132	8.39	4	3.85	64	9.03	134	8.59	132	9.03	466	8.62		
	一般	569	36.17	46	44.23	283	39.92	616	39.49	493	33.72	2 007	37.11		
	较好	491	31.21	33	31.73	218	30.75	471	30.19	443	30.30	1 656	30.62		
	很好	285	18.12	14	13.46	108	15.23	256	16.41	315	21.55	978	18.08		
光线影响	严重影响	25	1.59	0	0	109	15.37	12	0.77	28	1.92	174	3.22	868.165	0.000**
	很影响	42	2.67	3	2.88	14	1.97	169	10.83	29	1.98	257	4.75		
	影响	88	5.59	3	2.88	172	24.26	201	12.88	120	8.21	584	10.80		
	轻微影响	832	52.89	60	57.69	216	30.47	629	40.32	576	39.40	2 313	42.77		
	不影响	586	37.25	38	36.54	198	27.93	549	35.19	709	48.50	2 080	38.46		

注：* 代表 $P < 0.05$，** 代表 $P < 0.01$。

不同体质测试样本对于桌椅舒适度呈现出0.05水平的显著性（χ^2=31.965，P=0.010）。对比显示，体质测试不及格的学生选择“一般”的比例（44.23%）明显高于整体水平（37.11%）。

不同体质测试样本对于光线影响呈现出0.01水平的显著性（χ^2=868.165，P=0.000）。对比显示，体质测试合格的学生选择“影响”的比例（24.26%）明显高于整体水平（10.80%），体质测试不及格、没测试的学生选择“轻微影响”的比例（57.69%、52.89%）明显高于整体水平（42.77%），体质测试优秀的学生选择“不影响”的比例（48.50%）明显高于整体水平（38.46%）。

第三节　校园卫生促进青少年体质健康存在的典型问题

对校园卫生促进青少年体质健康存在的典型问题的分析，主要的依据是实地走访相关学校，直观地了解卫生状况，访谈相关关键知情人，并通过调查问卷收集的数据统计出学生反映的一些问题。

一、校园卫生存在压力过大、层位太低问题

当前，我国校园卫生治理给予学校的压力过大。国家相关部门对校园卫生工作高度重视，下发了很多公共政策文件，这让学校承担了过重的责任。

学校作为教书育人的场所，天然地承担了校园卫生管控的主要任务。但由于学校卫生管理工作的制度建设和资源投入的问题，学校难以全面、系统地建构校园卫生的防控体系。这种压力型体制下的行政行为，导致了我国校园卫生问题一直处于比较被动的执行状态。

二、校领导对学校卫生工作的思想认识和管理不到位

良好的校园卫生是青少年健康成长的重要条件。但在学校教育体系中，它与课堂教学相比显得较为边缘化。这导致一些学校领导对学校卫生的重视程度不足。

访谈发现，部分学校领导认为校园卫生涉及的方面较多，包括学校、家庭及家长等多方面因素。除非出现大规模的学生流行性或传染性疾病，校园卫生通常不会成为学校工作的重点。学校所采取的措施往往只是预防性措施，目的是避免校园卫生问题引发突发性事件，并将青少年健康成长的主要职责推向家长和家庭。

当前校园卫生工作的主要任务是落实上级教育行政部门和卫生行政部门的传染病防控要求，这影响了学生卫生教育和健康促进措施的实施，这一状况亟须社会的广泛关注。

三、卫生管理的分工和责任不明确

校园卫生管理的范围广泛，不同方面有着不同的侧重点。当前校园卫生管理的相关制度和理论相对零散，校园卫生的主体责任落在了学校，导致学校责任被无限放大。当前，我国在校园卫生方面存在分工和责任不明确的问题。按照《学校卫生工作条例》的相关规定，卫生、教育等相关部门应高度重视校园卫生问题，但很多情况下只是表面上履行管理职责，并未深入到校园卫生管理过程中，导致校园卫生管理的主体责任偏移，出现了校园卫生学校负责管理督导多头介入的状况。访谈发现，某省在进行校园卫生监控时，虽然集中了接近十几位政府部门的工作人员，但在实际工作中却无法调动相关部门的资源，导致校园卫生管理工作变得形式化。

四、校园公共卫生资源投入有限

学校在校园卫生方面的投入主要以垃圾治理和环境教育为主，对于起重要

作用的人力资源投入严重不足。访谈发现，很少有学校能够符合国家要求的600名学生配备1名校医的相关规定，而且传授卫生知识的教师往往由体育教师或生物教师兼任。由此可见，我国学校卫生教育方面存在较大的人力资源短缺问题。

除了高中和大学能够配备少量的校医，小学和初中普遍存在校医短缺的问题。访谈发现，班主任发现学生生病后，会第一时间通知学生的监护人，由监护人带学生去医院就诊。校医的缺乏也造成了一些传染病防控方面的问题，学校时常会因为校医短缺而无法判断疫情。

第四节　关于校园卫生促进青少年体质健康的建议

校园卫生工作至关重要，是青少年体质健康促进的重要基础。政府、学校和家庭要多元协作，共同实现青少年体质健康促进的目标。

一、强化校园卫生外部环境建设，为青少年创造舒适的成长环境

青少年体质健康促进，除了发挥学校的主体作用、家庭的支持作用，还要强化校园周边的环境建设。国家政策禁止在中小学校内开设超市等食品经营场所。调查发现，部分校园周边超市存在诱导青少年不合理消费的现象，销售含糖饮料和热量较高的不健康食品，导致青少年食品营养摄入不科学。尤其是校园周边的“小餐桌”提供的餐食既无法保证食品安全，也无法保证营养卫生，是校园卫生安全的极大隐患。

二、关注校园卫生的重点环节，促进青少年健康成长

校园卫生管理的重点是疾病防控，特别是校园流行病等关键问题。与流行病等突发性问题相比，青少年体质健康促进属于长期性投入，需要多元干预。

未来的校园卫生工作要在疾病风险防控的同时，大力加强对校园营养的监测、饮食的指导和饮用水的建设等。校园卫生工作不能单纯地定位为疾病防控，还应关注校园健康促进，使卫生工作与健康教育相互促进，共同推动青少年体质健康发展。

三、增加财政投入，保证校园保健教师的发展

地方教育行政部门应高度重视校园卫生的财政投入。近年来，尽管教育部等八部门联合印发的《综合防控儿童青少年近视实施方案》中提出要完善中小学和高校校医、保健教师和健康教育教师职称评审政策，对此，地方政府应高度重视，保障校医发展的权利，赋予校医更多的职责，更好地发挥校医的作用。长期以来，我国校医主要负责疾病救治和流行病预防等工作，但未来应更多关注如何引导青少年形成健康、科学的生活方式。各级政府和学校应严格按照国家相关要求，配齐校园保健教师，并为保健教师开展健康促进工作创造条件，切实为促进青少年体质健康服务。

第七章

青少年体质健康的营养摄入促进因素及影响

针对全国16 545名13～22岁青少年的调查分析显示，青少年BMI正常组的心理亚健康状态检出率为18.50%，BMI消瘦组、超重组和肥胖组心理亚健康状态检出率分别为22.30%、38.70%和44.70%，这表明青少年心理亚健康与营养状况相关，消瘦、超重和肥胖的青少年发生心理亚健康的风险均高于正常体重青少年，改善青少年营养状况将有利于其身心健康发展[1]。

第一节　青少年营养摄入状况——基于受众的分析

一、青少年的饮食状况分析

本研究将青少年每天摄入的营养认定为：一天中能够摄入牛奶、鸡蛋、水果、蔬菜、肉类、鱼类和零食（负向选题）中的4种以上为健康饮食（即认定为优），4种以下为非健康饮食（即认定为差）。本研究通过这个标准来衡量青少年的饮食状况，形成了对我国青少年营养摄入的总体评价[2]。从表7–1可以看

[1] 马渊源，吴慧攀，尹小俭，等．中国青少年营养状况与心理亚健康的相关性[J]. 中国学校卫生，2021，42（1）：28–31.

[2] 中国营养学会．中国学龄儿童膳食指南：2022[M]. 北京：人民卫生出版社，2022.

出，25.26%的青少年饮食状况差，而74.74%的青少年饮食状况优。

表7-1 饮食状况的统计结果

题目	选项	人数/人	比例/%
饮食状况	差	1 366	25.26
	优	4 042	74.74

本研究利用交叉分析来探究饮食状况对于区域、性别、民族、城乡、学段、家庭经济状况、独生子女、与母亲住、与父亲住、父亲职业、母亲职业、父亲受教育程度、母亲受教育程度共13项的差异性。从表7-2可以看出，不同饮食状况样本对于性别未呈现出显著性（$P>0.05$），说明不同饮食状况样本对于性别均呈现出一致性，没有显著性差异；不同饮食状况样本对于区域、民族、城乡、学段、家庭经济状况、独生子女、与母亲住、与父亲住、父亲职业、母亲职业、父亲受教育程度、母亲受教育程度共12项呈现出显著性（$P<0.01$），说明不同饮食状况样本对于区域、民族、城乡、学段、家庭经济状况、独生子女、与母亲住、与父亲住、父亲职业、母亲职业、父亲受教育程度、母亲受教育程度共12项均呈现出差异性。

不同饮食状况样本对于区域呈现出0.01水平的显著性（χ^2=291.830，P=0.000）。对比显示，西部学生选择“差”的比例（42.46%）明显高于整体水平（31.14%）。

不同饮食状况样本对于民族呈现出0.01水平的显著性（χ^2=49.962，P=0.000）。对比显示，少数民族学生选择“差”的比例（33.09%）明显高于整体水平（25.85%）。

不同饮食状况样本对于城乡呈现出0.01水平的显著性（χ^2=38.394，P=0.000）。

不同饮食状况样本对于学段呈现出0.01水平的显著性（χ^2=246.906，P=0.000）。对比显示，大学生选择“差”的比例（40.04%）明显高于整体水平（26.65%）。

不同饮食状况样本对于家庭经济状况呈现出0.01水平的显著性（χ^2=50.577，

P=0.000）。对比显示，低收入家庭的学生选择“差”的比例（78.11%）明显高于整体水平（70.64%）。

不同饮食状况样本对于独生子女呈现出0.01水平的显著性（χ^2=14.828，P=0.000）。对比显示，独生子女情况为“否”的学生选择“差”的比例（79.36%）明显高于整体水平（75.48%）。

不同饮食状况样本对于与母亲住呈现出0.01水平的显著性（χ^2=30.057，P=0.000）。

不同饮食状况样本对于与父亲住呈现出0.01水平的显著性（χ^2=14.424，P=0.001）。

不同饮食状况样本对于父亲职业呈现出0.01水平的显著性（χ^2=46.295，P=0.000）。对比显示，父亲从事职业3的学生选择“差”的比例（62.88%）明显高于整体水平（55.21%）。

不同饮食状况样本对于母亲职业呈现出0.01水平的显著性（χ^2=37.331，P=0.000）。对比显示，母亲从事职业3的学生选择“差”的比例（66.76%）明显高于整体水平（59.84%）。

不同饮食状况样本对于父亲受教育程度呈现出0.01水平的显著性（χ^2=54.788，P=0.000）。对比显示，小学生选择“差”的比例（27.23%）明显高于整体水平（22.58%）。

不同饮食状况样本对于母亲受教育程度呈现出0.01水平的显著性（χ^2=91.655，P=0.000）。对比显示，小学生选择“差”的比例（30.09%）明显高于整体水平（25.35%）。

表7-2　饮食状况与相关变量的交叉分析

题目	选项	差		优		总计		χ^2	P
		人数 / 人	比例 /%	人数 / 人	比例 /%	人数 / 人	比例 /%		
区域	东部	296	21.67	1 815	44.90	2 111	39.03	291.830	0.000**
	中部	352	25.77	968	23.95	1 320	24.41		
	西部	580	42.46	1 104	27.31	1 684	31.14		
	东北地区	138	10.10	155	3.83	293	5.42		

续表

题目	选项	差		优		总计		χ^2	P
		人数 / 人	比例 /%	人数 / 人	比例 /%	人数 / 人	比例 /%		
性别	男生	585	42.83	1 786	44.19	2 371	43.84	0.767	0.381
	女生	781	57.17	2 256	55.81	3 037	56.16		
民族	汉族	914	66.91	3 096	76.60	4 010	74.15	49.962	0.000**
	少数民族	452	33.09	946	23.40	1 398	25.85		
城乡	城市	622	45.53	2 203	54.50	2 825	52.24	38.394	0.000**
	乡镇	310	22.69	679	16.80	989	18.29		
	农村	434	31.77	1 160	28.70	1 594	29.47		
学段	小学	217	15.89	1 275	31.54	1 492	27.59	246.906	0.000**
	初中	243	17.79	1 007	24.91	1 250	23.11		
	高中	359	26.28	866	21.43	1 225	22.65		
	大学	547	40.04	894	22.12	1 441	26.65		
家庭经济状况	低收入	1 067	78.11	2 753	68.11	3 820	70.64	50.577	0.000**
	中等收入	236	17.28	972	24.05	1 208	22.34		
	高收入	63	4.61	317	7.84	380	7.03		
独生子女	是	282	20.64	1 044	25.83	1 326	24.52	14.828	0.000**
	否	1 084	79.36	2 998	74.17	4 082	75.48		
与母亲住	一直住在一起	912	66.76	3 007	74.39	3 919	72.47	30.057	0.000**
	偶尔住在一起	268	19.62	625	15.46	893	16.51		
	不住在一起	186	13.62	410	10.14	596	11.02		
与父亲住	一直住在一起	1 103	80.75	3 072	76.00	4 175	77.20	14.424	0.001**
	偶尔住在一起	163	11.93	641	15.86	804	14.87		
	不住在一起	100	7.32	329	8.14	429	7.93		
父亲职业	职业1	232	16.98	962	23.80	1 194	22.08	46.295	0.000**
	职业2	275	20.13	953	23.58	1 228	22.71		
	职业3	859	62.88	2 127	52.62	2 986	55.21		

续表

题目	选项	差		优		总计		χ^2	P
		人数 / 人	比例 /%	人数 / 人	比例 /%	人数 / 人	比例 /%		
母亲职业	职业1	174	12.74	702	17.37	876	16.20	37.331	0.000**
	职业2	280	20.50	1 016	25.14	1 296	23.96		
	职业3	912	66.76	2 324	57.50	3 236	59.84		
父亲受教育程度	未上过学	71	5.20	144	3.56	215	3.98	54.788	0.000**
	小学	372	27.23	849	21.00	1 221	22.58		
	初/高中、中专	733	53.66	2 178	53.88	2 911	53.83		
	大学及以上	190	13.91	871	21.55	1 061	19.62		
母亲受教育程度	未上过学	241	17.64	472	11.68	713	13.18	91.655	0.000**
	小学	411	30.09	960	23.75	1 371	25.35		
	初/高中、中专	560	41.00	1 794	44.38	2 354	43.53		
	大学及以上	154	11.27	816	20.19	970	17.94		

注：** 代表 $P < 0.01$。

二、青少年的早餐状况分析

早餐是青少年健康成长的关键要素，同时也是保证青少年学习注意力的重要基础，因为早餐能够保证青少年到上午第三、四节课时有充足的能量供应。从表7–3可以看出，每周吃7次早餐的比例为47.76%，每周最少吃5次早餐的比例为71.50%，说明我国青少年吃早餐状况相对较好。

表7–3　早餐次数的统计结果

题目	选项	人数 / 人	比例 /%
早餐次数/次	0	207	3.83
	1	219	4.05
	2	346	6.40
	3	340	6.29
	4	429	7.93

续表

题目	选项	人数 / 人	比例 /%
早餐次数/次	5	543	10.04
	6	741	13.70
	7	2 583	47.76
合计		5 408	100.00

本研究利用交叉分析来探究早餐次数对于区域、性别、民族、城乡、学段、独生子女、与母亲住、与父亲住、父亲职业、母亲职业、父亲受教育程度、母亲受教育程度、家庭经济状况共13项的差异性。从表7–4可以看出，不同早餐次数样本对于性别未呈现出显著性（$P>0.05$），说明不同早餐次数样本对于性别均呈现出一致性，没有显著性差异；不同早餐次数样本对于区域、民族、城乡、学段、独生子女、与母亲住、与父亲住、父亲职业、母亲职业、父亲受教育程度、母亲受教育程度、家庭经济状况共12项呈现出显著性（$P<0.01$），说明不同早餐次数样本对于区域、民族、城乡、学段、独生子女、与母亲住、与父亲住、父亲职业、母亲职业、父亲受教育程度、母亲受教育程度、家庭经济状况共12项均呈现出差异性。

不同早餐次数样本对于区域呈现出0.01水平的显著性（χ^2=696.128，P=0.000）。对比显示，东部学生选择“7次”的比例（51.61%）明显高于整体水平（39.03%），西部学生选择“4次”“1次”的比例（47.55%、44.75%）明显高于整体水平（31.14%）。

不同早餐次数样本对于民族呈现出0.01水平的显著性（χ^2=266.252，P=0.000）。对比显示，汉族学生选择“7次”的比例（84.05%）明显高于整体水平（74.15%），少数民族学生选择“2次”“1次”的比例（39.60%、37.90%）明显高于整体水平（25.85%）。

不同早餐次数样本对于城乡呈现出0.01水平的显著性（χ^2=120.347，P=0.000）。对比显示，城市学生选择“7次”的比例（59.35%）明显高于整体水平（52.24%），乡镇学生选择“6次”的比例（24.43%）明显高于整体水平（18.29%），农村学生选择“3次”的比例（37.06%）明显高于整体水平（29.47%）。

表7-4　早餐次数与相关变量的交叉分析

题目	选项	0次		1次		2次		3次		4次		5次		6次		7次		总计		χ^2	P
		人数/人	比例/%	人数/人	比例/%	人数/人	比例/%	人数/人	比例/%	人数/人	比例/%	人数/人	比例/%	人数/人	比例/%	人数/人	比例/%	人数/人	比例/%		
区域	东部	71	34.30	69	31.51	89	25.72	99	29.12	80	18.65	204	37.57	166	22.40	1 333	51.61	2 111	39.03	696.128	0.000**
	中部	56	27.05	33	15.07	65	18.79	65	19.12	101	23.54	130	23.94	163	22.00	707	27.37	1 320	24.41		
	西部	65	31.40	98	44.75	146	42.20	147	43.24	204	47.55	183	33.70	326	43.99	515	19.94	1 684	31.14		
	东北地区	15	7.25	19	8.68	46	13.29	29	8.53	44	10.26	26	4.79	86	11.61	28	1.08	293	5.42		
性别	男生	86	41.55	83	37.90	142	41.04	140	41.18	195	45.45	233	42.91	316	42.65	1 176	45.53	2 371	43.84	9.728	0.205
	女生	121	58.45	136	62.10	204	58.96	200	58.82	234	54.55	310	57.09	425	57.35	1 407	54.47	3 037	56.16		
民族	汉族	143	69.08	136	62.10	209	60.40	219	64.41	271	63.17	378	69.61	483	65.18	2 171	84.05	4 010	74.15	266.252	0.000**
	少数民族	64	30.92	83	37.90	137	39.60	121	35.59	158	36.83	165	30.39	258	34.82	412	15.95	1 398	25.85		
城乡	城市	91	43.96	105	47.95	165	47.69	147	43.24	200	46.62	254	46.78	330	44.53	1 533	59.35	2 825	52.24	120.347	0.000**
	乡镇	45	21.74	50	22.83	63	18.21	67	19.71	97	22.61	118	21.73	181	24.43	368	14.25	989	18.29		
	农村	71	34.30	64	29.22	118	34.10	126	37.06	132	30.77	171	31.49	230	31.04	682	26.40	1 594	29.47		
学段	小学	46	22.22	40	18.26	64	18.50	65	19.12	75	17.48	124	22.84	130	17.54	948	36.70	1 492	27.59	631.969	0.000**
	初中	29	14.01	42	19.18	50	14.45	57	16.76	57	13.29	124	22.84	137	18.49	754	29.19	1 250	23.11		
	高中	64	30.92	50	22.83	84	24.28	90	26.47	96	22.38	147	27.07	161	21.73	533	20.63	1 225	22.65		
	大学	68	32.85	87	39.73	148	42.77	128	37.65	201	46.85	148	27.26	313	42.24	348	13.47	1 441	26.65		
独生子女	是	35	16.91	42	19.18	88	25.43	76	22.35	83	19.35	133	24.49	145	19.57	724	28.03	1 326	24.52	44.850	0.000**
	否	172	83.09	177	80.82	258	74.57	264	77.65	346	80.65	410	75.51	596	80.43	1 859	71.97	4 082	75.48		

续表

题目	选项	0次		1次		2次		3次		4次		5次		6次		7次		总计		χ^2	P
		人数/人	比例/%	人数/人	比例/%	人数/人	比例/%	人数/人	比例/%	人数/人	比例/%	人数/人	比例/%	人数/人	比例/%	人数/人	比例/%	人数/人	比例/%		
与母亲住	一直住在一起	144	69.57	153	69.86	220	63.58	209	61.47	272	63.40	392	72.19	481	64.91	2 048	79.29	3 919	72.47	142.803	0.000**
	偶尔住在一起	42	20.29	42	19.18	69	19.94	86	25.29	89	20.75	92	16.94	150	20.24	323	12.50	893	16.51		
	不住在一起	21	10.14	24	10.96	57	16.47	45	13.24	68	15.85	59	10.87	110	14.84	212	8.21	596	11.02		
与父亲住	一直住在一起	159	76.81	180	82.19	282	81.50	264	77.65	349	81.35	419	77.16	591	79.76	1 931	74.76	4 175	77.20	33.155	0.003**
	偶尔住在一起	33	15.94	27	12.33	42	12.14	52	15.29	46	10.72	84	15.47	82	11.07	438	16.96	804	14.87		
	不住在一起	15	7.25	12	5.48	22	6.36	24	7.06	34	7.93	40	7.37	68	9.18	214	8.28	429	7.93		
父亲职业	职业1	35	16.91	35	15.98	65	18.79	52	15.29	74	17.25	124	22.84	128	17.27	681	26.36	1 194	22.08	147.381	0.000**
	职业2	48	23.19	34	15.53	74	21.39	58	17.06	83	19.35	110	20.26	139	18.76	682	26.40	1 228	22.71		
	职业3	124	59.90	150	68.49	207	59.83	230	67.65	272	63.40	309	56.91	474	63.97	1 220	47.23	2 986	55.21		
母亲职业	职业1	27	13.04	27	12.33	45	13.01	45	13.24	59	13.75	96	17.68	83	11.20	494	19.13	876	16.20	96.642	0.000**
	职业2	50	24.15	45	20.55	81	23.41	69	20.29	83	19.35	104	19.15	157	21.19	707	27.37	1 296	23.96		
	职业3	130	62.80	147	67.12	220	63.58	226	66.47	287	66.90	343	63.17	501	67.61	1 382	53.50	3 236	59.84		

续表

题目	选项	0次		1次		2次		3次		4次		5次		6次		7次		总计		χ^2	P
		人数/人	比例/%	人数/人	比例/%	人数/人	比例/%	人数/人	比例/%	人数/人	比例/%	人数/人	比例/%	人数/人	比例/%	人数/人	比例/%	人数/人	比例/%		
父亲受教育程度	未上过学	8	3.86	14	6.39	14	4.05	18	5.29	22	5.13	17	3.13	48	6.48	74	2.86	215	3.98	238.319	0.000**
	小学	51	24.64	62	28.31	108	31.21	122	35.88	128	29.84	111	20.44	213	28.74	426	16.49	1 221	22.58		
	初/高中、中专	115	55.56	104	47.49	177	51.16	164	48.24	219	51.05	330	60.77	378	51.01	1 424	55.13	2 911	53.83		
	大学及以上	33	15.94	39	17.81	47	13.58	36	10.59	60	13.99	85	15.65	102	13.77	659	25.51	1 061	19.62		
母亲受教育程度	未上过学	27	13.04	40	18.26	62	17.92	71	20.88	83	19.35	68	12.52	156	21.05	206	7.98	713	13.18	305.844	0.000**
	小学	66	31.88	67	30.59	113	32.66	106	31.18	137	31.93	143	26.34	210	28.34	529	20.48	1 371	25.35		
	初/高中、中专	82	39.61	85	38.81	131	37.86	121	35.59	169	39.39	248	45.67	285	38.46	1 233	47.74	2 354	43.53		
	大学及以上	32	15.46	27	12.33	40	11.56	42	12.35	40	9.32	84	15.47	90	12.15	615	23.81	970	17.94		
家庭经济状况	低收入	148	71.50	162	73.97	274	79.19	267	78.53	338	78.79	405	74.59	580	78.27	1 646	63.72	3 820	70.64	132.434	0.000**
	中等收入	51	24.64	43	19.63	58	16.76	58	16.76	66	15.38	113	20.81	127	17.14	692	26.79	1 208	22.34		
	高收入	8	3.86	14	6.39	14	4.05	15	4.41	25	5.83	25	4.60	34	4.59	245	9.49	380	7.03		

注：** 代表 $P < 0.01$。

不同早餐次数样本对于学段呈现出0.01水平的显著性（χ^2=631.969，P=0.000）。对比显示，小学生选择“7次”的比例（36.70%）明显高于整体水平（27.59%），初中生选择“7次”的比例（29.19%）明显高于整体水平（23.11%），高中生选择“0次”的比例（30.92%）明显高于整体水平（22.65%），大学生选择“4次”“2次”的比例（46.85%、42.77%）明显高于整体水平（26.65%）。

不同早餐次数样本对于独生子女呈现出0.01水平的显著性（χ^2=44.850，P=0.000）。对比显示，独生子女情况为“否”的学生选择“0次”“1次”比例（83.09%、80.82%）明显高于整体水平（75.48%）。

不同早餐次数样本对于与母亲住呈现出0.01水平的显著性（χ^2=142.803，P=0.000）。对比显示，与母亲“一直住在一起”的学生选择“7次”的比例（79.29%）明显高于整体水平（72.47%），与母亲“偶尔住在一起”的学生选择“3次”的比例（25.29%）明显高于整体水平（16.51%），与母亲“不住在一起”的学生选择“2次”的比例（16.47%）明显高于整体水平（11.02%）。

不同早餐次数样本对于与父亲住呈现出0.01水平的显著性（χ^2=33.155，P=0.003）。

不同早餐次数样本对于父亲职业呈现出0.01水平的显著性（χ^2=147.381，P=0.000）。对比显示，父亲从事职业3的学生选择“1次”“3次”的比例（68.49%、67.65%）明显高于整体水平（55.21%）。

不同早餐次数样本对于母亲职业呈现出0.01水平的显著性（χ^2=96.642，P=0.000）。对比显示，母亲从事职业3的学生选择“1次”“6次”的比例（67.12%、67.61%）明显高于整体水平（59.84%）。

不同早餐次数样本对于父亲受教育程度呈现出0.01水平的显著性（χ^2=238.319，P=0.000）。对比显示，父亲受教育程度为“小学”的学生选择“2次”“3次”的比例（31.21%、35.88%）明显高于整体水平（22.58%），父亲受教育程度为“初/高中、中专”的学生选择“5次”的比例（60.77%）明显高于整体水平（53.83%），父亲受教育程度为“大学及以上”的学生选择“7次”的比例（25.51%）明显高于整体水平（19.62%）。

不同早餐次数样本对于母亲受教育程度呈现出0.01水平的显著性

（χ^2=305.844，P=0.000）。对比显示，母亲受教育程度为“未上过学”的学生选择“3次”“6次”的比例（20.88%、21.05%）明显高于整体水平（13.18%），母亲受教育程度为“小学”的学生选择“2次”“4次”的比例（32.66%、31.93%）明显高于整体水平（25.35%），母亲受教育程度为“大学及以上”的学生选择“7次”的比例（23.81%）明显高于整体水平（17.94%）。

不同早餐次数样本对于家庭经济状况呈现出0.01水平的显著性（χ^2=132.434，P=0.000）。对比显示，低收入家庭的学生选择“2次”“3次”“4次”的比例（79.19%、78.53%、78.79%）明显高于整体水平（70.64%）。

三、青少年的高热量食品摄入状况分析

本研究对青少年吃高热量食品的频率进行分析。从表7–5可以看出，经常吃的比例为3.20%，1个月吃1次的比例最高（50.43%），而从来不吃的比例为33.14%。

表7–5　吃高热量食品的频率的统计结果

题目	选项	频数	比例 /%
吃高热量食品的频率	经常吃	173	3.20
	每周吃1或2次	716	13.24
	1个月吃1次	2 727	50.43
	从来不吃	1 792	33.14

本研究利用交叉分析来探究吃高热量食品的频率对于区域、性别、民族、城乡、学段、独生子女、与母亲住、与父亲住、父亲职业、母亲职业、父亲受教育程度、母亲受教育程度、家庭经济状况共13项的差异性。从表7–6可以看出，不同吃高热量食品的频率样本对于性别、独生子女、与父亲住共3项未呈现出显著性（P>0.05），说明不同吃高热量食品的频率样本对于性别、独生子女、与父亲住共3项均呈现出一致性，没有显著性差异；不同吃高热量食品的频率样本对于区域、民族、城乡、学段、与母亲住、父亲职业、母亲职业、父亲受教育程度、母亲受教育程度、家庭经济状况共10项呈现出显著性（P<0.05），说明不同吃高热量食品的频率样本对于区域、民族、城乡、学段、与母亲住、父亲职业、母亲职业、父亲受教育程度、母亲受教育程度、家庭经

济状况共10项均呈现出差异性。

不同吃高热量食品的频率样本对于区域呈现出0.01水平的显著性（χ^2=275.050，P=0.000）。对比显示，东部学生选择“每周吃1～2次”“经常吃”的比例（56.70%、47.40%）明显高于整体水平（39.03%），中部学生选择“经常吃”的比例（31.79%）明显高于整体水平（24.41%），西部学生选择“从来不吃”的比例（40.46%）明显高于整体水平（31.14%）。

不同吃高热量食品的频率样本对于民族呈现出0.01水平的显著性（χ^2=45.301，P=0.000）。对比显示，汉族学生选择每周吃1～2次、经常吃的比例（79.33%、79.19%）明显高于整体水平（74.15%），少数民族学生选择从来不吃的比例（31.31%）明显高于整体水平（25.85%）。

不同吃高热量食品的频率样本对于城乡呈现出0.05水平的显著性（χ^2=16.001，P=0.014）。

不同吃高热量食品的频率样本对于学段呈现出0.01水平的显著性（χ^2=140.054，P=0.000）。对比显示，小学生选择经常吃、每周吃1～2次的比例（35.26%、34.22%）明显高于整体水平（27.59%），大学生选择从来不吃的比例（34.65%）明显高于整体水平（26.65%）。

不同吃高热量食品的频率样本对于与母亲住呈现出0.01水平的显著性（χ^2=34.644，P=0.000）。对比显示，与母亲“一直住在一起”的学生选择经常吃的比例（84.39%）明显高于整体水平（72.47%）。

不同吃高热量食品的频率样本对于父亲职业呈现出0.01水平的显著性（χ^2=35.502，P=0.000）。对比显示，父亲从事职业2的学生选择经常吃的比例（27.75%）明显高于整体水平（22.71%）。

不同吃高热量食品的频率样本对于母亲职业呈现出0.01水平的显著性（χ^2=28.318，P=0.000）。对比显示，父亲从事职业2的学生选择经常吃的比例（30.06%）明显高于整体水平（23.96%）。

不同吃高热量食品的频率样本对于父亲受教育程度呈现出0.01水平的显著性（χ^2=69.123，P=0.000）。对比显示，父亲受教育程度为“大学及以上”的学生选择经常吃的比例（31.21%）明显高于整体水平（19.62%）。

表7-6　吃高热量食品的频率与相关变量的交叉分析

题目	选项	经常吃		每周吃 1 或 2 次		1 个月吃 1 次		从来不吃		总计		χ^2	P
		人数 / 人	比例 /%	人数 / 人	比例 /%	人数 / 人	比例 /%	人数 / 人	比例 /%	人数 / 人	比例 /%		
区域	东部	82	47.40	406	56.70	1 139	41.77	484	27.01	2 111	39.03	275.050	0.000**
	中部	55	31.79	152	21.23	675	24.75	438	24.44	1 320	24.41		
	西部	34	19.65	139	19.41	786	28.82	725	40.46	1 684	31.14		
	东北地区	2	1.16	19	2.65	127	4.66	145	8.09	293	5.42		
性别	男生	71	41.04	307	42.88	1 202	44.08	791	44.14	2 371	43.84	0.949	0.814
	女生	102	58.96	409	57.12	1 525	55.92	1 001	55.86	3 037	56.16		
民族	汉族	137	79.19	568	79.33	2 074	76.05	1 231	68.69	4 010	74.15	45.301	0.000**
	少数民族	36	20.81	148	20.67	653	23.95	561	31.31	1 398	25.85		
城乡	城市	94	54.34	389	54.33	1 443	52.92	899	50.17	2 825	52.24	16.001	0.014*
	乡镇	39	22.54	129	18.02	456	16.72	365	20.37	989	18.29		
	农村	40	23.12	198	27.65	828	30.36	528	29.46	1 594	29.47		
学段	小学	61	35.26	245	34.22	811	29.74	375	20.93	1 492	27.59	140.054	0.000**
	初中	46	26.59	192	26.82	624	22.88	388	21.65	1 250	23.11		
	高中	37	21.39	166	23.18	614	22.52	408	22.77	1 225	22.65		
	大学	29	16.76	113	15.78	678	24.86	621	34.65	1 441	26.65		
独生子女	是	44	25.43	189	26.40	655	24.02	438	24.44	1 326	24.52	1.816	0.611
	否	129	74.57	527	73.60	2 072	75.98	1 354	75.56	4 082	75.48		

续表

题目	选项	经常吃		每周吃 1 或 2 次		1 个月吃 1 次		从来不吃		总计		χ^2	P
		人数 / 人	比例 /%	人数 / 人	比例 /%	人数 / 人	比例 /%	人数 / 人	比例 /%	人数 / 人	比例 /%		
与母亲住	一直住在一起	146	84.39	553	77.23	1 988	72.90	1 232	68.75	3 919	72.47	34.644	0.000**
	偶尔住在一起	19	10.98	103	14.39	438	16.06	333	18.58	893	16.51		
	不住在一起	8	4.62	60	8.38	301	11.04	227	12.67	596	11.02		
与父亲住	一直住在一起	131	75.72	532	74.30	2 120	77.74	1 392	77.68	4 175	77.20	8.871	0.181
	偶尔住在一起	31	17.92	123	17.18	404	14.81	246	13.73	804	14.87		
	不住在一起	11	6.36	61	8.52	203	7.44	154	8.59	429	7.93		
父亲职业	职业1	44	25.43	181	25.28	623	22.85	346	19.31	1 194	22.08	35.502	0.000**
	职业2	48	27.75	186	25.98	624	22.88	370	20.65	1 228	22.71		
	职业3	81	46.82	349	48.74	1 480	54.27	1 076	60.04	2 986	55.21		
母亲职业	职业1	28	16.18	130	18.16	460	16.87	258	14.40	876	16.20	28.318	0.000**
	职业2	52	30.06	195	27.23	667	24.46	382	21.32	1 296	23.96		
	职业3	93	53.76	391	54.61	1 600	58.67	1 152	64.29	3 236	59.84		

续表

题目	选项	经常吃		每周吃 1 或 2 次		1 个月吃 1 次		从来不吃		总计		χ^2	P
		人数 / 人	比例 /%	人数 / 人	比例 /%	人数 / 人	比例 /%	人数 / 人	比例 /%	人数 / 人	比例 /%		
父亲受教育程度	未上过学	3	1.73	25	3.49	98	3.59	89	4.97	215	3.98	69.123	0.000**
	小学	29	16.76	128	17.88	573	21.01	491	27.40	1 221	22.58		
	初/高中、中专	87	50.29	405	56.56	1 496	54.86	923	51.51	2 911	53.83		
	大学及以上	54	31.21	158	22.07	560	20.54	289	16.13	1 061	19.62		
母亲受教育程度	未上过学	14	8.09	67	9.36	343	12.58	289	16.13	713	13.18	94.767	0.000**
	小学	29	16.76	154	21.51	669	24.53	519	28.96	1 371	25.35		
	初/高中、中专	78	45.09	349	48.74	1 176	43.12	751	41.91	2 354	43.53		
	大学及以上	52	30.06	146	20.39	539	19.77	233	13.00	970	17.94		
家庭经济状况	低收入	110	63.58	463	64.66	1 899	69.64	1 348	75.22	3 820	70.64	37.786	0.000**
	中等收入	47	27.17	185	25.84	635	23.29	341	19.03	1 208	22.34		
	高收入	16	9.25	68	9.50	193	7.08	103	5.75	380	7.03		

注：* 代表 $P < 0.05$，** 代表 $P < 0.01$。

不同吃高热量食品的频率样本对于母亲受教育程度呈现出0.01水平的显著性（χ^2=94.767，P=0.000）。对比显示，母亲受教育程度为“初/高中、中专”的学生选择的比例（48.74%）明显高于整体水平（43.53%），母亲受教育程度为“大学及以上”的学生选择经常吃的比例（30.06%）明显高于整体水平（17.94%）。

不同吃高热量食品的频率样本对于家庭经济状况呈现出0.01水平的显著性（χ^2=37.786，P=0.000）。对比显示，中等收入家庭的学生选择经常吃的比例（27.17%）明显高于整体水平（22.34%）。

第二节　营养摄入对青少年体质健康促进的影响

本研究主要通过饮食状况和吃高热量食品的频率两方面来揭示营养摄入对青少年体质健康促进的影响。

一、营养摄入对青少年两周患病率的影响

本研究利用交叉分析来探究两周患病率对于饮食状况的差异性。从表7–7可以看出，不同两周患病率样本对于饮食状况未呈现出显著性（$P>0.05$），说明不同两周患病率样本对于饮食状况均呈现出一致性，没有显著性差异。

表7–7　两周患病率与饮食状况的交叉分析

题目	选项	健康		不健康		总计		χ^2	P
		人数 / 人	比例 /%	人数 / 人	比例 /%	人数 / 人	比例 /%		
饮食状况	差	1 229	25.43	137	23.78	1 366	25.26	0.742	0.389
	优	3 603	74.57	439	76.22	4 042	74.74		

本研究利用交叉分析来探究两周患病率对于吃高热量食品的频率的差异性。从表7–8可以看出，不同两周患病率样本对于吃高热量食品的频率未呈现出显著性（$P>0.05$），说明不同两周患病率样本对于吃高热量食品的频率均呈现

出一致性，没有显著性差异。

表7-8 两周患病率与吃高热量食品的频率的交叉分析

题目	选项	健康		不健康		总计		χ^2	P
		人数/人	比例/%	人数/人	比例/%	人数/人	比例/%		
吃高热量食品的频率	经常吃	150	3.10	23	3.99	173	3.20	2.122	0.548
	每周吃1或2次	637	13.18	79	13.72	716	13.24		
	1个月吃1次	2 433	50.35	294	51.04	2 727	50.43		
	从来不吃	1 612	33.36	180	31.25	1 792	33.14		

二、营养摄入对青少年BMI的影响

本研究利用交叉分析来探究BMI对于饮食状况的差异性。从表7-9可以看出，不同BMI样本对于饮食状况呈现出显著性（$P<0.01$），说明不同BMI样本对于饮食状况均呈现出差异性。

本研究利用交叉分析来探究BMI对于吃高热量食品的频率的差异性。从表7-10可以看出，不同BMI样本对于吃高热量食品的频率呈现出显著性（$P<0.01$），说明不同BMI样本对于吃高热量食品的频率均呈现出差异性。

三、营养摄入对青少年近视状况的影响

本研究利用交叉分析来探究近视状况对于饮食状况的差异性。从表7-11可以看出，不同近视状况样本对于饮食状况呈现出显著性（$P<0.01$），说明不同近视状况样本对于饮食状况均呈现出差异性。对比显示，近视600度以上、300～600度的学生选择“差”的比例（33.54%、30.38%）明显高于整体水平（25.26%）。

本研究利用交叉分析探究近视状况对于吃高热量食品的频率的差异性。从表7-12可以看出，不同近视状况样本对于吃高热量食品的频率未呈现出显著性（$P>0.05$），说明不同近视状况样本对于吃高热量食品的频率均呈现出一致性，没有显著性差异。

表7-9　BMI与饮食状况的交叉分析

题目	选项	偏轻		正常		超重		肥胖		总计		χ^2	P
		人数/人	比例/%	人数/人	比例/%	人数/人	比例/%	人数/人	比例/%	人数/人	比例/%		
饮食状况	差	394	20.80	752	27.55	115	29.79	105	26.38	1 366	25.26	31.955	0.000**
	优	1 500	79.20	1 978	72.45	271	70.21	293	73.62	4 042	74.74		

注：** 代表 $P < 0.01$。

表7-10　BMI与吃高热量食品的频率的交叉分析

题目	选项	偏轻		正常		超重		肥胖		总计		χ^2	P
		人数/人	比例/%	人数/人	比例/%	人数/人	比例/%	人数/人	比例/%	人数/人	比例/%		
吃高热量食品的频率	经常吃	74	3.91	71	2.60	17	4.40	11	2.76	173	3.20	25.782	0.002**
	每周吃1或2次	288	15.21	333	12.20	49	12.69	46	11.56	716	13.24		
	1个月吃1次	960	50.69	1 366	50.04	198	51.30	203	51.01	2 727	50.43		
	从来不吃	572	30.20	960	35.16	122	31.61	138	34.67	1 792	33.14		

注：** 代表 $P < 0.01$。

表7-11　近视状况对于饮食状况的交叉分析

题目	选项	300度以下		300～600度		600度以上		不近视		总计		χ^2	P
		人数/人	比例/%	人数/人	比例/%	人数/人	比例/%	人数/人	比例/%	人数/人	比例/%		
营养摄入	差	373	24.62	370	30.38	54	33.54	569	22.63	1 366	25.26	32.261	0.000**
	优	1 142	75.38	848	69.62	107	66.46	1 945	77.37	4 042	74.74		

注：** 代表 $P < 0.01$。

表7-12　近视状况与吃高热量食品的频率的交叉分析

题目	选项	300度以下		300～600度		600度以上		不近视		总计		χ^2	P
		人数/人	比例/%	人数/人	比例/%	人数/人	比例/%	人数/人	比例/%	人数/人	比例/%		
吃高热量食品的频率	经常吃	59	3.89	28	2.30	4	2.48	82	3.26	173	3.20	10.496	0.312
	每周吃1或2次	210	13.86	158	12.97	22	13.66	326	12.97	716	13.24		
	1个月吃1次	737	48.65	612	50.25	77	47.83	1 301	51.75	2 727	50.43		
	从来不吃	509	33.60	420	34.48	58	36.02	805	32.02	1 792	33.14		

四、营养摄入对青少年体质测试的影响

本研究利用交叉分析来探究体质测试对于饮食状况的差异性。从表7-13可以看出，不同体质测试样本对于饮食状况呈现出显著性（$P<0.01$），说明不同体质测试样本对于饮食状况均呈现出差异性。对比显示，体质测试不及格的学生选择“优”的比例（79.81%）明显高于整体水平（74.74%）。

本研究利用交叉分析来探究体质测试对于吃高热量食品的频率的差异性。从表7-14可以看出，不同体质测试样本对于吃高热量食品的频率呈现出显著性（$P<0.01$），说明不同体质测试样本对于吃高热量食品的频率均呈现出差异性。

表7-13　体质测试与饮食状况的交叉分析

题目	选项	没测试		不及格		合格		良好		优秀		总计		χ^2	P
		人数/人	比例/%	人数/人	比例/%	人数/人	比例/%	人数/人	比例/%	人数/人	比例/%	人数/人	比例/%		
饮食状况	差	386	24.54	21	20.19	205	28.91	450	28.85	304	20.79	1 366	25.26	32.939	0.000**
	优	1 187	75.46	83	79.81	504	71.09	1 110	71.15	1 158	79.21	4 042	74.74		

注：** 代表 $P<0.01$。

表7-14　体质测试与吃高热量食品的频率的交叉分析

题目	选项	没测试		不及格		合格		良好		优秀		总计		χ^2	P
		人数/人	比例/%	人数/人	比例/%	人数/人	比例/%	人数/人	比例/%	人数/人	比例/%	人数/人	比例/%		
吃高热量食品的频率	经常吃	42	2.67	2	1.92	27	3.81	44	2.82	58	3.97	173	3.20	29.272	0.004**
	每周吃1或2次	218	13.86	7	6.73	82	11.57	183	11.73	226	15.46	716	13.24		
	1个月吃1次	824	52.38	57	54.81	352	49.65	776	49.74	718	49.11	2 727	50.43		
	从来不吃	489	31.09	38	36.54	248	34.98	557	35.71	460	31.46	1 792	33.14		

注：** 代表 $P<0.01$。

第三节　营养摄入促进青少年体质健康存在的典型问题

一、政府、学校营养责任缺位

我国校园营养餐的发展，严重滞后于经济发展水平。当前，国际上已经形成了以政府为主体的校园营养供应体系，依靠政府公共财政的投入，保证青少年学生的营养供应。然而，我国一些地区中小学的校园营养供应仍严重不足。截至2022年，我国仅在14个集中连片特困地区推广农村学生营养餐工程，覆盖面相对较小。部分地方也尝试开展校园供餐工程，但访谈发现，学生的营养餐投入主要依靠家长付费，小学生午餐费用达到13～15元。这样的午餐消费，已经严重制约了学生在校用餐的积极性。部分贫困学生家庭无法承受此类投入，亟须国家给予补充。

二、青少年营养结构不合理

我国定期开展国民及特殊人群的营养、健康、慢性病等相关的全国性调查，较准确地反映了包括青少年在内的国民的营养与健康状况，但也发现了许多问题，如膳食结构不合理的问题尤为突出，膳食脂肪供能比持续上升，食用油、食用盐摄入量远高于推荐值；脂肪和蛋白质摄入过多；而水果、豆类及豆制品、奶类消费量不足，部分维生素摄入不足；一日三餐的能量摄入分配不均，忽略水和无机盐的摄入；烹饪方式不合理等。其中，青少年的营养过剩与营养不足并存的问题尤为典型。营养失衡可能引发青少年的健康问题。如果膳食营养不合理，就容易引发青少年身高生长迟滞、消瘦等健康问题。一项针对兰州市七里河区、兰州新区18所学校18 526名学生的调查显示，生长发育、营养异常是儿童青少年最主要的健康问题，其发生率由高到低为超重、肥胖、矮小、消瘦[1]。

---

[1]　张永花，苏俊海，马翠玲，等．兰州市儿童青少年营养及体质健康研究 [J]. 兰州大学学报（医学版），2021，47（3）：65–68.

三、学校青少年营养工作存在不足

当前，我国学校营养工作存在明显不足，很多学校营养工作需要家长监督。部分地区学校校园营养的供应存在严重问题，引起了社会的广泛关注。尤其在校园营养餐的供应中，部分地方政府、学校和供餐机构从营利角度出发，挪用学生餐费，导致营养供应不足。当前，部分学校对校园营养餐的供应质量监管不严，部分家长参与监控后，容易引发舆情。访谈发现，由于供餐机构需要达到盈亏平衡点才能正常运营，因此对于部分距离较远的学校，只能供应盒饭。盒饭从上午9：00左右开始装盒，到11：35前后用餐，即使使用保温设备，夏天也容易导致食品变质，而冬天食品也容易变凉。

第四节 关于营养摄入促进青少年体质健康的建议

一、提供经费保障和环境支持

政府应着力加大经费投入，重点保障青少年营养与健康领域，推进食物供给与青少年营养需求之间的协调发展。首先，政府应强化营养在农业、食品加工业等食物产业链上游的引导作用，以科学合理的营养导向为核心，构建新型食品生产加工消费模式，即与居民健康消费理念有效衔接，将营养与健康理念贯穿于食品生产、加工、烹调、选购、进餐的各个环节和体系之中，营造健康的食物消费环境。其次，政府应加大营养专业人才队伍建设，推动“健康中国”战略的实施。引导注册营养师、公共营养师、营养指导员等营养职业人才的培养、管理等形成规范化、体系化模式。再次，相关政府部门应加强协作，如相关部委在环境治理、控烟、营养改善、健康宣传教育、体育健身、医疗保健等领域开展联合行动和协同推进，构建全方位的支持环境，形成青少年营养与健康促进工作合力。我国政府及相关部门已在全国推行校园体育活动，原则上要求学生每天进行不少于1小时的体育活动，相应地，就应该提供与其身体活动相对应的营养补给。最后，政府还应针对青少年的重点营养问题实施以目标为导向的综合干预措施，特别是针对青少年超重、肥胖、近视等问题，进一步加大与营养相关的综合性干预和健康促进工作力度。

二、提高家长和学生的营养素养水平

政府应提升青少年营养科普宣教力度，全面普及膳食营养知识，要求相关主体开展添加餐食卡路里标签、升级食品包装营养标签等营养科普的实践行动；倡导“三减、三健”活动，即减盐、减油、减糖和健康口腔、健康体重、健康骨骼，多吃豆类、奶类、蔬菜、水果等健康食品，为养成健康的饮食习惯、帮助青少年合理膳食，形成良好的社会氛围；纠正“肉=营养”“把所有最好的营养都给孩子”等错误观念和理念，引导正确、科学的膳食营养和健康理念的形成。调查显示，我国超过50%的超重学生都认为自身体重属于正常范围。青少年及其家庭、学校、政府等全社会应积极践行和助推合理膳食、适量运动、心理平衡等健康文明生活方式。

力促全社会重视“三减”。（1）减油。《中国居民膳食指南2022》推荐4~10岁每天摄入量为20～25克，11岁以上儿童每天推荐摄入量为25～30克，且以植物油为主。减油措施包括控制烹饪油使用总量，使用控油壶，减少油炸食品的摄入，选择更健康的烹饪方式，减少动物油脂的食用，限制反式脂肪酸的摄入。（2）减盐。其主要措施包括创新减盐的技巧，开展家庭减盐计划，调整饮食口味，减少外出就餐次数，减少零食的摄入，关注食品营养成分表，了解高盐食物，关注学校食堂食物的咸淡口味。（3）减糖。世界卫生组织推荐糖的摄入量不应超过人体总能量的10.00%。青少年每天糖的摄入量推荐不超过50克，最好不超过25克。减糖的主要措施包括减少三餐的含糖量；少喝含糖饮料；合理摄入含糖的天然植物性食品，如甘蔗等；以淀粉类食物为主，控制精制糖及其制品的摄取。

三、采取科学、合理的膳食营养措施

根据青少年的成长阶段特点，全面、准确、个性化地对待青少年的膳食营养。家长的生活方式和饮食习惯对青少年影响最大。家长应该了解、学习和掌握合理营养的知识，遵循全面性、针对性、准确性、持续性的营养物质补充原则，确保每餐饮食遵循“粗细搭配、有荤有素、食物多样”的原则，区分不同场景、时间段，为青少年适当补充营养。例如，在体育运动后，青少年应根据个体情况适当补充糖、盐、水等营养。根据青少年身体活动的时间、运动量和生活习惯等调整热量、蛋白质等配餐饮食安排，依据每日消耗能量需要和消化规律来确定饮食安排，尽量不吃加工食品，不吃或少吃“快餐”，以促进机体对营养的吸收和利用，提供充足、全面、均衡的营养，满足青少年身体发育的需求。

四、科学设计、推广营养促进方案和食谱

保持能量摄入与消耗的动态平衡，保证三大宏量营养素的合理比例：糖类为55.00%～65.00%，脂质为20.00%～25.00%，蛋白质为10.00%～15.00%。脂类以植物油为主，控制动物性脂肪和胆固醇的摄入，饱和脂肪酸、单不饱和脂肪酸、多不饱和脂肪酸的比例为1：1：1。蛋白质的摄入，优质蛋白来源应占1/3以上，主要由动物性食物和大豆提供。保证必需氨基酸的摄入，根据年龄、性别的需求差异安排必需氨基酸的摄取比例。维生素和水摄入要充足，无机盐摄入要适量，合理选择食物性质，建立合理的进餐时间和一日每餐的分配等膳食制度。

综合考虑生理阶段、营养需要、身体活动水平、基础代谢率等因素，优化动物性食物的摄入结构。推荐增加富含不饱和脂肪酸的水产品、低脂奶类及其制品的摄入，适量摄入蛋类及其制品；增加全谷物的同时减少精白米面的摄入；多摄入深色蔬菜、新鲜水果、富含优质蛋白质的豆类及其制品，将膳食中糖类、蛋白质、脂质的比例以及能量和微量营养素的摄入量都维持在健康合理的水平，保证膳食能量来源和营养素充足，从而维持健康体重，预防由不当饮食引起的慢性病。以青少年为对象，针对普遍存在的营养问题，提供具体化的营养指导方案，包括营养素摄入的比例、食谱以及每餐的建议计划。

第八章

青少年体质健康的休息促进因素及影响

必要的休息和休闲时间是青少年体质健康的重要保证。电子技术的飞速发展，使得青少年的学习方式发生了转变，对青少年的健康造成了一定的不良影响。从全球范围内来看，各国政府均高度重视青少年的教育减负、保障青少年科学休息问题。美国的一项调研数据显示，青少年在日常时间分配中，睡觉（9小时）和玩（5小时）的时间最多，学习（4.5小时）排在第三位[1]。笔者对国内外相关经验的梳理发现，控制校内学习时间、严控校外作业时间、规范校外“影子教育”和校外休息时间等，在一定程度上可为青少年健康成长提供支持。客观来看，我国青少年健康成长的压力在逐渐舒缓，青少年学习时间保持在相对合理的范围内，为青少年健康成长创造了有利条件。

休息权是劳动者的法定权利之一，也是青少年应享有的权利。《中华人民共和国未成年人保护法》分别从家庭和学校两个层面保障了未成年人的休息权，规定未成年人的父母和学校应保障未成年人享有休息、娱乐和体育锻炼的时间[2]。由于青少年属于特殊的劳动者，其休息权与成年劳动者的不同。因此，本研究对青少年的课业负担状况、作业时间、学习时间、屏幕时间、睡眠时间等与青少年休息有关的因素进行分析，进而展示当前青少年在校内外的学习压力和家庭学习的总体状况，以凸显休息对青少年体质健康促进的作用。

---

[1] 朱迪，郑守娟，王霞．美国青少年睡眠时间与成年后学业成绩研究 [J]. 预防医学论坛，2021，27（2）：103-109.

[2] 石雷．未成年人休息权入法：积极行动将休息娱乐还给孩子 [N]. 中国妇女报，2021-05-25（5）.

第一节　青少年日常休息状况——基于受众的分析

一、青少年的课业负担状况[1]分析

本研究对青少年课业负担的测定，主要通过青少年自身的感受，从时间维度和压力感受维度予以体现，属于受众层面的分析。青少年对自身课业负担的感受，能够体现出青少年的学习压力状况。课业负担是青少年对学习压力状况的总体反映。

从表8-1可以看出，选择“4”的比例为31.36%，由此可见，超过三成的青少年认为课业负担适中；有9.97%的青少年选择了“7”，说明这部分青少年学习压力很大。对青少年和家长的访谈发现，大量的青少年对校内学习时间相对比较满意，主要的压力来自校外“影子教育”。尤其是家长利用放学后、星期天和假期对青少年进行体育、音乐、美术等素质类课程的补习，在一定程度上给青少年造成了学习压力，挤压了青少年正常的休息时间。

表8-1　课业负担状况的统计结果

题目	选项	人数 / 人	比例 /%
课业负担状况	1	675	12.48
	2	337	6.23
	3	721	13.33
	4	1 696	31.36
	5	1 063	19.66
	6	377	6.97
	7	539	9.97

本研究利用交叉分析来探究学段对于课业负担状况的差异性。从表8-2可以看出，不同学段样本对于课业负担状况呈现出显著性（$P<0.01$），说明不同

[1] 本研究利用数字 1 ~ 7 来表示青少年课业负担状况由很轻松到很重的变化。

学段样本对于课业负担状况均呈现出差异性。

不同学段样本对于课业负担状况呈现出0.01水平的显著性（χ^2=893.701，P=0.000）。对比显示，小学生选择“1”的比例（24.20%）明显高于整体水平（12.48%），大学生选择“4”的比例（41.85%）明显高于整体水平（31.36%），高中生、大学生选择“5”的比例（24.49%、24.84%）明显高于整体水平（19.66%）。

表8–2　学段与课业负担状况的交叉分析

题目	选项	小学		初中		高中		大学		总计		χ^2	P
		人数/人	比例/%	人数/人	比例/%	人数/人	比例/%	人数/人	比例/%	人数/人	比例/%		
课业负担状况	1	361	24.20	157	12.56	117	9.55	40	2.78	675	12.48	893.701	0.000**
	2	183	12.27	66	5.28	27	2.20	61	4.23	337	6.23		
	3	267	17.90	154	12.32	89	7.27	211	14.64	721	13.33		
	4	386	25.87	399	31.92	308	25.14	603	41.85	1 696	31.36		
	5	154	10.32	251	20.08	300	24.49	358	24.84	1 063	19.66		
	6	51	3.42	87	6.96	143	11.67	96	6.66	377	6.97		
	7	90	6.03	136	10.88	241	19.67	72	5.00	539	9.97		

注：** 代表 $P < 0.01$。

二、青少年的作业时间、学习时间分析

青少年完成作业的时间是学习压力的直接表现。从表8–3可以看出，青少年的作业时间总体控制得较好，但仍有38.18%的青少年作业时间为1.5小时及以上。2018年，教育部等九部门印发的《中小学生减负措施》要求小学一、二年级不布置书面家庭作业，三至六年级家庭作业不超过1小时，初中家庭作业不超过1.5小时，高中也要合理安排作业时间。调研发现，我国青少年的作业时间总体控制得较好。

从表8–3可以看出，在学习时间方面，30.62%的青少年学习时间为8小时及以上，已经超过了《学校卫生工作条例》中的要求时长标准。但实际调研发现，初、高中临近升学考试的年级，学习时间超量的状况较为突出，甚至有的青少年学习时间超过12小时。

表8–3　作业时间、学习时间的统计结果

题目	选项	人数 / 人	比例 /%
作业时间/时	＞1.5	2 065	38.18
	＞1～1.5	2 149	39.74
	＞0.5～1	845	15.63
	≤0.5	349	6.45
学习时间/时	＞8	1 656	30.62
	＞7～8	1 483	27.42
	＞6～7	1 278	23.63
	≤6	991	18.32

三、青少年的屏幕时间分析

屏幕时间主要指利用电视、电脑等介质，进行看电视、浏览信息和玩游戏的时间[1]。在屏幕时间内，青少年的身体基本上处于静止状态，运动不足，且会伴有进食等状况，总体来说对身体健康是不利的。有关研究表明，屏幕时间过长，会影响视力和引起肥胖。从表8–4可以看出，屏幕时间选择1小时及以上的比例为18.07%，屏幕时间选择0小时的比例为30.62%，情况相对比较乐观。从调研来看，我国青少年屏幕时间控制得相对较好。

表8–4　屏幕时间的统计结果

题目	选项	人数 / 人	比例 /%
屏幕时间/时	＞1	977	18.07
	＞0.5～1	1 099	20.32
	＞0~0.5	1 676	30.99
	0	1 656	30.62

[1] 展恩燕，张铭鑫，乔凤杰，等．国外关于减少儿童青少年屏幕时间的措施及启示 [J]. 中国健康教育，2020，36（7）：635–638.

本研究利用交叉分析来探究屏幕时间对于BMI、体质测试共2项的差异性。从表8-5可以看出，不同屏幕时间样本对于BMI未呈现出显著性（$P>0.05$），说明不同屏幕时间样本对于BMI均呈现出一致性，没有显著性差异；不同屏幕时间样本对于体质测试呈现出显著性（$P<0.01$），说明不同屏幕时间样本对于体质测试均呈现出差异性。

不同屏幕时间样本对于体质测试呈现出0.01水平的显著性（χ^2=65.784，P=0.000）。对比显示，体质测试为“良好”的学生选择“0小时”的比例（34.84%）明显高于整体水平（28.85%）。

表8-5　屏幕时间与相关变量的交叉分析

题目	选项	＞1小时		＞0.5～1小时		＞0～0.5小时		0小时		总计		χ^2	P
		人数/人	比例/%	人数/人	比例/%	人数/人	比例/%	人数/人	比例/%	人数/人	比例/%		
BIM	偏轻	357	36.54	388	35.30	617	36.81	532	32.13	1 894	35.02	13.608	0.137
	正常	467	47.80	546	49.68	830	49.52	887	53.56	2 730	50.48		
	超重	74	7.57	83	7.55	116	6.92	113	6.82	386	7.14		
	肥胖	79	8.09	82	7.46	113	6.74	124	7.49	398	7.36		
体质测试	没测试	283	28.97	331	30.12	515	30.73	444	26.81	1 573	29.09	65.784	0.000**
	不及格	21	2.15	23	2.09	40	2.39	20	1.21	104	1.92		
	合格	133	13.61	135	12.28	208	12.41	233	14.07	709	13.11		
	良好	247	25.28	270	24.57	466	27.80	577	34.84	1 560	28.85		
	优秀	293	29.99	340	30.94	447	26.67	382	23.07	1 462	27.03		

注：** 代表 $P<0.01$。

四、青少年的睡眠时间分析

从表8-6可以看出，有48.35%的青少年睡眠少于8小时，说明我国青少年睡眠时间不足；而睡眠时间在10小时及以上的青少年占比不足5.00%，说明我国在青少年睡眠时间方面控制不好。调研发现，部分中小学校不具备中午午休的条件，尤其是刚上小学的青少年，在幼儿园养成的睡觉习惯无法得到延续，这导致了青少年睡眠不足问题较为普遍。

表8-6 睡眠时间的统计结果

题目	选项	人数/人	比例/%
睡眠时间/时	＜8	2615	48.35
	8～＜9	1 844	34.10
	9～＜10	704	13.02
	≥10	245	4.53
合计		5 408	100.00

第二节 休息对青少年体质健康促进的影响

本研究将课业负担状况、作业时间、屏幕时间、学习时间、睡眠时间作为影响体质健康的5个主要因素，并将其与相关变量进行交叉分析，探索它们之间是否具有显著性差异。研究目的是揭示休息的几个维度对体质健康促进的影响。

一、休息对青少年两周患病率的影响

本研究利用交叉分析来探究两周患病率对于课业负担状况、作业时间、屏幕时间、学习时间、睡眠时间共5项的差异性。从表8-7可以看出，不同两周患病率样本对于作业时间、屏幕时间、睡眠时间共3项未呈现出显著性（$P>0.05$），

说明不同两周患病率样本对于作业时间、屏幕时间、睡眠时间共3项均呈现出一致性，没有显著性差异；不同两周患病率样本对于课业负担状况、学习时间共2项呈现出显著性（$P<0.05$），说明不同两周患病率样本对于课业负担状况、学习时间共2项均呈现出差异性。

不同两周患病率样本对于课业负担状况呈现出0.01水平的显著性（χ^2=33.730，P=0.000）。

不同两周患病率样本对于学习时间呈现出0.05水平的显著性（χ^2=8.437，P=0.038）。对比显示，两周患病率结果为“不健康”的学生选择8小时及以上的比例（35.24%）明显高于整体水平（30.62%）。

表8-7　两周患病率与相关变量的交叉分析

题目	选项	健康		不健康		总计		χ^2	P
		人数/人	比例/%	人数/人	比例/%	人数/人	比例/%		
课业负担状况	1	611	12.64	64	11.11	675	12.48	33.730	0.000**
	2	308	6.37	29	5.03	337	6.23		
	3	661	13.68	60	10.42	721	13.33		
	4	1 523	31.52	173	30.03	1 696	31.36		
	5	952	19.70	111	19.27	1 063	19.66		
	6	332	6.87	45	7.81	377	6.97		
	7	445	9.21	94	16.32	539	9.97		
作业时间/时	＞1.5	1 847	38.22	218	37.85	2 065	38.18	0.234	0.972
	＞1～1.5	1 916	39.65	233	40.45	2 149	39.74		
	＞0.5～1	758	15.69	87	15.10	845	15.63		
	≤0.5	311	6.44	38	6.60	349	6.45		
屏幕时间/时	＞1	879	18.19	98	17.01	977	18.07	4.556	0.207
	＞0.5～1	963	19.93	136	23.61	1 099	20.32		
	＞0～0.5	1 508	31.21	168	29.17	1 676	30.99		
	0	1 482	30.67	174	30.21	1 656	30.62		

续表

<table>
<tr><th rowspan="2">题目</th><th rowspan="2">选项</th><th colspan="2">健康</th><th colspan="2">不健康</th><th colspan="2">总计</th><th rowspan="2">χ^2</th><th rowspan="2">P</th></tr>
<tr><th>人数/人</th><th>比例/%</th><th>人数/人</th><th>比例/%</th><th>人数/人</th><th>比例/%</th></tr>
<tr><td rowspan="4">学习时间/时</td><td>>8</td><td>1 453</td><td>30.07</td><td>203</td><td>35.24</td><td>1 656</td><td>30.62</td><td rowspan="4">8.437</td><td rowspan="4">0.038*</td></tr>
<tr><td>>7～8</td><td>1 324</td><td>27.40</td><td>159</td><td>27.60</td><td>1 483</td><td>27.42</td></tr>
<tr><td>>6～7</td><td>1 162</td><td>24.05</td><td>116</td><td>20.14</td><td>1 278</td><td>23.63</td></tr>
<tr><td>≤6</td><td>893</td><td>18.48</td><td>98</td><td>17.01</td><td>991</td><td>18.32</td></tr>
<tr><td rowspan="4">睡眠时间/时</td><td><8</td><td>2 333</td><td>48.28</td><td>282</td><td>48.96</td><td>2 615</td><td>48.35</td><td rowspan="4">1.648</td><td rowspan="4">0.649</td></tr>
<tr><td>8～<9</td><td>1 650</td><td>34.15</td><td>194</td><td>33.68</td><td>1 844</td><td>34.10</td></tr>
<tr><td>9～<10</td><td>635</td><td>13.14</td><td>69</td><td>11.98</td><td>704</td><td>13.02</td></tr>
<tr><td>≥10</td><td>214</td><td>4.43</td><td>31</td><td>5.38</td><td>245</td><td>4.53</td></tr>
</table>

注：* 代表 $P < 0.05$，** 代表 $P < 0.01$。

二、休息对青少年BMI的影响

本研究利用交叉分析来探究BMI对于课业负担状况、作业时间、屏幕时间、学习时间、睡眠时间共5项的差异性。从表8-8可以看出，不同BMI样本对于作业时间、屏幕时间、学习时间共3项未呈现出显著性（$P>0.05$），说明不同BMI样本对于作业时间、屏幕时间、学习时间共3项均呈现出一致性，没有显著性差异；不同BMI样本对于课业负担状况、睡眠时间共2项呈现出显著性（$P<0.05$），说明不同BMI样本对于课业负担状况、睡眠时间共2项均呈现出差异性。

三、休息对青少年近视状况的影响

本研究利用交叉分析来探究近视状况对于课业负担状况、作业时间、屏幕时间、学习时间、睡眠时间共5项的差异性。从表8-9可以看出，不同近视状况样本对于作业时间、学习时间共2项未呈现出显著性（$P>0.05$），说明不同近视状况样本对于作业时间、学习时间共2项均呈现出一致性，没有显著性差异；不同近视状况样本对于课业负担状况、屏幕时间、睡眠时间共3项呈现出显著性（$P<0.05$），说明不同近视状况样本对于课业负担状况、屏幕时间、睡眠时间共

3项均呈现出差异性。

不同近视状况样本对于课业负担状况呈现出0.01水平的显著性（χ^2=126.362，P=0.000）。对比显示，近视300～600度的学生选择“4”的比例（36.62%）明显高于整体水平（31.36%）。

不同近视状况样本对于屏幕时间呈现出0.05水平的显著性（χ^2=18.783，P=0.027）。对比显示，近视600度以上的学生选择0.5小时以上至1小时的比例（25.47%）明显高于整体水平（20.32%）。

不同近视状况样本对于睡眠时间呈现出0.05水平的显著性（χ^2=20.479，P=0.015）。

四、休息对青少年体质测试的影响

本研究利用交叉分析来探究体质测试对于课业负担状况、作业时间、屏幕时间、学习时间、睡眠时间共5项的差异性。从表8-10可以看出，不同体质测试样本对于作业时间未呈现出显著性（$P>0.05$），说明不同体质测试样本对于作业时间均呈现出一致性，没有显著性差异；不同体质测试样本对于课业负担状况、屏幕时间、学习时间、睡眠时间共4项呈现出显著性（$P<0.01$），说明不同体质测试样本对于课业负担状况、屏幕时间、学习时间、睡眠时间共4项均呈现出差异性。

不同体质测试样本对于课业负担状况呈现出0.01水平的显著性（χ^2=221.135，P=0.000）。对比显示，体质测试成绩为“优秀”的学生选择“1”的比例（19.97%）明显高于整体水平（12.48%），体质测试成绩为“良好、合格”的学生选择“4”的比例（36.60%、40.48%）明显高于整体水平（31.36%）。

不同体质测试样本对于屏幕时间呈现出0.01水平的显著性（χ^2=65.784，P=0.000）。对比显示，屏幕时间为“0小时以上至0.5小时”的学生选择不及格的比例（38.46%）明显高于整体水平（30.99%），屏幕时间为“0小时”的学生选择良好的比例（36.99%）明显高于整体水平（30.62%）。

不同体质测试样本对于学习时间呈现出0.01水平的显著性（χ^2=29.296，P=0.004）。对比显示，学习时间为“8小时以上”的学生选择不及格的比例（36.54%）明显高于整体水平（30.62%）。

不同体质测试样本对于睡眠时间呈现出0.01水平的显著性（χ^2=33.050，P=0.001）。

表8-8 BMI与相关变量的交叉分析

题目	选项	偏轻		正常		超重		肥胖		总计		χ^2	P
		人数/人	比例/%	人数/人	比例/%	人数/人	比例/%	人数/人	比例/%	人数/人	比例/%		
课业负担状况	1	285	15.05	282	10.33	49	12.69	59	14.82	675	12.48	59.974	0.000**
	2	146	7.71	156	5.71	12	3.11	23	5.78	337	6.23		
	3	258	13.62	346	12.67	60	15.54	57	14.32	721	13.33		
	4	582	30.73	887	32.49	110	28.50	117	29.40	1 696	31.36		
	5	337	17.79	573	20.99	74	19.17	79	19.85	1 063	19.66		
	6	111	5.86	213	7.80	32	8.29	21	5.28	377	6.97		
	7	175	9.24	273	10.00	49	12.69	42	10.55	539	9.97		
作业时间/时	>1.5	740	39.07	1 007	36.89	145	37.56	173	43.47	2 065	38.18	11.338	0.253
	>1~1.5	750	39.60	1 109	40.62	150	38.86	140	35.18	2 149	39.74		
	>0.5~1	282	14.89	429	15.71	69	17.88	65	16.33	845	15.63		
	≤0.5	122	6.44	185	6.78	22	5.70	20	5.03	349	6.45		
屏幕时间/时	>1	357	18.85	467	17.11	74	19.17	79	19.85	977	18.07	13.608	0.137
	>0.5~1	388	20.49	546	20.00	83	21.50	82	20.60	1 099	20.32		
	>0~0.5	617	32.58	830	30.40	116	30.05	113	28.39	1 676	30.99		
	0	532	28.09	887	32.49	113	29.27	124	31.16	1 656	30.62		
学习时间/时	>8	613	32.37	796	29.16	125	32.38	122	30.65	1 656	30.62	13.036	0.161
	>7~8	521	27.51	740	27.11	110	28.50	112	28.14	1 483	27.42		
	>6~7	413	21.81	689	25.24	78	20.21	98	24.62	1 278	23.63		
	≤6	347	18.32	505	18.50	73	18.91	66	16.58	991	18.32		

续表

题目	选项	偏轻		正常		超重		肥胖		总计		χ^2	P
		人数 / 人	比例 /%	人数 / 人	比例 /%	人数 / 人	比例 /%	人数 / 人	比例 /%	人数 / 人	比例 /%		
睡眠时间/时	＜8	910	48.05	1 312	48.06	195	50.52	198	49.75	2 615	48.35	21.147	0.012*
	8～＜9	609	32.15	972	35.60	133	34.46	130	32.66	1 844	34.10		
	9～＜10	272	14.36	347	12.71	38	9.84	47	11.81	704	13.02		
	≥10	103	5.44	99	3.63	20	5.18	23	5.78	245	4.53		

注：* 代表 $P < 0.05$，** 代表 $P < 0.01$。

表8-9 近视状况与相关变量的交叉分析

题目	选项	300 度以下		300 ～ 600 度		600 度以上		不近视		总计		χ^2	P
		人数 / 人	比例 /%	人数 / 人	比例 /%	人数 / 人	比例 /%	人数 / 人	比例 /%	人数 / 人	比例 /%		
课业负担状况	1	189	12.48	88	7.22	5	3.11	393	15.63	675	12.48	126.362	0.000**
	2	84	5.54	54	4.43	4	2.48	195	7.76	337	6.23		
	3	194	12.81	139	11.41	21	13.04	367	14.60	721	13.33		
	4	470	31.02	446	36.62	51	31.68	729	29.00	1 696	31.36		
	5	319	21.06	266	21.84	38	23.60	440	17.50	1 063	19.66		
	6	104	6.86	99	8.13	16	9.94	158	6.28	377	6.97		
	7	155	10.23	126	10.34	26	16.15	232	9.23	539	9.97		

续表

题目	选项	300度以下		300～600度		600度以上		不近视		总计		χ^2	P
		人数/人	比例/%	人数/人	比例/%	人数/人	比例/%	人数/人	比例/%	人数/人	比例/%		
作业时间/时	>1.5	562	37.10	473	38.83	62	38.51	968	38.50	2 065	38.18	11.729	0.229
	>1～1.5	591	39.01	490	40.23	69	42.86	999	39.74	2 149	39.74		
	>0.5～1	241	15.91	177	14.53	22	13.66	405	16.11	845	15.63		
	≤0.5	121	7.99	78	6.40	8	4.97	142	5.65	349	6.45		
屏幕时间/时	>1	283	18.68	216	17.73	28	17.39	450	17.90	977	18.07	18.783	0.027*
	>0.5～1	302	19.93	224	18.39	41	25.47	532	21.16	1 099	20.32		
	>0～0.5	473	31.22	352	28.90	47	29.19	804	31.98	1 676	30.99		
	0	457	30.17	426	34.98	45	27.95	728	28.96	1 656	30.62		
学习时间/时	>8	450	29.70	366	30.05	58	36.02	782	31.11	1 656	30.62	9.050	0.433
	>7～8	433	28.58	314	25.78	40	24.84	696	27.68	1 483	27.42		
	>6～7	368	24.29	298	24.47	39	24.22	573	22.79	1 278	23.63		
	≤6	264	17.43	240	19.70	24	14.91	463	18.42	991	18.32		
睡眠时间/时	<8	735	48.51	609	50.00	84	52.17	1 187	47.22	2 615	48.35	20.479	0.015*
	8～<9	509	33.60	423	34.73	56	34.78	856	34.05	1 844	34.10		
	9～<10	206	13.60	127	10.43	10	6.21	361	14.36	704	13.02		
	≥10	65	4.29	59	4.84	11	6.83	110	4.38	245	4.53		

注：* 代表 $P < 0.05$，** 代表 $P < 0.01$。

表8-10　体质测试与相关变量的交叉分析

题目	选项	没测试		不及格		合格		良好		优秀		总计		χ^2	P
		人数 / 人	比例 /%	人数 / 人	比例 /%	人数 / 人	比例 /%	人数 / 人	比例 /%	人数 / 人	比例 /%	人数 / 人	比例 /%		
课业负担状况	1	200	12.71	14	13.46	50	7.05	119	7.63	292	19.97	675	12.48	221.135	0.000**
	2	98	6.23	8	7.69	35	4.94	83	5.32	113	7.73	337	6.23		
	3	192	12.21	18	17.31	84	11.85	220	14.10	207	14.16	721	13.33		
课业负担状况	4	440	27.97	26	25.0	287	40.48	571	36.60	372	25.44	1 696	31.36	221.135	0.000**
	5	317	20.15	18	17.31	151	21.30	332	21.28	245	16.76	1 063	19.66		
	6	125	7.95	6	5.77	43	6.06	114	7.31	89	6.09	377	6.97		
	7	201	12.78	14	13.46	59	8.32	121	7.76	144	9.85	539	9.97		
作业时间/时	＞1.5	584	37.13	40	38.46	271	38.22	584	37.44	586	40.08	2 065	38.18	9.466	0.663
	＞1～1.5	637	40.50	43	41.35	294	41.47	634	40.64	541	37.00	2 149	39.74		
	＞0.5～1	242	15.38	16	15.38	106	14.95	240	15.38	241	16.48	845	15.63		
	≤0.5	110	6.99	5	4.81	38	5.36	102	6.54	94	6.43	349	6.45		
屏幕时间/时	＞1	283	17.99	21	20.19	133	18.76	247	15.83	293	20.04	977	18.07	65.784	0.000**
	＞0.5～1	331	21.04	23	22.12	135	19.04	270	17.31	340	23.26	1 099	20.32		
	＞0～0.5	515	32.74	40	38.46	208	29.34	466	29.87	447	30.57	1 676	30.99		
	0	444	28.23	20	19.23	233	32.86	577	36.99	382	26.13	1 656	30.62		

续表

题目	选项	没测试		不及格		合格		良好		优秀		总计		χ^2	P
		人数 / 人	比例 /%	人数 / 人	比例 /%	人数 / 人	比例 /%	人数 / 人	比例 /%	人数 / 人	比例 /%	人数 / 人	比例 /%		
学习时间/时	＞8	470	29.88	38	36.54	221	31.17	444	28.46	483	33.04	1 656	30.62	29.296	0.004**
	＞7～8	472	30.01	33	31.73	176	24.82	409	26.22	393	26.88	1 483	27.42		
	＞6～7	371	23.59	21	20.19	164	23.13	385	24.68	337	23.05	1 278	23.63		
	≤6	260	16.53	12	11.54	148	20.87	322	20.64	249	17.73	991	18.32		
睡眠时间/时	＜8	720	45.77	51	49.04	366	51.62	795	50.96	683	46.72	2 615	48.35	33.050	0.001**
	8～＜9	557	35.41	38	36.54	241	33.99	531	34.04	477	32.63	1 844	34.10		
	9～＜10	220	13.99	13	12.50	79	11.14	179	11.47	213	14.57	704	13.02		
	≥10	76	4.83	2	1.92	23	3.240	55	3.53	89	6.09	245	4.53		

注：** 代表 $P < 0.01$。

第三节　休息促进青少年体质健康存在的典型问题

我国政府高度重视青少年休息权的保护。《中华人民共和国未成年人保护法》第三十三条第一款和第二款规定：学校应当与未成年学生的父母或者其他监护人互相配合，合理安排未成年学生的学习时间，保障其休息、娱乐和体育锻炼的时间。学校不得占用国家法定节假日、休息日及寒暑假期，组织义务教育阶段的未成年学生集体补课，加重其学习负担。2021年，《教育部办公厅关于进一步加强中小学生睡眠管理工作的通知》对中小学生睡眠进行了规范。本研究对我国青少年休息问题的分析，一方面，基于本研究的调查数据和实地访谈方案；另一方面，则更多地参考了其他研究报告，以凸显当前青少年休息与体质健康促进的相关问题。

一、青少年学生睡眠时间不足，午休条件不足

新中国成立初期，我国对学生休息时间就有明确规定。2007年，《中共中央 国务院关于加强青少年体育增强青少年体质的意见》又明确提出：制定并落实科学规范的学生作息制度，保证小学生每天睡眠10小时，初中生9小时，高中生8小时。调查发现，小学生的主要休息时间在夜间（要保证晚上10：00前睡觉到早晨7：00起床，才能保证9个小时），另外的1个小时就要利用午休时间补充。调查显示，48.35%的学生睡眠不足8小时，睡眠严重不足，亟待引起各界的高度重视。

本研究利用交叉分析来探究睡眠时间对于学段的差异性。从表8–11可以看出，不同睡眠时间样本对于学段呈现出0.01水平的显著性（χ^2=166.221，P=0.000）。对比显示，小学生选择9小时至不足10小时的比例（34.66%）明显高于整体水平（27.59%），初中生选择10小时及以上的比例（41.63%）明显高于整体水平（23.11%）。

现实中，小学生的午休时间基本上得不到保障。一些学校不具备午休条

件，因此，学生午休时间以学生自由活动为主，有时教师会进行某些内容的讲授，但基本上不会安排正式的课程。在学校就餐的小学生和初中生不能立即入睡，而回家就餐的小学生和初中生午餐后就要考虑回校学习，因此小学生和初中生午休时间的利用效果较差。横向比较发现，高中生的午休质量最高，因为高中生自我控制能力更强，因此，高中生的午休相对而言能够保证。

表8-11　睡眠时间与学段的交叉分析

题目	选项	<8 小时		8 ~ <9 小时		9 ~ <10 小时		≥ 10 小时		总计		χ^2	P
		人数/人	比例/%	人数/人	比例/%	人数/人	比例/%	人数/人	比例/%	人数/人	比例/%		
学段	小学	724	27.69	448	24.30	244	34.66	76	31.02	1 492	27.59	166.221	0.000**
	初中	571	21.84	373	20.23	204	28.98	102	41.63	1 250	23.11		
	高中	566	21.64	464	25.16	144	20.45	51	20.82	1 225	22.65		
	大学	754	28.83	559	30.31	112	15.91	16	6.53	1 441	26.65		

注：** 代表 $P < 0.01$。

二、校内外学习时间过长，学习压力增大

中国青少年研究中心“中国少年儿童发展状况研究”课题但于2010年与2015年进行的两次全国大范围调查显示，全国小学生平均在校时间从2010年的6.7小时增加到2015年的8.1小时；初中生平均在校时间从7.7小时增加到11小时。五年间，小学生与初中生在校时间的增幅达到了20.90%与42.86%，在校学习时间显著增加[1]。调查发现，很多学生，尤其是初三、高三年级学生的学习时间会被大量延长，如个别中学，要求学生早晨6：00左右起床，6：30到校学习，并且晚自习通常到晚上8：00或9：00结束，每天在校时间超过12小时。我

[1] 李新玲 . 我国中小学生课内外学习时间“领跑”全球 [EB/OL].（2018-03-01）[2022-07-10].http://news.cyol.com/yuanchuang/2018-03/01/content_16982076.htm.

国很多知名中学的作息时间，严重地挤压了学生的休息、娱乐时间，将大量时间用于学习，从而导致学生学习压力增大。除了校内学习时间较长，校外补习时间也挤压了学生的休息时间。

三、青少年玩电子游戏的时间相对较长，沉浸较深

青少年具有爱好新鲜、寻求刺激的心理，因此，容易被电子游戏中的场景所吸引，从而导致对电子游戏的过度参与。访谈发现，小学阶段，学生主要通过家长的手机或家庭电脑来玩游戏，到初、高中阶段后，学生拥有手机等电子产品的比例更高，学生更多地使用自己的设备玩电子游戏。尤其是电子游戏机能够引起青少年群体的高参与性。因此，电子游戏的普及成为影响青少年休息的重要因素。中国社会科学院大学周华珍教授的调研报告显示：尽管我国大多数青少年每天玩游戏的时间不超过3小时，但依然有18%的青少年每天玩电子网络游戏超过4小时。75%的青少年玩过游戏，其中17.50%的青少年每周玩少于1天的游戏，21.40%的青少年每周玩2～3天的游戏，5.90%的青少年每周玩4～5天的游戏，17.70%的青少年每天都玩游戏，接近两成的青少年存在电子游戏上瘾状况。[1]

四、青少年的休息权没有受到重视，造成压力堆砌

调查发现，青少年群体对休息权的诉求较为强烈。有的学生对学校超时间授课、大量的课外补习等表达了不满，甚至部分学生向教育行政部门举报。但大量的学生会将这种外部压力转化为内在动力，从而在一定程度上提升了学习成绩，尤其是初中三年级和高中三年级的学生。访谈发现，部分高中为了舒缓学生的学习压力，不断将学习压力后置，告诉青少年考上大学就“船到码头车到站”，可以尽情地玩耍。这种只顾短期的压力调整，将压力后置的做法，一定程度上影响了广大青少年对大学生活的误读。在高中阶段高强度的学习下，个

---

[1] 周华珍，王英．健康的社会决定因素对青少年健康行为的影响——基于辽宁地区网络问卷调查数据分析[J]. 青年发展论坛，2018，28（5）：43-58.

别优秀的学生考入理想的大学后，长期以来的心理压力得到了释放，进而降低了对大学阶段学习的要求，导致在进入大学后迷失了方向，学习与发展受到一定程度的影响。

第四节　关于休息促进青少年体质健康的建议

休息就是实现时间的合理维护。从现有的措施来看，青少年普遍认为要预留一定的休息时间，这样才能维护自身的健康。研究显示，睡眠不足会增加青少年对食物的摄入，从而让青少年的能量摄入更多，这不利于健康的维护与成长[1]。

一、严格执行国家和地方政策，保障青少年睡眠时间

充足的睡眠是青少年健康成长的重要因素。在学习和生活中，青少年要保证充足的睡眠时间，从而保障健康成长。国家高度重视青少年的休息权，因此相关学校和家庭要充分认识到青少年睡眠时间的重要性，认识到青少年休息权的关键作用，通过多种手段和措施保证青少年的睡眠。通常，休息权的维护需要做到多主体联动，否则一方的放松可能会抵消另一方的努力。因此，无论是学校还是家庭均要以学生健康成长为第一要务，不能为了某一阶段的学习任务，过度增加青少年的学习时间，从而挤压青少年的睡眠时间。

二、严格控制青少年的屏幕时间，引导正确的游戏观

电子游戏在一定程度上能够锻炼青少年的反应能力，但从总体上来看，对

[1] 李俊主 . 健康新观点——主动休息 [J]. 安全与健康，2007（15）：55.

青少年群体来说，电子游戏的危害更大。学校和家庭要重视教育与引导，尽量为青少年创造远离电子游戏的环境。地方政府严格执行校园200米内不得建设网吧、电子游戏厅的规定，杜绝学生到网吧、电子游戏厅消费的可能性。家长要关注青少年学习工具网络化的转变，严格控制青少年使用电子设备学习的时间，保证青少年视力卫生。

三、尽量减少青少年的学习时间，释放学习压力

我国高度重视青少年的文化学习，并一直在推动青少年减负工作。尽管政府、教育行政部门一直倡导减负，但实际情况并不理想。由此可见，青少年的学习减负工作需要社会各界的配合。当前我国已经初步形成了人才培养的多元化格局，学习成绩对个人未来发展的制约性已经得到了一定程度的改善。未来，国家应进一步确立“全人教育”的发展理念，引导学生从多方面提升自己，而不是依靠单一的学习成绩，使家庭和学校对学习成绩有更理性的认识。本研究对名校的访谈发现，很多学生并不是死学、狠学，而是通过科学的学习方法及对自我的控制，提高了学习效率，达到事半功倍的效果。

四、合理树立青少年的休息观，激发学习动力和奋斗意志

学会休息才能持久地进行学习和工作。长期以来，我国青少年在学校、家长和社会的集体教育下，形成了考试前全力以赴地学习的习惯，牺牲了大量的休息时间，以追求在短期内取得良好的考试成绩。这种学习和休息方式，侵占了青少年本应用于身体生长的必要时间，导致青少年体质健康常常被忽视。这样的学习和休息方式是不利于青少年未来的持续发展的。鉴于此，社会各界要积极倡导松弛有度的学习和休息观，确保学习和休息时间的合理分配。青少年只有学会合理地运用时间、健康地休息，才能更好地激发学习动力和奋斗意志。

第九章

青少年体质健康的建成环境促进因素及影响

国外对于建成环境的研究较为成熟，有分析认为建成环境是指人为建设改造的各种建筑物和场所，尤其是那些可以通过政策、人的行为改变的环境，包括居住、商业、办公、学校及其他建筑的选址与设计，以及步行道、自行车道、绿道等的选址与设计，是与土地利用、交通系统和城市设计相关的一系列要素的组合。[1]由此可见，建成环境是一个涉及多学科的学术概念。

国内学者张健等指出，建成环境是指通过人为地设计建造的社区、学校、家庭和办公场所，既包含自行车道、健身步道等活动区域的人造设施环境，也包括通过政策指引与资源供给能够改变的潜在建成环境。[2]若从公共健康的视角考虑，建成环境特指为公众提供身体锻炼活动的城乡建筑环境空间、休闲生活空间、城乡结构空间等。[3]青少年体质健康的建成环境是影响该群体参与身体锻炼活动的一个重要因素。为此，梳理青少年体质健康建成环境系列研究的标志性成果，对于把握建成环境在我国青少年体质健康方面的积极影响，具有极为重要的作用。

---

[1] HANDY S L，BOARNET M G，EWING R，et al. How the built environment affects physical activity: views from urban planning[J].American journal of preventive medicine，2002，23（S2）：64–73.

[2] 张健，孙辉，张建华，等．儿童青少年身体活动建成环境研究热点解析、前瞻与启示 [J]. 中国体育科技，2020，56（4）：11–19.

[3] 孙红梅，孙强．建成环境对青少年身体活动影响的研究进展 [J]. 山东体育学院学报，2018，34（4）：87–92.

第一节　青少年体质健康建成环境状况——基于受众的分析

建成环境涉及的内容相对较多，但与青少年体质健康相关的部分较少。本研究主要对青少年的通勤方式与通勤时间（主要针对走读生）、周边健身环境和校园健康环境等因素进行分析。

一、青少年的通勤方式与通勤时间分析

从表9-1可以看出，走读生的比例为44.06%。走读生对通勤方式的选择间接展示了外部建成环境的状况。从表9-2可以看出，走读生选择步行上学的比例为41.08%，选择骑自行车上学的比例为10.57%。在通勤方式方面，步行和骑自行车均属于积极的通勤行为，比例达到了51.65%。研究认为，走读能够获得家庭更多的照料，且积极通勤方式的存在，能够影响到青少年的健康水平[1]。

表9-1　走读情况的统计结果

题目	选项	人数 / 人	比例 /%
走读情况	是	2 383	44.06
	否	3 025	55.94

表9-2　走读生的通勤方式的统计结果

题目	选项	人数 / 人	比例 /%
走读生的通勤方式	步行	979	41.08
	骑自行车	252	10.57
	坐公交、地铁、轿车或电动车	1 152	48.34

[1] 梁海祥．居住方式对青少年健康的影响——基于中国教育追踪调查数据的实证研究 [J]. 华中科技大学学报（社会科学版），2017，31（6）：98-107.

从表9–3可以看出，走读生的通勤时间在20分钟之内的比例最高，达到了75.79%，通勤时间在60分钟以上的比例为5.46%。

表9–3 走读生的通勤时间的统计结果

题目	选项	人数 / 人	比例 /%
走读生的通勤时间/分	＞60	130	5.46
	＞50～60	57	2.39
	＞40～50	44	1.85
	＞30～40	70	2.94
	＞20～30	276	11.58
	＞10～20	866	36.34
	≤10	940	39.45

二、青少年的周边健身环境分析

社区建成环境主要包括社区体育健身设施、健身步道、公共自行车设施与数量、建筑土地利用率与社区人口居住密度等方面。本研究基于调查问卷的简约性原则，选择步行到达时间来指称周边健身环境的便利程度。从表9–4可以看出，35.85%的青少年能在10分钟之内步行到达周边健身场所，超过60%的青少年可以在20分钟内步行到达周边健身场所。实地调研发现，社区建筑与设施环境对青少年的身体活动产生重要影响，进而影响他们的体质健康状况。上述建成环境的相关变量涉及社区安全性、道路连通性、自然景观性、土地使用、居住密度、运动场所与步道数量等方面。

表9–4 步行到达周边健身场所的时间的统计结果

题目	选项	人数 / 人	比例 /%
步行到达周边健身场所的时间/分	＞30	1 084	20.04
	＞20～30	1 028	19.01
	＞10～20	1 357	25.09
	≤10	1 939	35.85

三、青少年的校园健康环境分析

从表9–5可以看出，青少年认为校园健康环境状况较好和非常好的比例总计为49.28%，认为校园健康环境状况较差和差的比例总计为10.37%。从调查数据可知，尽管当前校园健康环境状况得到改善，但依旧有提升的空间。

表9–5　校园健康环境状况的统计结果

题目	选项	人数 / 人	比例 /%
校园健康环境状况	较差	258	4.77
	差	303	5.60
	一般	2 182	40.35
	较好	1 615	29.86
	非常好	1 050	19.42

第二节　建成环境对青少年体质健康促进的影响

本研究利用交叉分析来探究两周患病率、BMI、近视状况、体质测试对于建成环境的差异性，旨在揭示建成环境对青少年体质健康的影响。

一、建成环境对青少年两周患病率的影响

本研究利用交叉分析来探究两周患病率对于建成环境的差异性。从表9–6可以看出，不同两周患病率样本对于建成环境未呈现出显著性（$P>0.05$），说明不同两周患病率样本对于建成环境均呈现出一致性，没有显著性差异。

表9–6 两周患病率与建成环境的交叉分析

题目	选项	健康		不健康		总计		χ^2	P
		人数 / 人	比例 /%	人数 / 人	比例 /%	人数 / 人	比例 /%		
建成环境	较差	229	4.74	29	5.03	258	4.77	3.446	0.486
	差	274	5.67	29	5.03	303	5.60		
	一般	1 965	40.67	217	37.67	2 182	40.35		
	较好	1 439	29.78	176	30.56	1 615	29.86		
	非常好	925	19.14	125	21.70	1 050	19.42		

二、建成环境对青少年BMI的影响

本研究利用交叉分析来探究BMI对于建成环境的差异性。从表9–7可以看出，不同BMI样本对于建成环境未呈现出显著性（$P>0.05$），说明不同BMI样本对于建成环境均呈现出一致性，没有显著性差异。

三、建成环境对青少年近视状况的影响

本研究利用交叉分析来探究近视状况对于建成环境的差异性。从表9–8可以看出，不同近视状况样本对于建成环境未呈现出显著性（$P>0.05$），说明不同近视状况样本对于建成环境均呈现出一致性，没有显著性差异。

四、建成环境对青少年体质测试的影响

本研究利用交叉分析来探究体质测试对于建成环境的差异性。从表9–9可以看出，不同体质测试样本对于建成环境呈现出显著性（$P<0.01$），说明不同体质测试样本对于建成环境均呈现出差异性。

表9-7　BMI与建成环境的交叉分析

题目	选项	偏轻		正常		超重		肥胖		总计		χ^2	P
		人数 / 人	比例 /%	人数 / 人	比例 /%	人数 / 人	比例 /%	人数 / 人	比例 /%	人数 / 人	比例 /%		
建成环境	较差	93	4.91	125	4.58	20	5.18	20	5.03	258	4.77	15.642	0.208
	差	107	5.65	149	5.46	25	6.48	22	5.53	303	5.60		
	一般	719	37.96	1 137	41.65	151	39.12	175	43.97	2 182	40.35		
	较好	574	30.31	800	29.30	117	30.31	124	31.16	1 615	29.86		
	非常好	401	21.17	519	19.01	73	18.91	57	14.32	1 050	19.42		

表9-8　近视状况与建成环境的交叉分析

题目	选项	300 度以下		300 ~ 600 度		600 度以上		不近视		总计		χ^2	P
		人数 / 人	比例 /%	人数 / 人	比例 /%	人数 / 人	比例 /%	人数 / 人	比例 /%	人数 / 人	比例 /%		
建成环境	较差	79	5.21	57	4.68	7	4.35	115	4.57	258	4.77	19.710	0.073
	差	76	5.02	60	4.93	11	6.83	156	6.21	303	5.60		
	一般	598	39.47	545	44.75	62	38.51	977	38.86	2 182	40.35		
	较好	454	29.97	334	27.42	56	34.78	771	30.67	1 615	29.86		
	非常好	308	20.33	222	18.23	25	15.53	495	19.69	1 050	19.42		

表9-9　体质测试与建成环境的交叉分析

题目	选项	没测试		不及格		合格		良好		优秀		总计		χ^2	P
		人数/人	比例/%	人数/人	比例/%	人数/人	比例/%	人数/人	比例/%	人数/人	比例/%	人数/人	比例/%		
建成环境	较差	82	5.21	4	3.85	34	4.80	58	3.72	80	5.47	258	4.77	33.413	0.007**
	差	84	5.34	4	3.85	47	6.63	93	5.96	75	5.13	303	5.60		
	一般	629	39.99	43	41.35	316	44.57	656	42.05	538	36.80	2 182	40.35		
	较好	484	30.77	36	34.62	189	26.66	469	30.06	437	29.89	1 615	29.86		
	非常好	294	18.69	17	16.35	123	17.35	284	18.21	332	22.71	1 050	19.42		

注：** 代表 $P < 0.01$。

第三节 建成环境促进青少年体质健康存在的典型问题

在城市建设过程中，体育设施虽然引起了国际关注，但在我国的城市规划中，与体育相关的建成环境关注度较低，尚未形成一定的规模。这制约了建成环境对青少年体质健康的促进。

一、体育场地建设与城市发展衔接度不高

在我国的城市建设中，大量体育设施建设注重规模，却忽视了与群众体育需求的匹配；尤其是大型体育设施的修建，尽管增加了广大人民群众的体育设施面积，但因功能配置和地处区域的限制，这些设施难以为普通的民众所使用，无法发挥其作用。同时，我国一些学校内部的体育设施无法做到开放使用，导致学校周边的居民无法使用学校体育设施，直接降低了学校体育设施的使用效率，进一步加剧了体育健身场所的短缺。

尽管针对城市社区建设，《城市社区体育设施技术要求》（JG/T 191—2006）要求社区开发商在建设的同时，要配备必要的体育设施，但由于体育行政部门不具有执法权，相关房地产开发商并没有严格按照城市社区体育设施建设标准执行，导致我国城市社区内体育设施建设不足。

二、体育等建成环境用地不足

近年来，尽管政府的投资使体育设施有所改善，尤其是在城市，但城乡差距仍然显著，农村地区的体育设施匮乏，严重限制了农村青少年的体育活动。农民体育健身工程虽然实施多年，但许多体育设施已经废弃，没有得到有效的维护。在城市中，尤其是中小城市，体育公园设施建设存在不规范问题，竞技性的体育公园数量较多，而大众休闲性的体育公园相对较少。大量建设的青少年户外休闲营地远离城市，不便于日常使用，青少年只能利用假期和周末的时间进行体育锻炼。很多体育公园的建设，只是简单的体育设施的堆砌，缺乏相

应运动项目文化的融入，无法吸引青少年积极参与。

三、体育相关用地使用效率不高

在城市发展过程中，一些公共设施用地均可能与体育相关，这为相关公共服务的开展提供了便利条件，如在城市公园中增设体育健身设施，将城市高架桥下的空地改建为体育活动的场地等。但综合来看，仅有少数建设思路相对开放、经济条件允许的城市开展了试点，体育用地的使用效率有待提高。

与建成环境相关的绿地、体育用地等，具有一定的功能趋同性。尽管近年来我国出台了多项推进建成环境的政策，尤其是鼓励地方政府积极利用废弃的厂房、空间等修建青少年体育场，但在城市建设进程中大量的公共用地被占用，绿地、体育用地等难以得到标准配备。城市公园内部缺乏必要的体育设施，体育设施所在地空间存在严重限制。

四、社区对青少年体质健康的接纳性较差

社区体育设施的建设没有呈现出与青少年需求相匹配的态势。当前，社区体育设施主要满足中老年群体的需求，无法与青少年的体育需求相匹配。青少年体育群体期待刺激、新鲜的项目和设施，而这在社区体育中难以实现，影响了青少年在社区参与体育活动的积极性，进而影响了我国青少年体质健康水平的提升。青少年参与体育活动主要依靠学校，但单纯依靠学校的体育活动和设施，难以发挥学校、社区和家庭三者的协同作用。

第四节　关于建成环境促进青少年体质健康的建议

从前述建成环境对青少年体质健康促进的影响及其典型问题的分析中，我

们可以提供如下改进建成环境的系列建议，以期提高青少年的体育活动参与水平，促进青少年体质健康。

一、合理规划户外健身场地与城市不同地块的连通性

城市公共空间氛围的营造要把户外小型运动场地或健身场地与不同土地板块间的连通性作为首要考虑因素，改变过去提倡大而全的体育场馆设施建设目标，实施化整为零、化大为小的计划，避免因大型场馆设施建设造成城市交通拥堵、场馆利用率低、重复建设等弊端。在全民健身与“健康中国”建设的背景下，政府应改变从前以修建专业性的大型体育场馆、运动中心、健身中心为主的单一、大工程建设的局面，充分考虑不同地段健身设施的利用率，比如社区居住地段、商用广场地段、单位周边空旷地段、公共交互空间地段等，确保土地板块间的连通性、便利性、可达性、商业性与公益性。同时，随着智能化与大数据的广泛运用，基于计算机与地理信息系统的建成环境与体力活动大尺度空间监控技术的不断成熟，制定儿童青少年特定目标群体的干预措施，从而促进青少年体质健康。[1]建议增加区域范围内的健身场所、运动场地的密度，缩小土地板块单一性用途的面积。例如，在大型商业广场内外可以规划设计轮滑、篮球、滑冰、滑雪、游泳、射箭、健身等体育娱乐项目场所，在休闲公园根据地理环境配置健身设施与器材等。

二、落实紧凑型用地布局，提高建成环境的功能混合度

在紧凑型用地布局方面，考虑商业服务与休闲娱乐等相关设施的空间集聚效应，尽量缩短出行距离，提高出行效率，达到青少年体质健康促进的时间碎片化效果；在提高建成环境功能复合性与混合度方面，建议社区纳入居住、办公、商业、文化娱乐、健身休闲等功能，搭建多元化配套设施，如引进适宜儿

[1] 王璇，贺刚，张胜南．儿童青少年体力活动与建成环境研究热点与演进脉络 [J]. 中国运动医学杂志，2020，39（1）：72–78.

童青少年群体的教育培训机构（体育活动与健身项目）、青少年活动中心、健身中心等，构建时长不等的“健身圈”“15分钟社区生活圈”，从而提高包括青少年在内的居住群体的生活满意度，提高他们的生活质量。来自国外的一项研究[1]表明，在封闭式环境中，儿童青少年更容易受到大众传媒的信息传播内容的影响，从而实现身体活动行为的正向引导与活动水平的有效提升，在医院、学校与公共交通等特定环境里，大众传媒往往表现出更具有针对性的影响。大众传媒的非正式性、可持续性、激发性的信息在潜移默化中营造出一种积极身体活动的环境氛围。基于儿童青少年对于外部世界信息的接收情况，无论是正向还是负向的信息内容，都会在不知不觉中产生深远影响。因此，社会的主要责任是抢占信息环境高地，为儿童青少年的健康营造身体活动与健康促进的社会支持环境。大众传媒有责任提供正确的身体活动行为促进理念、方法与策略，引导大众识别潜在健康风险、保持健康的行动，并提出具体的实施建议。[2]在儿童青少年的日常生活中信息建成环境几乎无处不在。建议在体育公园或运动绿地增加公益性健身指导标识，进而限制眼花缭乱、过度包装的商业性广告，增加儿童青少年健康行为的推广和信息传播内容。

三、考虑小型公共绿地对潜在使用人群的可达性

在密集居住区域增大活动场地的面积占比，在功能密集区域着重加强环境品质的优化；规划设计应与周边其他绿地形成互补，共同构建促进青少年健康的绿地空间网络。在空间布局方面，绿地设计者应该提供足够容量的体力活动场所和丰富完善的活动空间类型，进而满足不同人群（儿童、青少年、中年人、老年人）的不同活动需求；在种植设计方面，建议采用高冠树木与休憩设施、活动空间紧密结合的形式，在适当增加植被覆盖率的同时避免布置大面积

[1] BERKOWITZ J M，HUHMAN M，NOLIN M J. Did augmenting the VERB campaign advertising in select communities have an effect on awareness，attitudes，and physical activity？[J].American journal of preventive medicine，2008，34（6 Suppl）：S257–S266.

[2] 郭强，汪晓赞．儿童青少年身体活动行为的解构与重识——基于社会生态学的视角 [J]. 沈阳体育学院学报，2020，39（4）：17–22.

无法进入的绿地，步道的铺设应与周边步道网络相连，且密度不宜过高；在环境层面的设计方面，需要保障场地具有良好的开放性，适宜在人流量大的临街街面结合无障碍设施设置开敞式入口空间，利用滨水空间布置休闲设施或健身设施，从而保证滨水活动场地规模，以提高其对健身活动的吸引力；在完善功能设施方面，充分布置充足的户外座椅，还要考虑提供多样化的休憩设施，如木质座椅，进而提高休憩的舒适度。例如，各类公园可以利用花坛边缘和树池四周集中布置座椅，提供遮阳设施；在树木或休憩座椅旁设置健身器材；铺设适宜密度的照明设施，保证夜间场地照明度能够满足青少年安全与健康的活动需求。[1]

四、优化居住区域空间环境的布局

减少主干道周边住宅布局（或者住宅与主干道距离适当拉开），尤其是在上坡、立交桥和隧道等容易发生交通拥堵的路段，进而减少汽车尾气对周边住宅区域的青少年呼吸系统健康的直接影响；或者通过在主干道道路两侧、立交桥可用空间种植可以吸附PM2.5等大气污染颗粒的绿色植物。另外，要充分考虑建筑物对周围社区通风状况的影响，通过合理的布局来提高住宅区的通风效果，尽可能不要对社区环境的风向造成干扰。对于底层为商业区、上层为居住区的混合住宅，即将要开业的餐饮店要征询居住区居民的意见，已开业的店铺要完善油烟收集与净化系统，对烟道进行改造，避免油烟排放到人行道和楼上住宅区域，保障餐饮从业人员、消费者与附近居民的身体健康。[2]烧烤店铺与摊位，应避免与居住区域距离太近，且应该安装吸烟罩、配套的抽油烟机及净化处理设备。实施立体绿化方案，如实施阳台绿化、屋顶绿化、平台绿化的三维空间绿化布局。

---

[1] 关芃，徐小东，徐宁，等. 以人群健康为导向的小型公共绿地建成环境要素分析——以江苏省南京市老城区为例 [J]. 景观设计学，2020，8（5）：76–92.

[2] 陈春，谌曦，罗支荣. 社区建成环境对呼吸健康的影响研究 [J]. 规划师，2020，36（9）：71–76.

第十章

青少年体质健康的社会决定因素总体评价

前述第四至第九章是对青少年体质健康的社会决定因素的分解，即从体育、健康教育、校园卫生、营养摄入、休息、建成环境等维度对青少年体质健康的影响进行了深度分析。由于建成环境也是一个集成性概念，故不再纳入整体分析。课题组认为，单项分类研究只能呈现一个维度的问题，无法呈现社会决定因素对青少年体质健康的总体影响。因此，在分类研究的基础上，本研究借助对青少年体质健康的社会决定因素的总体判断，以5个主要因素和青少年体质健康的4个主要标准为依据，进行二元和有序逻辑回归分析，以探究相关要素对青少年体质健康的影响程度，为我国进一步认识青少年体质健康问题并制定相应对策提供依据。

需要明确的是，前面几章已经分析了相关要素对青少年体质健康的影响，针对在促进青少年体质健康中存在的问题，给出了相应的建议。鉴于前文已经进行了细致的分析，本章只回顾社会决定因素对青少年体质健康的影响，而不再对存在的问题和对策进行阐述。

第一节　社会决定因素对青少年两周患病率的影响

本研究在运用逻辑回归分析之前，对模型是否能用逻辑回归分析进行验证。

从表10-1可以看出，*P*=0.000，拒绝原假设，模型可以利用逻辑回归分析。

表10-1　社会决定因素对青少年两周患病率影响的检验方程

步骤0	*B* 值	标准误差	瓦尔德值	自由度	*P*	*Exp*（*B*）
常量	-2.127	0.044	2 328.146	1	0.000	0.119

从表10-2可以看出，休息与健康教育对青少年两周患病率有显著性影响，而体育、营养摄入和校园卫生等3个要素对青少年两周患病率的显著性影响不明显。

表10-2　社会决定因素对青少年两周患病率影响的变量分析

步骤1a	*B* 值	标准误差	瓦尔德值	自由度	*P*	*Exp*（*B*）
休息	0.118	0.026	19.956	1	0.000	1.125
体育	0.029	0.028	1.890	1	0.297	1.300
营养摄入	0.071	0.106	0.444	1	0.505	1.740
校园卫生	-0.006	0.048	0.017	1	0.898	0.994
健康教育	0.108	0.049	4.955	1	0.026	1.114
常量	-3.210	0.292	120.970	1	0.000	0.040

注：a 表示在步骤 1 输入自变量：休息、体育、营养摄入、校园卫生、健康教育。

第二节　社会决定因素对青少年BMI的影响

此处模型检验的原假设为：是否放入自变量（休息、体育、营养摄入、校园卫生、健康教育），模型质量均一样。从表10-3可以看出，拒绝原假设（χ^2=84.595，*P*=0.000），即说明本次构建模型放入的自变量具有有效性，本次模型构建有意义。

表10-3 社会决定因素对青少年BMI影响的逻辑回归模型似然比检验

模型	-2 倍对数似然值	χ^2	自由度	*P*	*AIC* 值	*BIC* 值
仅截距	11 821.493					
最终模型	11 736.898	84.595	15	0.000	11 772.898	11 891.619

从表10-4可以看出，本研究将休息、体育、营养摄入、校园卫生、健康教育共5项作为自变量，将BMI作为因变量进行多分类逻辑回归分析（并且以BMI的第一项即偏轻作为参照项进行对比分析），因而最终会有3个模型公式。最终模型公式如下：

ln（正常/偏轻）=0.780+0.095×休息+0.029×体育+（–0.296）×营养摄入+（–0.016）×校园卫生+（–0.085）×健康教育

ln（超重/偏轻）=1.246+0.102×休息+0.021×体育+（–0.449）×营养摄入+0.015×校园卫生+（–0.024）×健康教育

ln（肥胖/偏轻）=–0.644+0.027×休息+0.010×体育+（–0.217）×营养摄入+（–0.046）×校园卫生+（–0.142）×健康教育

（1）相对于体重偏轻来讲，在体重正常的前提之下，休息的回归系数值为0.095，并且呈现出0.01水平的显著性（z=5.312，P=0.000），说明休息会对BMI产生显著的正向影响关系。

体育的回归系数值为0.029，但是并没有呈现出显著性（z=1.488，P=0.137），说明体育并不会对BMI产生影响关系。

营养摄入的回归系数值为–0.296，并且呈现出0.01水平的显著性（z=–4.560，P=0.000），说明营养摄入会对BMI产生显著的负向影响关系。

校园卫生的回归系数值为–0.016，但是并没有呈现出显著性（z=–0.483，P=0.629），说明校园卫生并不会对BMI产生影响关系。

健康教育的回归系数值为–0.085，并且呈现出0.01水平的显著性（z=–2.635，P=0.008），说明健康教育会对BMI产生显著的负向影响关系。

（2）相对于体重偏轻来讲，在超重的前提之下，休息的回归系数值为0.102，并且呈现出0.01水平的显著性（z=3.067，P=0.002），说明休息会对BMI产生显著的正向影响关系。

体育的回归系数值为0.021，但是并没有呈现出显著性（z=0.576，P=0.565），说明体育并不会对BMI产生影响关系。

营养摄入的回归系数值为-0.449，并且呈现出0.01水平的显著性（z=-3.486，P=0.000），说明营养摄入会对BMI产生显著的负向影响关系。

校园卫生的回归系数值为0.015，但是并没有呈现出显著性（z=0.248，P=0.804），说明校园卫生并不会对BMI产生影响关系。

健康教育的回归系数值为-0.024，但是并没有呈现出显著性（z=-0.395，P=0.693），说明健康教育并不会对BMI产生影响关系。

（3）相对于体重偏轻来讲，在肥胖的前提之下，休息的回归系数值为0.027，但是并没有呈现出显著性（z=0.817，P=0.414），说明休息并不会对BMI产生影响关系。

体育的回归系数值为0.010，但是并没有呈现出显著性（z=0.295，P=0.768），说明体育并不会对BMI产生影响关系。

营养摄入的回归系数值为-0.217，但是并没有呈现出显著性（z=-1.669，P=0.095），说明营养摄入并不会对BMI产生影响关系。

校园卫生的回归系数值为-0.046，但是并没有呈现出显著性（z=-0.782，P=0.434），说明校园卫生并不会对BMI产生影响关系。

健康教育的回归系数值为-0.142，并且呈现出0.05水平的显著性（z=-2.462，P=0.014），说明健康教育会对BMI产生显著的负向影响关系。

表10-4　社会决定因素对青少年BMI影响的多分类逻辑回归分析结果

题目	值	正常	超重	肥胖
休息	回归系数值	0.095	0.102	0.027
	z值	5.312	3.067	0.817
	P	0.000**	0.002**	0.414
体育	回归系数值	0.029	0.021	0.010
	z值	1.488	0.576	0.295
	P	0.137	0.565	0.768

续表

题目	值	正常	超重	肥胖
营养摄入	回归系数值	−0.296	−0.449**	−0.217
	z值	−4.560	−3.486	−1.669
	P	0.000**	0.000**	0.095
校园卫生	回归系数值	−0.016	0.015	−0.046
	z值	−0.483	0.248	−0.782
	P	0.629	0.804	0.434
健康教育	回归系数值	−0.085	−0.024	−0.142
	z值	−2.635	−0.395	−2.462
	P	0.008**	0.693	0.014*
截距	回归系数值	0.780**	1.246**	−0.644
	z值	4.220	−3.527	−1.874
似然比检验		χ^2（15）=84.595，P=0.000		
因变量：BMI				
McFadden$R$方：0.007				
Cox&Snell$R$方：0.016				
Nagelkerke$R$方：0.017				

注：* 代表 $P<0.05$，** 代表 $P<0.01$。

第三节　社会决定因素对青少年近视状况的影响

此处模型检验的原假设为：是否放入自变量（休息、体育、营养摄入、校园卫生、健康教育），模型质量均一样。从表10-5可以看出，拒绝原假设（χ^2=128.799，P=0.000），即说明本次构建模型放入的自变量具有有效性，本次模型构建有意义。

表10-5　社会决定因素对青少年近视状况影响的逻辑回归模型似然比检验

模型	−2 倍对数似然值	χ^2	自由度	P	AIC 值	BIC 值
仅截距	12 469.887					
最终模型	1 234.188	128.799	15	0.000	1 237.788	12 495.809

从表10-6可以看出，本研究将休息、体育、营养摄入、校园卫生、健康教育共5项作为自变量，而将近视状况作为因变量进行多分类逻辑回归分析（并且以近视状况的第一项即300度以下作为参照项进行对比分析），因而最终会有3个模型公式。最终模型公式如下：

ln（300～600度/300度以下）=−0.006+0.079×休息+0.027×体育+（−0.244）×营养摄入+（−0.035）×校园卫生+（−0.024）×健康教育

ln（600度以上/300度以下）=−2.228+0.218×休息+0.045×体育+（−0.324）×营养摄入+（−0.049）×校园卫生+（−0.111）×健康教育

ln（不近视/300度以下）=0.722+（−0.081）×休息+0.002×体育+0.104×营养摄入+（−0.076）×校园卫生+0.048×健康教育

（1）相对于300度以下来讲，在300～600度的前提之下，休息的回归系数值为0.079，并且呈现出0.01水平的显著性（z=3.418，P=0.001），说明休息会对近视状况产生显著的正向影响关系。

体育的回归系数值为0.027，但是并没有呈现出显著性（z=1.900，P=0.276），说明体育并不会对近视状况产生影响关系。

营养摄入的回归系数值为−0.244，并且呈现出0.01水平的显著性（z=−2.745，P=0.006），说明营养摄入会对近视状况产生显著的负向影响关系。

校园卫生的回归系数值为−0.035，但是并没有呈现出显著性（z=−0.846，P=0.398），说明校园卫生并不会对近视状况产生影响关系。

健康教育的回归系数值为−0.024，但是并没有呈现出显著性（z=−0.589，P=0.556），说明健康教育并不会对近视状况产生影响关系。

（2）相对于300度以下来讲，在600度以上的前提之下，休息的回归系数值为0.218，并且呈现出0.01水平的显著性（z=4.237，P=0.000），说明休息会对近视状况产生显著的正向影响关系。

体育的回归系数值为0.045，但是并没有呈现出显著性（*z*=0.849，*P*=0.396），说明体育并不会对近视状况产生影响关系。

营养摄入的回归系数值为–0.324，但是并没有呈现出显著性（*z*=–1.773，*P*=0.076），说明营养摄入并不会对近视状况产生影响关系。

校园卫生的回归系数值为–0.049，但是并没有呈现出显著性（*z*=–0.550，*P*=0.583），说明校园卫生并不会对近视状况产生影响关系。

健康教育的回归系数值为–0.111，但是并没有呈现出显著性（*z*=–1.276，*P*=0.202），说明健康教育并不会对近视状况产生影响关系。

（3）相对于300度以下来讲，在不近视的前提之下，休息的回归系数值为–0.081，并且呈现出0.01水平的显著性（*z*=–4.177，*P*=0.000），说明休息会对近视状况产生显著的负向影响关系。

体育的回归系数值为0.002，但是并没有呈现出显著性（*z*=0.104，*P*=0.917），说明体育并不会对近视状况产生影响关系。

营养摄入的回归系数值为0.104，但是并没有呈现出显著性（*z*=1.323，*P*=0.186），说明营养摄入并不会对近视状况产生影响关系。

校园卫生的回归系数值为–0.076，并且呈现出0.05水平的显著性（*z*=–2.142，*P*=0.032），说明校园卫生会对近视状况产生显著的负向影响关系。

健康教育的回归系数值为0.048，但是并没有呈现出显著性（*z*=1.387，*P*=0.165），说明健康教育并不会对近视状况产生影响关系。

表10–6　社会决定因素对青少年近视状况影响的多分类逻辑回归分析结果

题目	值	300 ~ 600 度	600 度以上	不近视
休息	回归系数值	0.079	0.218	−0.081
	*z*值	3.418	4.237	−4.177
	P	0.001**	0.000**	0.000**
体育	回归系数值	0.027	0.045	0.002
	*z*值	1.900	0.849	0.104
	P	0.276	0.396	0.917

续表

题目	值	300 ~ 600 度	600 度以上	不近视
营养摄入	回归系数值	−0.244	−0.324	0.104
	*z*值	−2.745	−1.773	1.323
	P	0.006**	0.076	0.186
校园卫生	回归系数值	−0.035	−0.049	−0.076
	*z*值	−0.846	−0.550	−2.142
	P	0.398	0.583	0.032*
健康教育	回归系数值	−0.024	−0.111	0.048
	*z*值	−0.589	−1.276	1.387
	P	0.556	0.202	0.165
截距	回归系数值	−0.006	−2.228**	0.722**
	*z*值	−0.024	−4.323	3.455
似然比检验		χ^2（15）=128.799，*P*=0.000		
因变量：近视状况				
McFadden*R*方：0.010				
Cox&Snell*R*方：0.024				
Nagelkerke*R*方：0.026				

注：* 代表 $P<0.05$，** 代表 $P<0.01$。

第四节　社会决定因素对青少年体质测试的影响

此处模型检验的原假设为：是否放入自变量（休息、体育、营养摄入、校园卫生、健康教育），模型质量均一样。从表10–7可以看出，拒绝原假设（χ^2=140.943，*P*=0.000），即说明本次构建模型放入的自变量具有有效性，本次模型构建有意义。

表10-7 社会决定因素对青少年体质测试影响的逻辑回归模型似然比检验

模型	-2 倍对数似然值	χ^2	自由度	P	AIC 值	BIC 值
仅截距	15 291.472					
最终模型	15 150.530	140.943	20	0.000	15 198.530	15 356.825

从表10-8可以看出，本研究将休息、体育、营养摄入、校园卫生、健康教育共5项作为自变量，而将体质测试作为因变量进行多分类逻辑回归分析（并且以体质测试的第一项即没测试作为参照项进行对比分析），因而最终会有4个模型公式。最终模型公式如下：

ln（不及格/没测试）=-2.675+（-0.051）×休息+0.000×体育+0.284×营养摄入+（-0.036）×校园卫生+（-0.060）×健康教育

ln（合格/没测试）=-0.376+0.012×休息+0.020×体育+（-0.188）×营养摄入+（-0.001）×校园卫生+（-0.057）×健康教育

ln（良好/没测试）=0.337+（-0.003）×休息+0.051×体育+（-0.175）×营养摄入+0.030×校园卫生+（-0.085）×健康教育

ln（优秀/没测试）=0.128+（-0.145）×休息+（-0.050）×体育+0.134×营养摄入+0.013×校园卫生+0.067×健康教育

（1）相对于没测试来讲，在不及格的前提之下，休息的回归系数值为-0.051，但是并没有呈现出显著性（z=-0.856，P=0.392），说明休息并不会对体质测试产生影响关系。

体育的回归系数值为0.000，但是并没有呈现出显著性（z=0.000，P=1.000），说明体育并不会对体质测试产生影响关系。

营养摄入的回归系数值为0.284，但是并没有呈现出显著性（z=1.109，P=0.267），说明营养摄入并不会对体质测试产生影响关系。

校园卫生的回归系数值为-0.036，但是并没有呈现出显著性（z=-0.336，P=0.737），说明校园卫生并不会对体质测试产生影响关系。

健康教育的回归系数值为-0.060，但是并没有呈现出显著性（z=-0.565，P=0.572），说明健康教育并不会对体质测试产生影响关系。

（2）相对于没测试来讲，在合格的前提之下，休息的回归系数值为0.012，但是并没有呈现出显著性（z=0.429，P=0.668），说明休息并不会对体质测试产生影响关系。

体育的回归系数值为0.020，但是并没有呈现出显著性（z=0.701，P=0.484），说明体育并不会对体质测试产生影响关系。

营养摄入的回归系数值为–0.188，但是并没有呈现出显著性（z=–1.802，P=0.072），说明营养摄入并不会对体质测试产生影响关系。

校园卫生的回归系数值为–0.001，但是并没有呈现出显著性（z=–0.030，P=0.976），说明校园卫生并不会对体质测试产生影响关系。

健康教育的回归系数值为–0.057，但是并没有呈现出显著性（z=–1.194，P=0.232），说明健康教育并不会对体质测试产生影响关系。

（3）相对于没测试来讲，在良好的前提之下，休息的回归系数值为–0.003，但是并没有呈现出显著性（z=–0.144，P=0.885），说明休息并不会对体质测试产生影响关系。

体育的回归系数值为0.051，并且呈现出0.05水平的显著性（z=2.243，P=0.025），说明体育会对体质测试产生显著的正向影响关系。

营养摄入的回归系数值为–0.175，并且呈现出0.05水平的显著性（z=–2.101，P=0.036），说明营养摄入会对体质测试产生显著的负向影响关系。

校园卫生的回归系数值为0.030，但是并没有呈现出显著性（z=0.769，P=0.442），说明校园卫生并不会对体质测试产生影响关系。

健康教育的回归系数值为–0.085，并且呈现出0.05水平的显著性（z=–2.237，P=0.025），说明健康教育会对体质测试产生显著的负向影响关系。

（4）相对于没测试来讲，在优秀的前提之下，休息的回归系数值为–0.145，并且呈现出0.01水平的显著性（z=–6.710，P=0.000），说明休息会对体质测试产生显著的负向影响关系。

体育的回归系数值为–0.050，并且呈现出0.05水平的显著性（z=–2.140，P=0.032），说明体育会对体质测试产生显著的负向影响关系。

营养摄入的回归系数值为0.134，但是并没有呈现出显著性（z=1.489，P=0.137），说明营养摄入并不会对体质测试产生影响关系。

校园卫生的回归系数值为0.013，但是并没有呈现出显著性（z=0.322，P=0.748），说明校园卫生并不会对体质测试产生影响关系。

健康教育的回归系数值为0.067，但是并没有呈现出显著性（z=1.694，P=0.090），说明健康教育并不会对体质测试产生影响关系。

表10-8 社会决定因素对青少年体质测试影响的多分类逻辑回归分析结果

题目	值	不及格	合格	良好	优秀
休息	回归系数值	−0.051	0.012	−0.003	−0.145
	z值	−0.856	0.429	−0.144	−6.710
	P	0.392	0.668	0.885	0.000**
体育	回归系数值	0.000	0.020	0.051	−0.050
	z值	0.000	0.701	2.243	−2.140
	P	1.000	0.484	0.025*	0.032*
营养摄入	回归系数值	0.284	−0.188	−0.175	0.134
	z值	1.109	−1.802	−2.101	1.489
	P	0.267	0.072	0.036*	0.137
校园卫生	回归系数值	−0.036	−0.001	0.030	0.013
	z值	−0.336	−0.030	0.769	0.322
	P	0.737	0.976	0.442	0.748
健康教育	回归系数值	−0.060	−0.057	−0.085	0.067
	z值	−0.565	−1.194	−2.237	1.694
	P	0.572	0.232	0.025*	0.090
截距	回归系数值	−2.675**	−0.376	0.337	0.128
	z值	−4.430	−1.328	1.491	0.542
似然比检验	χ^2（20）=140.943，P=0.000				
因变量：体质测试					
McFadden$R$方：0.009					
Cox&Snell$R$方：0.026					
Nagelkerke$R$方：0.027					

注：* 代表 $P<0.05$，** 代表 $P<0.01$。

第十一章

典型国家青少年体质健康政策的建设启示

本研究考虑到全球青少年体质健康问题表现出一定的趋同性，主要肥胖、身体活动不足和近视，因此将重点分析国际青少年体质健康治理经验，主要通过美国的案例进行深入研究。课题组选择美国的主要原因是美国青少年体质健康治理方式相对系统。课题组前期已经发表了有关美国青少年体质健康政策的协同特征的文章。本研究主要从行政决策的角度梳理美国青少年体质健康政策，揭示美国青少年体质健康治理的相关特征。

美国实施普惠型的少年福利制度，如“不让一个学生掉队（No Child Left Behind）”计划，在学校中为低收入家庭的孩子提供相应的支持；在学校福利方面，也重点照顾低收入家庭的学生。

第一节　青少年体质健康政策体系多元化

美国积极颁布身体活动和营养的政策。美国国家教育委员会协会发布了《健身、健康和准备学习：一项学校健康政策指导，2000》（*Fit*，*Healthy*，*and Ready to Learn*：*A School Health Policy Guide*，*2000*），为学校的相关主体提供健身健康的指导与教育。美国将体育和营养作为促进青少年体质健康的战略手段。在体育方面，美国积极利用联邦和州对于各级学校体育的重视，推进学校体育的标准化建设，同时积极推动学校内部和校外的体育活动开展，强烈建议青少年按照青少年体育锻炼指南进行体育锻炼，达到每天60分钟中等强度的锻炼标准。在身体活动的推进过程中，美国高度重视体育与其他相关身体活动的协同作用，如步行或骑行去校园、在学校上下楼梯、课间的身体活动等。2008年，美国健康和公共事业部颁布了首个全民身体活动指南，其中包括针对青少年身体活动的部分。经过10余年的运行，在相关调研的基础上，美国卫生与公共服务部发布了新版的《全民健身活动指南》（*Physical Activity Guidelines for Americans*），对第1版的内容进行了更新。在学校内部，美国较早实施了整体性的校园身体活动项目（comprehensive school physical activity programs），包含5个方面的主要内容，如高质量的体育教育、学前后的体育活动、学校期间的体育活动（包括休息和课堂活动）、工作人员参与、家庭和社区参与。

美国的政府体制让其联邦政府和州政府具有较大的自主权。因此，联邦政府呼吁更多的州采取一项全面的学校体育活动政策，并规定了每周体育活动时间、体育活动百分比（或分钟）和体育活动强度。学校的体育活动政策的表述往往过于模棱两可，需要更明确和更具体的语言，如中等强度身体活动，而不是体育活动，这样才能更有效地影响青少年的体育活动。美国国家运动和体育教育协会将体育活动融入完整的工作日中，为全国各类人群提供了大量的身体活动指南，这些指南适用于学校、工作场所等不同环境。

在营养政策方面，美国发挥了联邦政府和州政府的积极作用，制定了多样化的营养政策。美国推行国家学校午餐计划（national school lunch program，NSLP）和学校早餐计划（school breakfast program，SBP），要求提供的膳食必须符合联邦定义的营养标准，以便学校有资格获得联邦补贴（现金补偿和商品食品）。美国农业部要求参加NSLP和SBP的学校的食物符合某些推荐的营养标准，自1995年以来，还必须遵守针对美国人的饮食指南。

营养教育是协调学校健康教育的一个重要组成部分。当学校环境的变化与课堂营养教育相结合时，学生的饮食模式更有可能得到改善。在全美范围内，只有科罗拉多州和俄克拉何马州不要求学校提供健康教育。2006年，美国疾病控制与预防中心的研究发现，70.00%的州要求在小学、初中和高中传授营养和饮食行为的知识，并将其作为健康教育课程的一部分，大多数学区（83.00%）要求教授营养学内容。学校每年用于教授营养和饮食行为知识的中位小时数为小学3.4小时、初中和高中5小时。在2006年列出的14个主要健康主题中，教师将营养和饮食行为列为他们最希望发展和培训的主题，这表明人们对营养的兴趣和对教师培训的更多需求。

针对学生营养的政策，美国实施了很多配套措施。例如，“从农场到学校”的项目将提供新鲜种植农产品的当地农民与学校食品服务自助餐厅联系起来。这个项目提供了高质量的当地农产品，促进和支持了当地农业发展，并经常直接将农民和儿童联系起来，因为许多这类项目包括师生访问农场和邀请农民到教室分享农业知识，使学生能够学习如何以及在哪里生产食物。又如，2002年美国的农业法案创建了一个创新的试点项目——联邦果蔬计划，为6个州25所学校的学生提供免费的新鲜水果和蔬菜。与学校现有的膳食计划不同，该计划的目的是增加儿童对水果和蔬菜的摄入量。该计划由美国农业部负责实施，资助学校购买水果和蔬菜。2004年，美国国会将该计划永久化并将其扩展到8个州和3个美洲原住民地区。2008年的农业法案再次扩大了该计划，但仅限于小学，特别是低收入家庭的孩子较多的小学。

第二节 学校是青少年体质健康促进的主体

学校在提供体育活动中的作用是通过提高体育活动参与度等增进儿童健康。鼓励和加强社区和家庭环境中的类似活动的对于满足每天60分钟的体育活动和影响健康相关的行为至关重要。

美国卫生与公共服务部的《健康公民2020》的目标是呼吁学校增加符合这些体育活动指导方针的学生比例，并增加参与日常体育教育和其他体育活动的机会，如课间休息、课外活动和积极交通。2010年，美国多个健康相关组织联合发布的国家体育活动计划，强调学校应达到体育活动的质量和数量标准。美国公共卫生、医疗、政府组织和相关机构还呼吁学校采取更多策略，为学生提供优质的体育教育以及放学之前、期间和之后的体育活动机会，并作为与社区合作的基石，推动体育活动的开展。美国医学研究所的2012年肥胖预防报告呼吁学校应成为预防肥胖的核心，并要求所有教育机构采纳高质量的体育教育的要求，其中包括关注技能发展，以及课外的体育活动机会，所有这些建议都强调了学校在教育中的重要职责。

第三节 各级政府和相关社会组织发挥作用

美国联邦政府和州政府都积极承担保障青少年健康的责任。联邦政府层面推出了全民健身计划，且针对青少年群体发布了体育运动健身指南，为国家校园午餐推广提供大量的资金支持。美国全国性的大型组织，如基督教青年会、更健康一代联盟、国家娱乐和公园协会、美国男孩和女孩俱乐部，已经在它们的项目中执行了这些标准。美国营养与饮食学会（Academy of Nutrition and Dietetics，AND）、营养教育协会（Society for Nutrition Education，SNE）和美国学校食品服务协会（American School Food Service Association，ASFSA）积极推动社会形成对青少年营养的共识。美国营养与饮食学会的立场是儿童和青少年应该获得充足的健康和安全食品，以促进最佳的身体、认知、社会成长和发展。美国实施的营养援助计划，如食品援助和膳食服务计划及营养教育计划，在满足这一关键需求方面发挥着至关重要的作用。营养援助计划创建了一张安全网，确保有营养不良风险的儿童和青少年能够获得安全、充足和有营养的食物。得益于联邦政府的资助，这一计划帮助确保儿童和青少年摄入足够的能量和营养，以满足其生长和发育需求，特别是为女性，有缺铁性贫血、超重或有医疗风险因素的婴儿和儿童提供补充营养食品和营养教育。此外，联邦政府资助的营养援助计划是对抗饥饿和粮食不安全的一种手段，也是推广营养教育和预防或减少肥胖与慢性病的体育活动的工具。重要的是，要为这些对儿童和青少年福祉产生积极影响的项目提供持续的资金支持。

第四节　青少年体质健康治理获得政府的财政支持

据了解，美国联邦政府每年拨给学生营养餐项目的补贴为210亿美元。校园餐费用与家庭收入挂钩：家庭收入在贫困线1.3倍以下的学生，均可免费用餐；高于贫困线85%的学生，则可享受折扣价，但价格不得超过40美分。午餐价格由当地教育机构来决定。学校提供每份营养午餐，就可以从联邦政府获得0.21至2.24美元的资助。

针对美国课外活动（out-of-school time，OST）项目，除了联邦的法规，一些州特别是加利福尼亚州和北卡罗来纳州，有专门的州资金流来支持OST项目。值得注意的是，许多OST项目也通过联邦项目获得资金，包括美国教育部的21世纪社区学习中心（21st century community learning centers，21st CCLC）和联邦儿童保育发展街区赠款项目。此外，一些OST项目可能会选择参加美国农业部的一个或多个儿童营养项目，包括儿童和成人护理食品计划、国家学校午餐计划和夏季食品服务项目。这些联邦项目支持为低收入家庭服务的学校，并制定零食和膳食的营养标准。

第五节　循证决策的评估思路得到较好执行

美国在执行与完善青少年体质健康政策方面，建立了相对完整的政策评估体系。这个体系通过对既往政策的实施情况进行评估，为后续政策完善提供相应的借鉴，并提出了几个比较成熟的框架模型。美国学者创立了学校身体活动政策评价指标体系（school physical activity policy assessment），该指标体系主要评估学校每天的体育活动时长和体育活动中的活动时间比例。美国学校营养协会在全国范围内率先评估了这些政策及其实施情况。2006年，美国学校营养协会发布了一份报告，调查了100个最大学区的政策，随后又对美国7个地区的140个学区进行了随机抽样调查。这两项研究的研究结果都很相似，即大多数（87%～99%）的书面政策满足了法律规定的相关要求，即为学校膳食、点菜和自动售货机制定营养标准，以及要求进行体育活动、营养教育的实施和评估。

大约2/3的地区还针对筹款者、庆祝活动、聚会，以及教师使用食物作为奖励制定了营养标准。美国学校营养协会的研究显示，在政策的不同组成部分中，膳食和自动售货机的营养标准更可能被强制执行，而筹款者、聚会和教师使用食物作为奖励的营养标准则更可能被鼓励执行。

大多数美国儿童的饮食并不符合美国人的饮食指南，也没有达到推荐的每日体育活动水平。因此，当前美国超重的儿童数量比以往任何时候都多。预防肥胖需要尽早开始，要重点关注生活的环境，如家庭、学校和社区。学校可以通过创造有利于健康饮食和体育活动的环境来帮助儿童对抗肥胖，美国疾病控制与预防中心已经确定，这是解决儿童肥胖问题的十大最有前途的学校政策之一。

第六节　校外时间的青少年体质健康促进工作受到重视

美国对校外时间的重视与我国当前提倡的“5+2”模式较为类似。OST项目为学龄儿童在学前、学后和暑假期间提供学术和社会发展的机会。OST项目还为儿童提供食物和体育活动。有1 000多万美国儿童参加了OST项目，其中近一半来自低收入家庭。由于覆盖范围广、焦点集中，OST项目是很有前途的，可以通过促进健康饮食和体育活动来降低儿童肥胖的风险。因OST项目缺乏关于如何促进健康饮食和体育活动的全面指导，所以美国校外联盟制定了课外时间健康饮食和体育活动标准来解决这一问题。

美国提出了促进青少年体质健康的战略，摘录如下。

战略1：通过协作性学校健康计划（coordinated school-health program，CSHP）解决体育活动和营养问题。CSHP可以提供一种系统的方法，通过健康教育、体育教育和健康学校等来促进学生的健康和学习。

战略2：建立一个积极的学校卫生委员会，并指定一名学校卫生协调员。在地区一级建立学校卫生委员会和在学校一级建立学校卫生小组是实现持久关注促进体育活动和健康饮食的有效方式。一个学校卫生委员会或团队由教育工作者、家长和社区成员组成，他们就学校卫生计划的各个方面提供建议和支持。

战略3：加强学校的营养和体育活动政策。学校的营养和体育活动政策可以规定学生参加体育活动的频率和哪些物品可以进入学校自动售货机，确定健康教育应涵盖的主题和技能，以及哪些自助餐厅将为学生提供食物。

战略4：实施针对学校工作人员的高质量健康促进计划。工作人员的健康促进计划为工作人员提供了参与健康评估、营养课程、体育活动计划和其他健康促进活动的机会。

战略5：实施高质量的健康教育学习课程。美国国家健康教育标准可以作为调整健康教育课程、指导和评估实践的框架。

战略6：实施高质量的体育学习课程。从幼儿园到12年级的日常的、有计划的、连续的体育课程和教学，应符合美国国家体育课程标准。

战略7：增加学生从事体育活动的机会。学校应为所有的学生提供多种参与体育活动的机会，如步行往返学校，参加体育活动俱乐部、校内体育项目。

战略8：实施高质量的膳食计划。美国的国家学校午餐计划和学校早餐计划为学校提供了安全、营养均衡的膳食。

第十二章

我国青少年体质健康政策的扩散类型及其影响因素

政策扩散也称政策创新扩散、政策学习和政策转发等，是不同政策制定主体对相关领域政策的分析、借鉴、采用和融合的过程与结果[1]。因为公共政策的制定以政府为主，所以政策扩散较好地展示了各级政府对相关政策的学习、借鉴能力与动机。按照政策扩散的向度，政策扩散可分为纵向维度扩散（自上而下和自下而上）、水平维度扩散等类型[2]。青少年体质健康促进政策是政府部门为促进青少年体质健康，出台的具有普遍约束意义的法律法规与意见、规划、计划等规范性文件[3]。

政策类型是按照分类标准对政策进行的分类。本研究将公共政策内容的关涉程度作为标准，如政策内容关涉相对单一则为单一型政策，如政策内容关涉相对较多则为复合型政策。

政治势能是指公共政策发文的不同位阶所展示出不同强弱的政治信号，它是我国核心理念的政治表达。政策文件出台时的位阶就是政治势能强弱的重要标志。政治势能通过“借势成事”等形式存在[4]，高政治势能表征了政府的高位

---

[1] 陈芳．政策扩散、政策转移和政策趋同——基于概念、类型与发生机制的比较 [J]. 厦门大学学报（哲学社会科学版），2013（6）：8–16.

[2] 周望．政策扩散理论与中国“政策试验”研究：启示与调适 [J]. 四川行政学院学报，2012（4）：43–46.

[3] 郇昌店．基于 HiAP 框架论青少年体质健康政策体系 [J]. 山东体育学院学报，2016，32（1）：5–11.

[4] 贺东航，孔繁斌．中国公共政策执行中的政治势能——基于近 20 年农村林改政策的分析 [J]. 中国社会科学，2019（4）：4–25.

推动模式。

既往对政策扩散的研究更多地关注具体政策扩散中的政府行为，并归纳了政策扩散的模式及影响因素。政策类型是影响政策扩散的重要因素，但现有研究尚未将视角扩展到我国特有的政治势能领域。政治势能作为近年来兴起的新表述，表征了与政府等级相关的权力位阶，是国家治理的重要变量。基于此，本研究建构政策类型与政治势能的框架，综合考察这两者对政策扩散的影响，能够较为全面地呈现现实状况，为政策完善提供建议。

本研究建构以政治势能与政策类型相交叉的象限，根据前述对政策类型的限定，按照政治势能位阶分为高（党中央、国务院）、中（中央各部委及办公厅）、低（省级及以下）三个层次。需要明确的是，政治势能位阶是一个相对的表述，当具体到省域的时候，省委、省政府又转变为高政治势能。本研究对低政治势能的政策扩散分析，只分析其水平维度和向上维度的扩散，而不再考察省域内自上而下的扩散。研究认为，省级政府作为政策扩散的中介，对自上而下的层级扩散和自下而上的吸纳扩散意义非常明显[1]，因此本研究将省级及以下作为同一个政治势能层次。

政策扩散因政策内容的区别导致扩散效果明显不同，如《国务院食品安全办等6部门关于进一步加强学校校园及周边食品安全工作的意见》在地方的扩散效果极好，源于校园食品安全相较体育活动等内容，更容易引起地方政府的重视。因此，为消除政策扩散中政策内容的影响，本研究对政策的选择以体育为主，辅之体质健康促进条例，从而最大程度地保证政策内容的一致性。

客观而言，低政治势能相关主体出台的体质健康促进政策，可能和高、中政治势能政策主体的指示或要求相关，本研究对低政治势能政策的扩散分析，不溯及政策源头。因此，本研究在分析低政治势能主体发布的政策时，以“地方体育中考改革方案”和学生体质健康促进条例作为分析对象。

---

[1]　王浦劬，赖先进 . 中国公共政策扩散的模式与机制分析 [J]. 北京大学学报（哲学社会科学版），2013，50（6）：14–23.

第一节 青少年体质健康政策的扩散类型

本研究将我国青少年体质健康政策的扩散类型细分为五种：主动型扩散、实验型扩散、稳健型扩散、选择型扩散和断点型扩散。本研究根据选择的政策的扩散状况，呈现政策扩散的微观特征。

一、高（中）政治势能——单一型政策：主动型扩散

主动型扩散体现了下一级政府部门对上级颁布的政策积极进行转发、制定实施方案的扩散方式。主动型扩散从扩散时间上来看极为短暂，呈现在短时间内形成转发与实施方案密集出台的状况。主动型扩散，源于高政治势能推动下单一型政策的扩散便利。

2016年5月6日，《国务院办公厅关于强化学校体育促进学生身心健康全面发展的意见》（国办发〔2016〕27号，以下简称“国办27号文件”）发布，全国共有25个省政府办公厅出台了实施文件。其中，第一个出台的是2016年7月16日安徽省皖政办〔2016〕33号文件，最迟到2018年9月30日，吉林省教育厅等七部门以“吉教联〔2018〕51号”发布执行性文件。吉林省和江苏省实施文件的起草均由省教育厅等七个和九个部门负责，部门协同的态势明显。国办27号文件扩散时序，分别为2016年9个、2017年14个和2018年2个省（自治区、直辖市）。

“每天一小时体育活动”从20世纪80年代就开始强调。2011年“保证中小学生每天一小时校园体育活动”被写入了政府工作报告。2011年7月8日，《教育部关于印发〈切实保证中小学生每天一小时校园体育活动的规定〉的通知》（教体艺〔2011〕2号，以下简称“教育部2号文件”）发布后，共搜集到18份省级教育行政部门转发文件。山西省2011年7月27日首次以“晋教体〔2011〕12号”文件的名义进行了转发，其中2011年共有17个省级教育行政部门转发。2012年广东省（粤教体函〔2012〕17号）转发，其是属于比较晚的。本研究对扩散时序的分析发现，18个省（自治区、直辖市）的扩散时间不足1年，时间相对较短。

现有研究显示，当政策内容和目标相对单一时，地方政府能够较好地理解上位政策的相关设计，从而制定相应的实施方案[1]。青少年体质健康作为地方政府的软约束的内容，类似政策的主动型扩散，其中的关键是政府的高位推动。

二、高政治势能——复合型政策：稳健型扩散

稳健型扩展表明相关高政治势能的主体发布政策后，源于政策内容的复杂性，从而保持相对稳健的扩散状态，扩散时间相对漫长。针对高位驱动的复杂性政策问题，地方政府在扩散过程中相当谨慎，基于地方实际会进行地方性探索，相关厅局联合制定执行文件后，按程序报相关部门审批。

我国青少年体质健康问题的严重性，引起了高层的持续关注。2007年4月23日，中共中央政治局会议研究“加强青少年体育工作”。2007年5月7日，《中共中央　国务院关于加强青少年体育增强青少年体质的意见》（中发〔2007〕7号，以下简称“中央7号文件”）的颁布成为新中国成立以来首次最高层面对青少年体育工作与青少年体质健康的推进。尽管该政策以“青少年体育”为主，但政策内容中涉及卫生、营养、减轻课业负担等内容。“中央7号文件”的扩散时间共5年，其中2007年4个、2008年16个、2009年6个、2010年2个和2011年1个省（自治区、直辖市）。

“中央7号文件”发布以后，引起了各级政府的关注，该政策扩散的时间较漫长。教育部、国家体育总局和原卫生部分别发布了部委实施方案，上述三部委与共青团中央又专门发布了实施文件。笔者通过文献梳理发现，在省级政府层面，全国除港澳台地区，省级政府共发布29份执行文件，其中4个省（自治区、直辖市）文件无法获取，纳入分析的共25份省（政府或党委）发布的文件。内蒙古自治区以内政发〔2007〕101号发布了第一份省级政府层面的文件，用时不到半年。至2011年，中共上海市委、上海市人民政府出台《关于切实提高青

---

[1] 潘凌云，王健，樊莲香．我国学校体育政策执行的制约因素与路径选择——基于史密斯政策执行过程模型的分析[J]．体育科学，2015，35（7）：27-34.

少年学生身心健康水平实施学生健康促进工程的通知》，共耗时近5年。本研究对25个省级政府部门发文时间的分析发现，平均用时544天，最短为155天，最长为1 516天。从前期省级政府颁布的相关政策文本[1]与上海市政策比较来看，后者的政策质量明显超越了既往政策。

“中央7号文件”的体例是“3部分20条”，地方政府对其进行了探索，如黑龙江省的方案是7部分21条，将“中央7号文件”每部分进行了细分，包括体育中考要求达到100分、体质监测经费纳入义务教育办学经费、体育教师指导学生锻炼额外计算工作量、农村体育设施与农民体育健身工程结合、建设少年军校等内容。但其忽视了“中央7号文件”对校医、营养的关注，说明地方政府对“中央7号文件”的落地措施均进行了地方改造。《体育教学》杂志在“中央7号文件”颁布五周年和十周年时进行了系统性回顾，客观而言，“中央7号文件”对学校体育工作的促进作用较为明显，但对青少年体质健康促进的功能需要再考察。历经多年发展，尤其是政策执行至今，尚未在全国层面形成较为系统和成熟的青少年体质健康的体系，政策效力衰减的现象需要引起重视。

三、中政治势能——复合型政策：选择型扩散

选择型扩散指地方政府基于自身利益对不同政策类型、项目进行扩散的行为。相对而言，地方政府倾向于扩散目标相对容易实现、内容较为单一的政策。由于政策扩散的选择性，扩散时序和时长等不容易判断。

体育活动是实现青少年体质健康的重要措施，受到各界的广泛关注。早在1980年共青团中央就出台政策，推进青少年体育活动，后续教育、文化等部门也将其作为重要内容予以推进。但将青少年体育活动作为单独的政策出台，尤其是7部委联合发布，凸显了国家对青少年体育工作的高度重视。“十二五”期间，在国家发展改革委、财政部征询各部委财政转移支付专项时，国家体育总局

[1] 刘海元，袁国英. 全国10省市区贯彻“中央7号文件”精神及实施意见的研究[J]. 武汉体育学院学报，2008（8）：10-16.

报送的“青少年体育活动促进计划”（以下简称“计划”）项目被选中，成为国家支持的转移支付项目。“计划”作为项目相继纳入《青少年体育“十二五”规划》《关于加快构建现代公共文化服务体系的意见》《“健康中国2030”规划纲要》等。通过事件史的梳理，本研究发现作为项目的“计划”实施于2010年[1]，因其被纳入位阶较高的政策中，在各地政府公共文化服务、全民健身计划中得到体现。

2017年，“计划”由工作项目上升为专项政策，且由7部委发布。多政策主体参与制定和发布，体现主体的权威性、政策内容关涉的全局性和战略性。但7部委发布的《青少年体育活动促进计划》，到目前为止尚未见到省级政府转发。

就实施难度而言，作为项目的“计划”尽管纳入地方政府的相关规划或计划，但属于对上级文件的“直接移植”。但作为公共政策的“计划”下发后，尤其是囊括了国家发展改革委、财政部、民政部等重要部委以7部委的名义下发后，该政策的落地涉及地方政府多部门的协同问题。笔者在个别省调研期间发现，鉴于“计划”已经纳入当地《全民健身实施计划（2016—2020年）》和公共文化体系建设方案，如果再出台具体的实施方案，那么需要多个厅局协作，难度极大。由此可见，地方政府倾向于扩散作为中央转移支付项目的政策，而对难度较大和财政投入较多的政策积极性明显不高。

四、低政治势能——单一型政策：实验型扩散

实验型扩散指地方政府根据实际对青少年体质健康的关键问题（如体育中考），采取逐步实验和完善的方案，表现出方案和内容的多元性，目前缺乏统一普遍的标准。实验型扩散表现在主体多元、时间混杂，一地或多地开展政策的地方化探索。

我国体育中考的推行，与我国教育理念更新和教育改革密切相关。2007年，“中央7号文件”对体育中考作出了指导，后续尽管出台了《教育部关于进一步推进高中阶段学校考试招生制度改革的指导意见》，但中考的主要实施主

[1] 彭泽明. 中国公共文化百科全书[M]. 重庆：重庆出版社，2015.

体是省级和地（市）级地方政府。2017年全国220个中考地市，其中以初三“统考”为标准的共129个，而“日常考核+统考”的共91个[1]，体育中考的分值与项目等也极为分散。安徽省体育中考分值由2013年的35分增长至2023年的60分。2015—2017年南京市体育中考尽管分值没有变化，但评分标准逐年提高，男生3分钟跳绳满分标准依次为350个、370个和390个。由此可见，我国体育中考明显呈现出“以省为纲”或“以市为纲”的多元格局，突出表现了体育中考运行的实验性特征。从表12-1可以看出，体育中考政策的实验型扩散，耗费时间较长。尤其是云南省新中考方案体育为100分，与传统语数外科目分值相同，引起了社会的广泛关注，体现了云南省青少年体育健康促进工作的系统性。云南省方案的地方实施与扩散，亟待引起中央及其他省（自治区、直辖市）的关注，实现实验型扩散走向公共政策的路径。

表12-1 部分地区体育中考方案

地区	实施年度 / 年	实施前分数 / 分	实施后分数 / 分
天津市	2022	30	40
上海市	2008	—	30
云南省	2023	50	100
福建省	2020	30	40
南昌市	2019	—	55
无锡市	2022	30	40
武汉市	2023	30	50
成都市	2019	50	60

五、低政治势能——复合型政策：断点型扩散

断点型扩散主要指地方政府的相关政策在扩散时呈现点状、不连贯的状态，相关政策间的联系不紧密，政策扩散的时间较为漫长。

[1] 邵申．梳理、比较及反思：上海市体育中考若干问题研究 [D]. 上海：华东师范大学，2018.

2007年底，江苏省教育厅启动了《江苏省学生体质健康促进条例》起草工作，于2009年7月29日江苏省十一届人大常委会第十次会议通过，并于2009年9月1日起施行。九年以后的2018年，山东省通过了《山东省学生体质健康促进条例》，成为又一个省级层面推进学生体质健康促进立法的地区。比较而言，山东省的政策条文更为具体，且添加了学生使用电子产品的具体限定。除江苏省和山东省在省级层面出台学生体质健康促进条例外，云南省在体质健康政策建设方面亮点突出。2008年，经云南省人民政府同意，云南省教育厅出台《云南省减轻中小学生课业负担增强青少年体质的规定》，落实中央相关部署。2011年8月31日，昆明市第十三届人民代表大会常务委员会第五次会议审议通过《昆明市中小学生体质健康促进条例》，经云南省第十一届人民代表大会常务委员会第二十六次会议批准实施该条例。鉴于当前青少年体质健康问题突出，云南省人大代表已建议省人大常委会就《云南省学生体质健康促进条例》进行立法，明确提出要学习江苏省、山东省在该领域的立法经验。

尽管江苏省和山东省相继出台针对青少年体质健康的地方立法，但是其政策扩散时序为9年，即使将昆明市的立法算在内，时间间隔也较长。从政策性质比较来看，地方政府的学生体质健康促进条例属于地方性法规，而前述涉及“通知”“计划”等属于部门规章，约束性明显不同。立法体现了对青少年体质健康的高度关注。部分专家学者、人大代表等倡议青少年体质健康立法，但实际情况进展缓慢。

第二节　青少年体质健康政策扩散的影响因素

本研究的分析框架是在政策类型和政治势能的交叉下确立的，因此对影响因素的分析也需围绕于此，其他诸如环境制约等不在本研究的分析范畴。分析政策扩散类型时，笔者发现个别模式存在典型“悖论”，如教育部2号文件与《青少年体育活动促进计划》在内容上体现了体育活动的关涉，且后者由7部委联合发布比教育部单发的政治势能更强，但其扩散效果反而没有前者好，即体现了政策类型的决定性。

一、政策目标在基层实现有难度

青少年体质健康问题的长期性、艰巨性，是持续推进政策建设的原动力，同时也对政策目标的设置形成统摄性。青少年体质健康属于复杂性社会问题，需全社会参与，尤其要发挥以学校为主要阵地，以体育活动和营养为主要途径的作用，因此要驱动学校、家庭和社区等利益主体，与体育活动、营养、公共卫生等要素在特定政策内部组成协作关系，而这是有一定的难度的。"中央7号文件"就秉承总体性治理的思路，而国办27号文件和教育部2号文件均将重点放在学校体育领域，政策目标实施难度不一致。

客观而言，在同等政治势能下，政策目标相对单一、目标容易实现的政策，其扩展效果相对较好。如"保证中小学生每天一小时校园体育活动"的要求，要求各级教育行政部门留出体育锻炼时间、完善体育健身设施和加强体育健身指导等内容，在当前普遍重视身体健康素养、迎合体育考试的背景下，属于相对容易实现的政策要求。尤其是该政策强化上级督导，教育部对全国各地的扩散执行状况进行了持续督导检查，较好地推动了该政策的扩散与落实[1]。《青少年体育活动促进计划》的发布与实施需要协同不同政府部门，政策实施需调动学校、社会的积极参与，保障社区体育健身设施设置和体育社会组织建设，在实际运行中面临的障碍更多。因此，发文部门中除涉及教育、体育等传统领域外，将国家发展和改革委员会、财政部、民政部等部门纳入，凸显了青少年体育活动促进内容关涉的艰巨性、相关基础工作的全面性，且需要地方多部门达成政策共识，难度相对较大。同时，该文件的督导权限放在地方政府部

---

[1] 李秋菊，祖彬，叶东海.2012年中小学生每天一小时校园体育活动专项督导检查情况总结[J].中国学校体育，2013（7）：6–9.

门手中，纳入全民健身计划督导中，明显降低了其外在约束性。2013年两会期间，钟南山院士就“中央7号文件”的执行落实情况提出质询案，对该文件的执行效果提出疑问，但尚未获得有效回应。该政策正在被淡忘，人们对此项政策的认知日趋窄化，政策的正向效应也逐步出现衰减倾向[1]。由此可见，政策的扩散状况与目标实现的难易程度密切相关。

二、政策措施是否回应地方需求

青少年体质健康促进政策要在基层扩散，因此政策措施能否解决基层面临的现实问题，成为制约政策扩散的关键变量。在促进青少年体质健康的过程中，体育社会组织的持续发展就是关键性的且棘手的问题之一。2000年，国家体育总局自上而下认定了5 000多所“国家级青少年体育俱乐部”，但调研发现大量青少年体育俱乐部发展不好，内在动力严重不足，外部环境限制明显[2]。国家级青少年体育俱乐部的遴选要求，如根据学校等“五个依托”建设、强调公益性导向等导致后续发展乏力。青少年体育俱乐部采用自上而下的认定式培养模式，国家给予少量的扶持经费后，却忽视了此类公益性组织的持续运行问题，如内部成员的薪酬发放、服务收费标准等。个别地区出现依托学校建设青少年体育俱乐部时，因收费问题导致学校领导被处分的事件。青少年体育俱乐部发展面临的问题具有普遍性，迫切需要相关政策的解决。“计划”在征求地方政府意见时，地方体育行政部门希望对青少年体育俱乐部的收费、人员薪酬等方面给予明确的指导，以推动地方政府对人员管理、服务创收等的进一步优化[3]。学者对“计划”分析后发现，其政策内容与其他政策趋同特征明显，相关问题尽管一直在强调，但长期得不到解决，这与无法满足地方政府及相关利益群体的诉求相关。地方政府在综合权衡中央政策与自身利益后，会对相关政策

[1] 吴键．为了健康中国阳光体育不能偃旗息鼓——“中央 7 号文件”颁布 10 周年的回顾与思考 [J]. 体育教学，2017，37（5）：9–11.

[2] 孙荣会．国家级青少年体育俱乐部内部治理研究 [J]. 北京体育大学学报，2017，40（6）：12–18.

[3] 李岩．我国青少年体育俱乐部财税支持政策研究 [D]. 北京：北京体育大学，2019.

作出调整，这种调整一方面是为了中央政策地方化，丰富政策的执行资源，另一方面是将政策不断细化，使其更具操作性与执行性[1]。

三、政策扩散主体的层级限制

青少年体质健康政策扩散与处于中间位置的省级政府行为密切相关。《中华人民共和国宪法》规定：地方各级人民政府对上一级国家行政机关负责并报告工作。我国在社会治理过程中，纵向维度的政府形成了特有的行政发包制[2]，对上一级政府负责成为地方政府的主要诉求。

因为我国地方政府政策执行行为都在宽泛的省级管理环境中运作，省级部门的贯彻性、指导性意见对地方政府有效贯彻具有独立影响。省级政府转发和实施方案能够体现出地方化、本土化和现实化。地方政府对上级政策的转发和制定相应政策的实施意见便成为政策地方化的基本方式[3]。中央政策在经过省级政府的转发或制定实施方案后，对地方政府更有效地执行变得尤为重要。在我国特色的政策扩散格局中，处于中间位置的政府需要为相关政策的本地化落实提供必要的支持与保障。在中国的层级治理体制下，省级政府处于中央政府和地方政府的中间环节，是层级最高的地方政府，因此省级政府的相关行为在治理过程中尤为关键。从作为公共政策的《青少年体育活动促进计划》、“中央7号文件”和教育部2号文件的扩散来看，省级层面的扩散推动了相关政策在地方的落地状况。部分地方行政部门表示，体育行政部门尽管作为首位发布《青少年体育活动促进计划》，但并没有细化的职能分工和上级部门转发，鉴于地方体育行政部门缺乏专门的青少年体育机构，扩散状况不理想可以理解。

---

[1] 佘宇，等 . 我国经济适用住房政策的效果评估与发展前景研究 [M]. 北京：中国发展出版社，2012.

[2] 朱水成 . 政策执行的中国特征 [J]. 学术界，2013（6）：15–23.

[3] 向德平，田丰韶，栾普学 . 骆家嘴村：政策实施与乡村秩序的重构 [M]. 武汉：华中科技大学出版社，2012.

四、地方经验扩散的适用性

调研发现，部分地方政府在地方实践中，实际工作和政策建设成效显著，但相关经验的适用性是能否扩散的关键。如上海市在青少年体育工作方面，已经推行了青少年体育俱乐部星级管理制度，且其随着社会发展，评估指标也在逐年更新，分别发布了《2016—2018年上海市青少年体育俱乐部星级评定细则》《2019—2021年上海市青少年体育俱乐部星级评定细则》等文件，开展了青少年体育俱乐部优秀夏令营评选、“你点我送”体育服务进社区等活动。

江苏省在青少年体质健康领域首次通过立法手段，出台了《江苏省学生体质健康促进行动计划（2012—2015年）》，作出了表率，但后续关于“学生体质健康促进”的立法却延迟了多年。国内围绕“强制体育”的研究[1]显示了通过立法形式推广强制体育行为具有一定合理性，但各界的普遍呼吁与实践领域的立法形成了明显背离，这凸显了地方青少年体质健康立法经验的局限性。

访谈发现，尽管地方政府在政策建设过程中，会充分调研并参照相关地区和同领域的政策建设状况和文本，但都会基于本地的政策执行资源、环境进行客观评价，从而出台相应的地方性政策建设意见。这种以地方为主导的政策实验，主要考虑政策与地方实际状况的适用性，因此其措施与方法等并不具有普遍扩散价值。如为了推动体育消费，江苏省已运行多年的体育消费券，尽管产生了良好的社会效应和经济效应，但全国其他地区借鉴学习的相对较少。但“全民健身大拜年”活动自天津市首创以来，已经迅速成为地方体育行政部门嵌入春节的行政行为，并在全国范围内得到推广。地方政府与国家自上而下的政策试点的扩散效果明显不同[2]，其向上和水平层面的扩散明显不足。地方政策能否在其他地区推进，很大程度上取决于其适用性。

[1] 张晓林．论学校体育中的强制与自由——由学校“强制体育”引发的思考 [J]. 北京体育大学学报，2017，40（12）：78-83.

[2] 武俊伟．政策试点：理解当代国家治理结构约束的新视角 [J]. 求实，2019（6）：28-40.

第十三章

公共政策对影响青少年体质健康的社会决定因素的应对

青少年是祖国的未来，是国家建设的主导力量。党和政府高度重视我国青少年的发展问题，其中尤为关注青少年的体质健康。政府颁布的公共政策是我国青少年体质健康治理的重要工具与直接体现。对公共政策的历程进行分析，能够洞悉政府等主体对青少年体质健康介入的手段与方法[1]。新中国成立以来，党和政府针对青少年体质健康问题，出台了大量政策，投入了较大精力，产生了积极效果。毛泽东主席曾给时任教育部部长马叙伦写信提出“健康第一，学习第二”的教育指导思想。长期以来，“健康第一”作为我国青少年体质健康治理的主导思路，随着政府立法得到明确推进。公共政策逐渐代替了领导人的指示、讲话等形式，成为青少年体质健康治理的重要工具，为我国青少年体质健康发展提供了坚实保障。

根据青少年体质健康政策的定义[2]，本研究将公共政策搜集的领域明确为体育、健康教育、校园卫生、休息和营养摄入等领域。为研究我国青少年体质健康治理的转变，本研究系统搜集了1949—2021年的青少年体质健康政策，借助

[1] 张文鹏，何秋鸿，段莉．我国学校体育政策研究的热点、问题与展望——基于 CNKI 收录文献的计量分析 [J]. 体育成人教育学刊，2019，35（2）：1–9.

[2] 郇昌店，张文鹏，陈红，等．中国青少年体质健康政策研究中研究对象飘移及矫正思路 [J]. 首都体育学院学报，2021，33（1）：111–116.

《体育事业统计年鉴》、“北大法宝”网站和体育行政部门出版的政策文件汇编等，共搜集青少年体质健康政策406项。本研究通过分析不同领域的青少年体质健康政策，辅以关键事件、重大会议和关键决议等，对我国青少年体质健康治理进行深度分析，为青少年体质健康治理的完善提供对策建议。

第一节　公共政策对影响青少年体质健康的社会决定因素的治理历程

本研究以我国青少年体质健康治理的重要政策、重大会议和重大决定等为依据，将青少年体质健康治理历程分为如下阶段。

（1）1949—1965年：校园和社会协同促进，减负降压。

（2）1966—1998年：组织导向，围绕学校的法律法规建设。

（3）1999—2011年：体育课程导向，多元促进并进。

（4）2012年至今：政府责任叠加，多元主体参与。

基于历史阶段的分析，本研究系统梳理了各阶段青少年体质健康治理政策的特征。

一、1949—1965年：校园和社会协同促进，减负降压

新中国成立后，受教育发展限制，青少年入学率较低。1949年小学生在校人数仅为2 439万人，仅占适龄儿童的20.00%。广大青少年散布在社会中，体质健康主要依靠公共卫生保健措施。由此可见，新中国成立初期的青少年体质健康治理明显分为学校领域和社会领域两个方面。从表13-1可以看出，除新中国成立初期学校学生占青少年的比例较低外，1978年后学校学生占青少年的比例持续提高，青少年体质健康治理以学校为主具有合理性[1]。

---

[1]　郇昌店．青少年体质健康如何滋养了中国社会科学[J]. 河北体育学院学报，2016，30（1）：1-9.

表13-1 不同年份我国学生在校人数及比例统计表

年份 / 年	小学		初中		高中		大学	
	人数 / 万人	毛入学率 /%	人数 / 万人	毛入学率 /%	人数 / 万人	毛入学率 /%	人数 / 万人	毛入学率 /%
1949	2 439	20.00	95	3.10	32	1.10	11.7	0.26
1965	11 621	84.70	1 171	22.00	613	14.60	19.5	1.95
1978	14 624	94.00	4 995	66.40	1 885	35.10	228	2.70
1990	12 241	97.80	3 917	66.70	1 529	26.00	382	3.40
2000	13 013	99.10	6 256	88.60	2 447	42.80	1 229	12.50
2010	9 941	99.85	5 279	100.10	4 677	82.50	3 105	26.50
2020	10 725.4	99.95	4914.1	102.50	3 935	91.20	3 285.3	54.40

新中国成立以来，青少年体质健康受到各界高度关注。新中国的成立，极大激发了广大师生参与政治活动和生活活动的热情，但由于学生学习负担较重，参与体育活动和睡眠的时间较少，生活水平低，营养差，严重影响了学生的身体健康[1]。针对一些地区只重视青年工作，而不顾其身体健康的倾向，毛泽东主席提出："我们今天需要的青年是有活力、有热情、有干劲和坚强意志的革命青年！今天的青年学生应该是既有文化，又会劳动；既用脑，又用手，既能文，又能武的全面发展的新人。"[2]这为新中国的青年工作指明了方向。

新中国成立初期，青少年体质健康治理主要采取减轻学习负担、降低活动难度、舒缓青少年成长压力的措施。针对学生营养不足、健康状况不良的情况，毛泽东主席于1950年和1951年两次给时任教育部部长马叙伦写信，强调要各校注意健康第一，学习第二，营养不良酌情增加经费，减少学习和开会时间[3]。针对当时青少年体质健康普遍存在的问题，1951年政务院（后改称国务院）发布了《关于改善各级学校学生健康状况的决定》，直面青少年学生的体质健康问题，这是我国首次以公共政策的形式部署青少年体质健康治理，政

[1] 何东昌．中华人民共和国教育史（上卷）[M]. 海口：海南出版社，2007.
[2] 周世钊．毛泽东青少年时期锻炼身体的故事 [M]. 北京：人民体育出版社，1978.
[3] 熊晓正，钟秉枢．新中国体育 60 年 [M]. 北京：北京体育大学出版社，2010.

策措施中包含体育、休息等内容。1951年11月26日，中国人民保卫儿童全国委员会成立，大力推动含体质健康在内的儿童福利发展。1953年,《中共中央关于加强党对青年团的领导给各级党委的指示》指出，党和青年团就必须经常照顾青年长身体的特点，充分满足青年在休息与文化、娱乐、体育活动等方面的要求，以免因学习和工作负担过重而损害青年的健康。1954年，高等教育部、教育部、卫生部、中央人民政府体育运动委员会联合通知，要求卫生、体育部门及相关单位组建学校保健指导委员会，指导学校保健工作的开展。1954年，《中央人民政府体育运动委员关于公布“准备劳动与卫国”体育制度暂行条例、暂行项目标准、预备级暂行条例的公告》以劳卫制的形式推动群众性体育的发展，极大地促成了我国群众体育运动的开展。同年，中央人民政府体育运动委员会、高等教育部、教育部、卫生部、团中央、全国学联（全称中华全国学生联合会）等单位联合发出《关于在中等以上学校中开展群众性体育运动的联合指示》，掀起了我国中学和大学群众性体育活动的新高潮。

“劳卫制”强调学校的重要性，极大地激发了青少年参与体育锻炼的热情，后因为体育“大跃进”不良思想的影响，出现了与体质健康促进相背离的要求和行为。为此，国家对“劳卫制”的标准和要求进行了及时调整。1960年5月，中共中央、国务院颁发的《关于保证学生、教师身体健康和劳逸结合问题的指示》中对我国学校教师和学生学习和工作时间进行了明确的规定，而该规定也成为我国青少年休息权维护的主要标准和依据。同年12月，我国发布《关于保证学生、教师身体健康的紧急通知》。该通知涉及疾病预防、伙食供应、劳逸结合、劳动控制强度等，重申停止体育活动、竞赛等思路。1966年，中共中央转发了教育部党组《关于减轻学生负担保证学生健康问题的报告》、高等教育部党组《关于减轻高等学校学生学习负担，促进学生德智体全面发展的报告》和高等教育部《关于增进高等学校学生健康，实行劳逸结合的若干规定（草案）》，这一系列政策的主导思路是减压降负、促进学生及教师的体质健康。

社会上青少年体质健康的促进，主要依靠共青团的青年工作、体育部门的体育活动和卫生部门的公共卫生维护。新中国成立后，明确了青年是无产阶级事业接班人的历史使命，通过思想教育、社会活动等推进青年保持健康的身体。1951年，党中央指示，工厂、机关、学校中的青年团应在党的领导下团结青年开展文化娱乐体育活动，重视卫生工作，继续改善青年的健康状况[1]。1955年，中华人民共和国发展国民经济的第一个五年计划中明确指出，在全国人民中首先是在厂矿、学校、部队和机关青年中，广泛地开展体育运动，以增强人民的体质[2]。为改善广大人民群众的生活卫生环境，党领导人民开展了“爱国卫生运动”。爱国卫生运动及后续活动的开展，为青少年健康成长提供了良好的社会环境。

该阶段青少年体质健康治理，体现了为青少年提供宽松的成长环境和体育、卫生协同促进的思路，有效降低了青少年的成长压力，倡导劳逸相结合的青少年发展观。

二、1966—1998年：组织导向，围绕学校的法律法规建设

“文化大革命”期间，学校体育、卫生教师队伍受到严重破坏。当时，参与生产劳动工作，使得青少年近视率保持在较低水平。

1978年以后，我国青少年体质健康工作步入正规化和制度化，后续工作体现出治理手段叠加的特征。在论及不同阶段的政策重点时，需要突出体现每个阶段的特征，而不是相互替代和排斥。

改革开放后，国家逐渐重视对学校的投入，强化以学校为主体的青少年体质健康促进思路。1979年5月12日，国务院批转的《1978年全国体育工作会议纪要》中明确指出，广泛开展群众体育活动，重点抓好关系2亿青少年健康成长的学校体育工作。1979年5月，教育部、国家体委（全称“中华人民共和国国家体育运动委员会”）、卫生部、共青团中央在江苏省扬州市召开了全国学校体育、卫生工作经验交流会。会议对新中国成立以来学校体育卫生工作进行了全面回顾，对未来学校体育卫生工作进行了系统部署，讨论了关于中小学、高校体育

[1] 熊晓正，钟秉枢．新中国体育60年[M]. 北京：北京体育大学出版社，2010.
[2] 罗时铭，曹守诉，赵诤华，等．中国体育简史[M]. 北京：人民体育出版社，1996.

工作、卫生工作的4个暂行规定。4个暂行规定作为具有法律性质的文件，它们的颁布和实施为学校体育工作法规建设拉开了序幕，也标志着学校体育卫生工作开始步入规范化的发展阶段。

1982年，国家教育委员会（以下简称“国家教委”）主任何东昌提出，学校体育卫生工作要以增强学生体质为主、以普及为主、以经常锻炼为主，后面又增加了以预防为主，形成了体育卫生“四为主”的思想。1984年，中共中央发布的《关于进一步发展体育运动的通知》，提出努力提高健康水平，重点抓好学校体育，从少年儿童抓起，积极开展业余训练。1987年经国务院批准，由原国家教委等六部委联合下发的《关于中国学生体质、健康状况调查研究结果和加强学校体育卫生工作的意见》中明确提出建立定期（每5年1次）开展学生体质与健康调研（监测）的制度，这一制度已经成为青少年体质健康治理决策的重要依据。

1990年，国家教委联合国家体委和卫生部分别颁布了《学校体育工作条例》和《学生卫生工作条例》，这是新中国成立以来针对学校体育、卫生工作层次最高、内容最全面的行政法规。1995年，《中华人民共和国体育法》颁布，明确了学校体育对青少年体质健康促进的法定责任。《全民健身计划纲要》明确强调关注老年人和青少年两个重点人群的体育参与问题。1995年，国家教委颁布的《中小学卫生保健机构工作规程》规定卫生保健机构是教育行政部门领导的面向中小学的组织，负责研究青少年体质健康，实施健康教育和常见病多发病预防，同时指导相关部门和社会主体的体质健康促进工作。

该阶段针对青少年体质健康的立法出台，保障了学校发展体育和卫生工作的权益，同时在其他相关政策中也得到较好的贯彻和落实，逐渐形成了法律、部门规章、规范性文件等系统性的青少年体质健康治理的制度体系。

三、1999—2011年：体育课程导向，多元促进并进

该阶段明确了学校体育“健康第一”的指导思想，同时也叠加了营养、休息、健康教育等重要内容，体质健康测试工作逐渐制度化。

青少年体质健康的体育促进以体育课程和体育活动双轮驱动为主。1999年6月13日，中共中央、国务院《关于深化教育改革全面推进素质教育的决定》明确提出学校体育要树立“健康第一”的指导思想。尽管“健康第一”的思想在此前多次被提及，但这是权威文件第一次明确学校体育的指导思想。2002年，教育部《体育与健康课程标准》颁布，“体育课”改为“体育与健康课”，并确立了运动参与、运动技能、身体健康、心理健康与社会适应等5大课程目标，展示了学校体育教学的多元功能。2001年，《国家体育总局、教育部关于开展“亿万青少年儿童体育健身活动”的通知》掀起了青少年体育健身的新热潮。2006年12月，新中国成立以来第一次全国学校体育工作会议召开，国务委员陈至立发表讲话，并提出要求：要坚持以人为本的科学发展观，把提高青少年的健康素质纳入各地全面建设小康社会的总体目标，纳入教育工作和体育工作规划，并把青少年的体质健康状况作为评价教育工作和体育工作的重要指标，切实加强对学校体育工作的领导，尽快改变学校体育“说起来重要、做起来次要、忙起来不要”的状况。2007年4月，中共中央政治局专门研究加强青少年体育工作。2007年5月7日颁布的“中央7号文件”要求认真落实“健康第一”的指导思想，把增强学生体质作为学校教育的基本目标之一。2008年，在国务院领导下，教育部、中央文明办、国家发展改革委等七部委共同参与的“加强青少年体育部际联席会议制度”，统筹推进学校体育工作，以提升青少年体质健康水平。2008年，教育部印发的《中小学体育工作督导评估指标体系（试行）》开始推进学校体育督导工作，加强对学校体育工作的指导和督查。2011年“保证中小学生每天一小时校园体育活动”写进了政府工作报告，教育部出台《切实保证中小学生每天一小时校园体育活动的规定》，要求严格落实每天一小时校园体育活动，促进青少年体质健康。

营养对青少年的健康促进，以饮用奶和农村学生作为政策重点。1999年政府开展学生营养宣传教育工作，宣传营养对青少年健康成长的重要性。2000年，全国中小学营养工作研讨会在吉林省长春市召开，会后教育部办公厅印发了《全国中小学营养工作研讨会纪要》，对党中央、国务院高度重视的中小学生营养餐和饮用奶工作进行了系统部署。2000年，“学生饮用奶计划”开始实施，对学生进行营养补充，2003年“学生豆奶计划”启动。为保证校园食品安全，2003年，教育部、卫生部和公安部出台了学校食品安全联防联控方案。2003年，教育部、卫生部《关于加强学校卫生防疫与食品卫生安全工作的意见》经国务院同意，由国务院办公厅转发给各省、自治区、直辖市人民政府，国务院各部委、各直属机构，由此可以看出我国政府高度重视学生营养供应中的食品安全工作。

卫生促进关注校园流行病、传染病预防和宣传，校园环境建设。政府高度重视学校卫生建设，通过学生常见病（1999年）、学校预防艾滋病健康教育（2001年）、学校结核病（2003年）、学校卫生监督检查（2007年）、学校控烟（2010年）、农村寄宿制学校卫生和学校传染病检查工作（2011）等持续推进我国校园卫生工作。2008年9月，教育部、卫生部联合召开的全国学校卫生工作电视电话会议，强调以卫生防疫和食品（饮水）安全为重点，切实加强学校公共卫生管理，确保学生健康安全和生命安全；大力加强卫生校园建设，引导学生养成良好的卫生习惯和健康的生活方式；重点抓好科学营养和预防近视工作，促进学生健康素质的全面提高；完善和落实各项制度，为开展学校卫生工作提供科学依据。

体质健康测试制度化建设，以标准和组织实施为重点。1999年，《全国学生体质健康监测网络工作方案（试行）》提出，我国青少年体质健康监测工作开始走向网络化和电子化。2000年，教育部、国家体育总局、卫生部、国家民委、科技部印发了《2000年全国学生体质健康状况调查研究实施方案》的通知，持续推动我国青少年体质健康测试工作，为体质健康测试提供细致的工作方案。2001年国家体育总局等制定的《国民体质监测工作规定》和2002年教育部、国家体育总局关于印发《学生体质健康标准（试行方案）》及《〈学生体质健康标准（试行方案）〉实施办法》的通知，为我国学生体质健康测试确立了操作性规范。2006年，国家推动学生体质健康监测网络体系的建设，为我国体质健康监测实施建构了组织保证。2007年，教育部、国家体育总局关于实施《国家学生体质健康标准》的通知和相应实施办法的下发，对我国学生体质健康的标准和具体操作性问题予以明确规定，推动了学生体质健康工作的开展。

“中央7号文件”的发布是新中国成立以来针对青少年体育领域最高层次的政策，为我国学校体育发展和青少年体质健康治理奠定了政策基础。该阶段的青少年体质健康促进工作，表现出体育、营养、卫生多元协同促进的态势，各领域的政策纷纷出台，形成了对青少年体质健康协同治理的格局。

四、2012年至今：政府责任叠加，多元主体参与

2012年以来，党中央领导集体高度重视青少年健康问题，推动落实政府责任，引导多元主体参与。

政策积极推动各级政府重视青少年体质健康工作。教育部在对“中央7号文件”实施效果评估的基础上，提出了下一阶段的学校体育的工作思路和要点，会同相关部门制定了《关于进一步加强学校体育工作的若干意见》，并且得到国务院办公厅的转发。充分认识加强学校体育的重要性，明确加强学校体育的总体思路和主要目标，落实加强学校体育的重点任务，建立健全学校体育的监测评价机制，加强对学校体育的组织领导等方面，是对“中央7号文件”的继承与发展，初步提出了要将学校体育发展纳入地方政府年度工作报告的设想[1]。2013年，党的十八届三中全会作出“强化体育课和课外锻炼，促进青少年身心健康、体魄强健”的战略部署，为我国学校体育的发展明确了方向和责任。2016年，习近平总书记在全国卫生与健康大会上强调“要把人民健康放在优先发展战略地位，努力全方位全周期保障人民健康”，确立了青少年体质健康的历史重要性。2016年4月，国办27号文件从政策层面强化学校体育与学生身心健康成长的关系，总体强调要强化政府责任，加强学校体育综合改革，整合各方资源，促进学校、家庭、社区联动。2016年11月，国家体育总局以体育活动为核心抓手，联合教育部等七部委出台了《青少年体育活动促进计划》，将我国传统的体育活动工作促进推向新高度。2017年3月，为了全面落实相关主体责任，国务院

[1] 刘海元，唐吉平.《关于进一步加强学校体育工作的若干意见》起草过程及内容的解读[J].体育学刊，2014，21（2）：12-19.

教育督导委员会办公室印发了《中小学校体育工作督导评估办法》，关注包含体质健康在内的五个方面内容，确立了“县级为主、市级指导、省级统筹、国家抽查”的督导评估工作思路。2018年9月10日，习近平总书记在全国教育大会上强调，要树立“健康第一”的教育理念，开齐开足体育课，帮助学生在体育锻炼中享受乐趣、增强体质、健全人格、锤炼意志。2018年，教育部等八部门印发的《综合防控儿童青少年近视实施方案》，把儿童青少年近视防控工作、总体近视率和体质健康状况纳入政府绩效考核。2019年，教育部、国家卫生健康委员会与各省区市人民政府和新疆生产建设兵团签订《全面加强儿童青少年近视综合防控工作责任书》。经中央全面深化改革委员会第十三次会议审议通过，2020年8月，国家体育总局和教育部联合印发《关于深化体教融合　促进青少年健康发展的意见》，凸显了我国对青少年体质健康促进工作的新思路。2020年10月，中共中央办公厅、国务院办公厅印发了《关于全面加强和改进新时代学校体育工作的意见》，不断完善学校体育发展的顶层设计，凸显了体质健康在内的多元目标格局。

联席会议制度成立，多部门参与治理青少年体质健康的格局逐渐形成。2015年成立的全国青少年校园足球工作领导小组，由教育部等七部门组成；2019年，教育部、中共中央宣传部、国家卫生健康委、国家体育总局、财政部、人力资源社会保障部、市场监管总局、广电总局、国家中医药局等九部门建立全国综合防控儿童青少年近视工作联席会议机制。2020年，经国务院办公厅同意，建立了以国务院办公厅、教育部、国家体育总局为牵头单位，由15个部门和单位组成的青少年体育工作部际联席会议制度（后更名为体教融合部际联席会议机制）。除政府部门外，参与联席会议的还有中国足球协会等社会组织，这凸显了政府和专业体育社会组织合作的趋势。

该阶段我国青少年体质健康治理的制度和格局逐渐成熟，形成了政府的治理层级，明确了各级政府的治理责任，对我国青少年体质健康促进的支持力度逐渐加大，多部门协同治理的格局逐渐形成。

第二节 公共政策对影响青少年体质健康的社会决定因素的治理逻辑

新中国成立以来，我国在青少年体质健康治理方面经历了重大的变革。从治理对象、治理理念、承责主体到功能展示，治理逻辑展现出了系统性的转变。

一、以体质健康风险为治理对象：营养不良—肥胖—近视

营养不良是青少年成长的健康风险。新中国成立后，自然灾害严重，帝国主义对我国封锁禁运，造成了严重的粮食匮乏，人民温饱问题突出，青少年健康成长面临营养不足的问题。1949—1978年，我国总体上处于奋力争取温饱状态，1979—1991年，稳定解决温饱。在此过程中，我国青少年学生的营养不良问题依旧比较突出。1984年，学校男、女生营养不良率分别为28.38%和36.16%。1988年和1992年两次全国营养调查结果显示，我国城乡儿童体格发展明显，在12岁的学龄儿童中，农村小学生的蛋白质摄入量最低，仅为建议标准量的84.60%；城市小学男生的蛋白质摄入量相对较高，达到108.20%。到1998年，全国学生的营养不良率降低到11.02%[1]，这一数据主要在偏远和落后地区较高。这些地区是我国启动校园营养餐计划的主要依据。2014年，7～18岁学生的营养不良检出率从2010年的12.60%下降到10.00%[2]，营养不良问题得到一定程度的缓解。

在解决学生营养不良问题的同时，超重问题也日渐凸显。1986—1996年，我国城市肥胖儿童在原基数上每年以7.80%的速度增长。1991—2000年，针对8省市城市男生的调查发现，超重率从5%增长到8.70%，肥胖率从4.50%增长到5.50%。农村男生超重率也从3.40%增长到5.30%[3]，呈现出明显的增长趋势。从

---

[1] 冯向明，陈柱之. 江苏省 1995~1999 年中小学生营养状况分析 [J]. 中国校医，2000（6）：412–413.

[2] 陶芳标. 儿童少年卫生学 [M]. 北京：中国协和医科大学出版社，2017.

[3] 翟凤英. 中国营养工作回顾 [M]. 北京：中国轻工业出版社，2005.

数据增长规律看，自1985年以来，我国青少年学生的超重与肥胖率逐渐增加。如不采取必要措施，预计到2030年，青少年学生超重肥胖率将达到28.00%，这将成为一个严重的社会问题。

我国青少年近视率增长趋势明显，比例极高且增长速度较快。尤其是大学生群体的近视率已超过90.00%，我国青少年视力问题面临巨大的挑战。我国各级政府和学校高度重视青少年视力矫正，并采取了多种手段和措施，已初步遏制了近视的增长势头。但近几年，青少年利用网络在线学习的时间增加，导致我国青少年的视力水平再次出现下滑。

随着社会的发展，我国青少年体质健康的风险也在逐渐转变。新中国成立后的较长一段时间，营养不良一直是我国青少年体质健康面临的主要风险。随着人民生活水平的提高，青少年的营养摄入增多，超重与肥胖问题日益凸显；同时，因为体育活动不足和学习压力过大，青少年群体的近视率急剧上升，成为突出的社会问题，青少年体质健康治理面临严峻挑战。

二、以体质健康治理理念为依托：疾病预防—增强体质—健康管理

新中国成立初期，人民群众健康状况较差，各种传染病蔓延，青少年群体的疾病预防工作显得尤为重要。1949年，北京大学对北京师范大学附属第二小学的1 000名学生进行健康检查，发现患龋齿（38.00%）和沙眼（25.00%）的学生比例较高[1]。1951年，广东省澄海第一中学的学生中，患疥疮的比例高达60.00%，而1953年，平均每月有约10名学生患有疟疾。1957年4月中下旬更是暴发了流感，每日发病率达4.30%[2]。1956年，广州市对市内五所中学的学生进行体检，发现学生患龋齿的比例为28.30%、沙眼的比例为23.40%、鼻炎的比例为14.30%、扁桃体炎的比例为7.90%[3]。面对这样的状况，政府高度重视，并通过改善校园卫生环境、加强体育工作等措施，不断提升青少年的身体健康水平。

[1]　王威．建国初期中小学校卫生工作研究（1949—1966）[D]. 信阳：信阳师范学院，2020.
[2]　王威．建国初期中小学校卫生工作研究（1949—1966）[D]. 信阳：信阳师范学院，2020.
[3]　王威．建国初期中小学校卫生工作研究（1949—1966）[D]. 信阳：信阳师范学院，2020.

在有效控制校园疾病的基础上，我国不断探索增强体质的新策略。改革开放以来，我国开始探索用制度化和规范化手段来增强青少年体质健康。1985年，我国启动了全国学生体质与健康调研工作，每5年进行1次，以调研结果促进青少年体质健康政策的完善。结果显示，自1985年以来，我国各学段城乡男、女生的爆发力、耐力、速度、力量、柔韧性等主要身体素质指标连续20年呈现下降趋势，到2005年达到了谷底[1]。鉴于此，2007年，我国出台了最高规格和最高级别的“中央7号文件”，提出要用5年的时间促进学生体质健康的提升。经过多年治理，我国青少年体质健康状况稳中有升。2016—2020年，全国学生体质健康优良率由26.50%上升至2020年的33.00%，其中小学生的增长最明显，从35.30%提升到45.60%。

为进一步推进体质健康管理工作，政府开始关注健康社会决定因素。2021年，《教育部办公厅关于进一步加强中小学生体质健康管理工作的通知》的发布显示，我国青少年体质健康治理走进了健康管理时代。健康管理是一种对个体及人群的健康危险因素进行全面分析和监管的过程，其宗旨是通过调动个人及集体的积极性，最大程度地利用各种有效资源，达到远离疾病、促进身体健康的目的[2]。青少年体质健康管理要对当前影响其体质健康的危险因素进行分类，通过“认识—评价—干预”的全过程，调动社会资源，实现青少年体质健康的目标。

疾病预防主要遵循生物医学的模式，通过被动的疾病防治实现健康目标。增强体质属于健康促进的范畴，通过动员多种资源推进青少年体质健康。健康管理则将动员包含政府在内的多元主体的力量，利用有限的资源实现健康效果的最大化。

三、以多元主体为承责对象：学生主位—学校主位—政府主位

新中国成立后，我国青少年体质健康治理确立了以学生为主的思路。当时

---

[1] 付全．从增强体质到体质健康管理 [J]. 体育教学，2021，41（5）：1.

[2] 黄建始．美国的健康管理：源自无法遏制的医疗费用增长 [J]. 中华医学杂志，2006（15）：1011-1013.

部分体质健康促进政策立足于学校，利用“外部纾缓、内部主动”的方式促进学生体质健康。研究认为，“外部纾缓”基于当时国家经济比较贫弱，缺少必要的物质条件，政府放松学习压力等外部需求，尤其是为了改善青少年成长的外部环境，政府多次提出减轻学生学习和课业压力，为学生成长提供宽松的外部条件。“内部主动”则体现出依靠学生自身的行为改善和主动进行体育锻炼，提升体质健康水平的政策设想。依靠学生自身积极参加体育活动，辅以有限的公共投入，推进青少年体质健康。

改革开放以后，社会经济发展逐步加速，国家确立了以学校为主促进青少年体质健康的思路，完善了学校体育、卫生的制度体系，充实了学校体育、卫生设施，大力开展学校体育教学和体育活动，适时启动了学生营养促进工作，在一定程度上弥补了学生营养的不足；此外，学校也积极开展健康教育，推动学生的健康成长。

自2012年以来，政府在青少年体质健康中的定位日趋明确。国家不断出台政策，明确政府要承担起青少年体质健康促进的责任，将青少年体质健康工作纳入政府工作范畴，不断调动各级政府的工作积极性，加大工作的投入力度，逐步建立政府—学校—家庭（个人）协同的青少年体质健康促进体系。

四、体质健康测试的功能丰富：荣誉评价—奖励评价—毕业评价

新中国成立初期，鉴于对青少年体质健康的重视，国家将身体好作为三好学生评价标准之一。1955年，国家教委颁布的《小学生守则》《中学生守则》中明确提出“身体好，功课好，品行好”作为三好学生评价标准。将“身体好”作为青少年评价的重要工具，引导青少年树立正确的健康观和积极的生活态度，参与体育锻炼，保持身体健康。

2014年，教育部印发的《国家学生体质健康标准（2014年修订）》规定，学生体质健康测试成绩达到良好及以上，方可参与评优和评奖，达到优秀者方可获得体育奖学分。将体质健康测试成绩作为评优评先的重要工具，凸显了体质健康在个体成长中的重要价值，逐渐体现了体质健康在我国学生评价制度中

的新功能。

2019年，《中共中央　国务院关于深化教育教学改革全面提高义务教育质量的意见》指出“严格执行学生体质健康合格标准，健全国家监测制度。除体育免修学生外，未达体质健康合格标准的，不得发放毕业证书”。此前，有高校实施了体质健康测试不合格不发放学位证的办法，但引起了社会的争议。这次中共中央、国务院明确发文强调，体质监测成绩与毕业挂钩，凸显了对学校体质健康评价功能的重视。

第三节　公共政策对影响青少年体质健康的社会决定因素的治理成效

一、以体为主、多元配合的青少年体质健康治理格局基本形成

我国青少年体质健康治理，形成了以体育为主导的思路。新中国成立以来，党和政府高度重视体育对青少年体质健康的促进作用。1951年，中国人民保卫儿童全国委员会成立，专注于儿童福利，促进了儿童的健康成长。国家体育总局和教育部通过对体育的不断注入，引导体育成为青少年健康向上的生活方式、健康身体的促进基础，大力弘扬体育活动。

在体育部门和教育部门的积极支持下，卫生、交通、环保等领域也积极介入青少年体质健康治理，形成了青少年体质健康治理的有效补充，通过建设健康的社会环境、通勤条件等为青少年身体活动的促进提供物质基础，极大地促进了青少年的身体健康水平。发挥体育的核心作用，配合相应的支持要素，从社会影响视角出发，大力完善青少年体质健康治理的格局。

二、内容丰富、类型多样的青少年体质健康政策体系逐渐完善

我国青少年体质健康依靠公共政策的具体支持。在政策类型方面，国家颁

布了法律法规、行政法规、部门规章和规范性文件等，充分体现了对青少年体质健康的支持作用，奠定了青少年体质健康的制度基础；尤其是针对学校体育和学校卫生的专门性立法，能够较好地解决以学校为主体的青少年体质健康促进的现实问题，为学校促进青少年体质健康提供制度依据和法律准则。

在我国青少年体质健康促进中，围绕体育的政策相对较多，如体育课程、体育活动、体质健康测试等方面的政策。除体育政策之外，健康教育、营养、校园卫生和休息等多领域的制度建设，也为青少年体质健康治理奠定了良好的制度基础，尤其是校园营养政策的完善，补上了青少年体质健康促进的关键一环，充分发挥了对学生科学饮食习惯培养的重要作用，引导青少年形成科学、健康的营养摄入习惯。

三、政府主导、社会支持的青少年体质健康主体结构正在构成

长期以来，我国青少年体质健康形成了以政府为主导的治理结构。由于青少年体质健康的公益性和社会属性，政府天然地承担了青少年体质健康治理主体的责任，通过相关政策法规的完善，基础设施的投资，组织机构的设置和相关项目的推进，较好地承担了我国青少年体质健康治理的主体责任，尤其是2012年以来，党和政府本着对青少年高度负责的态度，将青少年体质健康促进纳入政府工作范畴，予以高度重视，较好地推动了各级政府对青少年体质健康的重视。

共青团等群众组织也积极参与青少年体质健康治理。共青团中央组织相关力量，成立了新时代青少年体质健康促进中心，并在全国部分青少年宫、青少年活动中心和院校开设了分支机构，通过科学研究、实践操作、咨询服务等积极推动青少年体质健康治理。中华全国妇女联合会和中国关心下一代工作委员会等也高度关注青少年体质健康问题，通过不同的渠道支持青少年体质健康的相关项目推进。

相关社会主体也积极参与青少年体质健康治理。我国学生营养餐项目的启动，就是源于相关公益性组织在地方的实践。这个项目较好地证明了营养餐对

青少年体质健康的促进作用，推动了政府在营养餐方面的立法和实践工作，较好地发挥了决策咨询的建议作用。国家体育总局建设的青少年体育俱乐部组织体系，围绕青少年的体育需求开展了丰富多彩的体育活动，极大地满足了青少年参与体育活动的积极性，构成了对青少年体质健康的社会支持体系。

四、立足实践、相信证据的青少年体质健康治理方式逐步优化

我国启动了每5年1次的学生体质监测活动，此活动由国家相关部门实施指导，地方教育、体育部门密切配合。体质监测活动较好地展示了我国青少年体质健康的变化特征和发展规律，为我国青少年体质健康政策的完善、方式的选择、治理的优化提供了重要的依据，成为我国青少年体质健康治理的基础。近年来，我国公共政策的决策，非常重视决策咨询的科学性和程序性。在相关政策制定和完善过程中，国家高度关注来源于实践的相关证据，从而为相关政策的完善提供了比较坚实的现实基础。

基于证据的决策是未来公共政策决策的关键。充分利用国家每5年1次的学生体质监测结果和部分公共政策的实施评价效果，为后续的相关政策优化提供对策建议，这在一定程度上矫正了我国青少年体质健康立法中的模糊之处。

第四节　公共政策对影响青少年体质健康的社会决定因素治理的不足

在我国青少年体质健康促进取得较好成绩的同时，我们也应看到其中的不足。笔者通过现实的观察和相应的访谈发现，我国青少年体质健康治理主要存在如下问题。

一、对青少年体质健康治理的认识有待提升

对青少年体质健康问题致因的分析明显不足，尚未从社会决定因素的视

角系统、全面地看待青少年体质健康问题，过于将青少年体质健康问题看成一个体育或营养问题，而忽视了青少年体质健康问题背后的社会因素。大量研究表明，随着社会转型的进一步加快，家庭对青少年体质健康的支持作用明显提升，要高度重视隐藏在学校背后的家庭、社区、同伴关系等对青少年体质健康促进的影响，尤其要高度关注低收入家庭的青少年体质健康问题，对此类家庭的青少年，要给予特殊和精准的关注。

二、政府部门间有效的配合机制有待优化

多年来，虽然政府积极推动青少年体质健康的协同促进，但青少年体质健康问题属于跨领域、跨部门的综合性问题。部分政府部门对青少年体质健康促进的职责认识不清，对自身的定位不明确，导致参与青少年体质健康治理的形式单一、效率不高，制约了青少年体质健康效应的实现。此外，基层政府对青少年体质健康促进方面的认识较为碎片化，尚未形成对青少年体质健康促进的积极参与态势，目前主要还是依靠上级部门联席会议制度的指导。

三、青少年体质健康立法的强度有待加强

尽管我国青少年体质健康的立法数量和层次相对较多，但受限于对青少年体质健康认识的滞后性，现有立法主要集中在体育和教育等相关领域，其他公共领域对青少年体质健康促进的支持明显不足。如社区建设方面，缺乏直接满足青少年体育健身需求的相关制度供给，导致社区在青少年体质健康促进的功能方面有待提高。在学校方面，虽然已有体育课程、体育活动等立法，但我们忽视了身体活动的概念，忽视了日常生活中的身体运动行为。此类行为的立法尚属空白。同时，尽管青少年体质健康的重要性相对突出，但当前仍未出现专门的立法。1990年出台的《学校卫生工作条例》和《学校体育工作条例》已实施20多年，修订工作相对滞后。即使针对体育的专门立法——《中华人民共和国体育法》中也缺乏对青少年体质健康的明确约束。

四、青少年体质健康多元配合的效应有待完善

从内容方面来看，青少年体质健康促进凸显了体育的核心作用，营养卫生的配合作用明显不足，我国尚未形成完整的体育与营养密切配合的态势。在地方实践中，也缺乏成功的案例，更多依靠体育和卫生等单项领域政策的促进。“中央7号文件”尽管明确了多元配合的要求，但实施效果明显不足。尤其是当前我国青少年的近视问题，只有高度关注体育、营养、休息等多元要素的协同作用，才能从根本上解决这一较为严重的社会问题。

五、社会力量参与青少年体质健康治理的形式有待补充

我国的青少年体质健康问题，表现出多元性和隐秘性特征。专业性的社会组织很少将青少年体质健康的相关问题作为组织的使命。大量的社会组织只能提供必要的体育活动，不能为我国青少年体质健康治理提供相应的决策支持，也没有实验出具有中国特色的地方方案和行业标准，导致青少年体质健康促进方面的标准，过于依靠政府的力量运行，无形中加大了政府部门的压力。

第十四章

结论与建议

第一节　结论

第一，本研究采取专家访谈法、关键人物访谈法、逻辑回归分析法、饱和经验法和问卷调查法等研究方法。

第二，青少年是指小学（1～6年级）到大学阶段的在校学生。青少年体质健康界定为6～23岁群体在成长过程中，身体成长性相关指标的正常程度，包含身高、体重、视力和运动能力等要素。青少年体质健康政策是指，政府部门为了规制青少年体质健康相关主体，出台的具有普遍约束意义的规划、计划或规范性文件、法律法规等。健康社会决定因素就是决定社会成员健康的相关文化因素、制度因素和物质因素的总和，具体体现为社会经济和政治背景、社会地位、物质环境、社会支持网络。本研究将青少年体质健康的社会决定因素分为体育、健康教育、校园卫生、营养摄入、休息和建成环境六个维度。

第三，青少年体质健康的体育促进。青少年体育课的运动量适中，对体育的喜爱程度较高，每周参与2次体育活动的比例较高，主要的运动伙伴是同学与朋友，运动技能的掌握水平不足，体育活动指导的需求较强。体育对青少年体质健康的两周患病率影响不明显。体育促进青少年体质健康存在的典型问题：体育运动量的判断差异，何种运动量更能促进健康；家庭体育开展受限，体育中考刺激性明显；体育教师双重兼职，降低教学专业性。

第四，青少年体质健康的健康教育促进。健康教育课程的开设效果一般。健康教育信息的主要获取方式是电视、广播和互联网。健康教育课程的开设效果对两周患病率具有显著性影响。健康教育促进青少年体质健康存在的典型问题：教育形式随意化，以讲座、班会、室内体育课为主；教育内容片段化，以教学人员的理解和经历为主；教育环境虚拟化，校园禁烟不完善；教育引领平庸化，多元执行主体沟通不畅；教育资源短缺，校内专业人员严重不足。

第五，青少年体质健康的校园卫生促进。学生饮用水来源以自带水杯和饮水机为主。校园卫生环境相对较好。校园含糖饮料的控制较好。教室卫生良好，灯光充足。校园卫生促进青少年体质健康存在的典型问题：校园卫生存在压力过大、层位太低问题；校领导对学校卫生工作的思想认识和管理不到位；卫生管理的分工和责任不明确；校园公共卫生资源投入有限。

第六，青少年体质健康的营养摄入促进。25.26%的青少年饮食状况差，而74.74%的青少年饮食状况优。47.76%的青少年每天吃早餐，71.50%的青少年每周最少吃5次早餐，说明我国青少年早餐摄入状况相对较好。高热量食品的摄入控制较好。营养摄入促进青少年体质健康存在的典型问题：政府、学校营养责任缺位，青少年营养健康素养不高，青少年营养结构不合理，学校青少年营养工作存在不足。

第七，青少年体质健康的休息促进。青少年课业负担适中。青少年在学习时间方面控制得相对较好，青少年屏幕时间控制得相对较好，睡眠时间不足。休息促进青少年体质健康存在的典型问题：青少年学生睡眠时间不足，午休条件不足；校内外学习时间过长，学习压力增大；青少年玩电子游戏的时间相对较长，沉浸较深；青少年的休息权没有受到重视，造成压力堆砌。

第八，青少年体质健康的建成环境促进。不同两周患病率、BMI、近视状况样本对于建成环境状况均未呈现出显著性，不同体质测试样本对于建成环境状况呈现出显著性。建成环境促进青少年体质健康存在的典型问题：体育场地建设与城市发展衔接度不高，体育等建成环境用地不足，体育相关用地使用效率不高，社区对青少年体质健康的接纳性较差。

第九，典型国家青少年体质健康政策的建设启示：①青少年体质健康体系多元化；②学校是青少年体质健康促进的主体；③各级政府和相关社会组织发挥作用；④青少年体质健康治理获得政府的财政支持；⑤循证决策的评估思路得到较好执行；⑥校外时间的青少年体质健康促进工作受到重视。

第十，以我国青少年体质健康治理的重要政策、重大会议和重大决定等为依据，本研究将公共政策对影响青少年体质健康的社会决定因素的治理历程分为如下几个阶段。①1949—1965年：校园和社会协同促进，减负降压。②1966—1998年：组织导向，围绕学校的法律法规建设。③1999—2011年：体育课程导向，多元促进并进。④2012年至今：政府责任叠加，多元主体参与。

公共政策对影响青少年体质健康的社会决定因素的治理逻辑体现了如下转变。①以体质健康风险为治理对象：营养不良—肥胖—近视。②以体质健康治理理念为依托：疾病预防—增强体质—健康管理。③以多元主体为承责对象：学生主位—学校主位—政府主位。④体质健康测试的功能丰富：荣誉评价—奖励评价—毕业评价。

公共政策对影响青少年体质健康的社会决定因素的治理成效：①以体为主、多元配合的青少年体质健康治理格局基本形成；②内容丰富、类型多样的青少年体质健康政策体系逐渐完善；③政府主导、社会支持的青少年体质健康主体结构正在构成；④立足实践、相信证据的青少年体质健康治理方式逐步优化。

公共政策对影响青少年体质健康的社会决定因素治理的不足：①对青少年体质健康治理的认识有待提升；②政府部门间有效的配合机制有待优化；③青少年体质健康立法的强度有待加强；④青少年体质健康多元配合的效应有待完善；⑤社会力量参与青少年体质健康治理的形式有待补充。

第二节　建议

当前，我国正处在建设健康中国、体育强国的关键时期，立足于2035年基本实现社会主义现代化的远景目标，青少年群体的体质健康水平具有至关重要的作用。本研究总结了新中国成立以来，我国在青少年体质健康治理方面的经验，并针对当前推进的“双减”政策的外部环境和青少年体质健康面临的现实问题，基于对传统青少年体质健康治理形式的判断提出如下建议。

一、推动青少年体质健康治理的理念更新

明确青少年体质健康治理的社会责任。青少年体质健康影响到社会的整体发展，应将其视为社会整体事业，需要全社会的高度关注。长期以来，我国青少年体质健康被视为学校或家庭的责任，因此倡导学校和家庭对青少年体质健康负责。从国际上来看，青少年体质健康一直被看成社会的整体责任，因为其影响到国家未来的经济建设乃至国防安全。

青少年体质健康治理要摆脱以体育单一促进为主的格局，注重营养与运动、休息等多元要素的密切配合。长期以来，虽然各界高度重视体育对青少年体质健康的促进作用，但也存在着过分依赖体育的问题，尤其是体育界对其他要素的认识明显不足，这导致我国青少年体质健康促进方式存在一定偏差。

重视青少年体质健康的社会决定因素，从社会决定因素入手探讨我国青少年体质健康促进的全方位路径。世界卫生组织提出的“健康社会决定因素”和“健康寓于所有政策”的理念，在我国的推广较晚，尚未形成完善的认识体系和推广路径。各界需要明确认识青少年体质健康的社会决定因素的重要性，改变以往生物医学模式的单一促进方式，从社会因素方面探索促进青少年体质健康的路径。

二、充实青少年体质健康治理主体

依托学校，构建以校园为主的公共卫生体系。公共卫生的公益性和系统性共同决定了公共卫生产品的生产和供给必须依靠政府主导。构筑青少年健康成长的校园卫生环境，引导青少年形成积极向上的生活方式和科学有效的饮食观念。

建构融合政府、社会和市场多元力量的青少年体质健康治理体系，打造整

体性的治理格局。夯实各级政府，尤其是地方政府的责任。要求政府对青少年体质健康负责，积极加大青少年体质健康方面的投入，为青少年体质健康提供物质保障。呼吁相关社会组织发挥专业职能，服务于青少年体质健康促进的特定领域。引导市场主体针对性地提供相应的体质健康产品，引导青少年群体进行健康、合理的消费。

三、注重青少年体质健康内容叠加

青少年体质健康的促进，要高度重视体育和营养的协同作用，也要关注健康教育、校园卫生、休息等领域的要素，同时交通领域的积极通勤政策、环境领域的污染治理政策等均会对青少年体质健康促进产生重要影响。国际上已有研究证明，公共交通的投入效果要优于学校卫生投入的效果。健身步道、自行车道等积极通勤设施，对青少年健康促进起着重要作用，因此要高度关注相关领域对青少年体质健康促进的作用，积极认识青少年体质健康促进的影响领域。

（1）关于体育促进青少年体质健康的建议：提升师生对运动负荷科学性和持续性的认识；重视家庭体育的开展，引导体育中考健康发展；重视基层体育，维护体育教学的专业性。

（2）关于健康教育促进青少年体质健康的建议：建立评价与监督机制，实施学校、家庭、社区联动的多维发展策略，优化健康教育课程培养体系。

（3）关于校园卫生促进青少年体质健康的建议：强化校园卫生外部环境建设，为青少年创造舒适的成长环境；关注校园卫生的重点环节，促进青少年健康成长；增加财政投入，保证校园保健教师的发展。

（4）关于营养摄入促进青少年体质健康的建议：提供经费保障和环境支持，提高家长和学生的营养素养水平，采取科学、合理的膳食营养措施，科学设计、推广营养促进方案和食谱。

（5）关于休息促进青少年体质健康的建议：严格执行国家和地方政策，保障青少年睡眠时间；严格控制青少年的屏幕时间，引导正确的游戏观；尽量减少青少年的学习时间，释放学习压力；合理树立青少年的休息观，激发学习动力和奋斗意志。

（6）关于建成环境促进青少年体质健康的建议：合理规划户外健身场地与城市不同地块的连通性；落实紧凑型用地布局，提高建成环境的功能混合度；考虑小型公共绿地对潜在使用人群的可达性；优化居住区域空间环境的布局。

四、推动体质健康成绩评价升级与制度协同

当前，青少年体质健康测试的成绩已广泛用于学生荣誉评价、评奖评优、升学、毕业等重要环节，这在一定程度上引起了社会各界对青少年体质健康的重视。但由于上述措施局限在校园范畴，无法支持青少年在社会领域的发展。建议有条件的地区积极探索青少年体质健康测试评价，作为就业和职业发展的标准之一，持续性地发挥体质健康评价的导向作用。高度重视公共政策对青少年体质健康促进的作用，积极发挥不同政策对青少年体质健康及其影响领域的渗透，尤其是对青少年体质健康问题，如肥胖、视力下降、体育活动不足等问题的矫正作用，通过不同领域政策的协同配合，最大化地实现公共政策的价值。

五、提高部分政策的政治势能

根据青少年体质健康政策对象的重要性，尤其是在当前问题极为严峻的形势下，为了更好地推进政策扩散，国家应尽量提升部分政策的政治势能。类似“计划”应由更高政治势能的部门发布。尽管我国公共政策的制定与发布需遵循严格的程序，但涉及青少年的相关政策，应予以高度重视。在调研过程中，专家表示“青少年体质健康工作怎么强调都不过分”，部分省区将青少年体育视为体育强省的基础，凸显了各地对青少年工作的重视。为了促进青少年体质健康政策更好地扩散和落地，针对青少年体质健康促进政策中具有统领性质、发挥关键作用的政策，应提高其政治势能。

附录

附录一　关于“青少年体质健康的社会决定因素及政策应对研究”的访谈提纲

青少年是国家和民族的未来，其体质健康状况对未来成长和发展至关重要。在国家社科基金一般项目“我国青少年体质健康的社会决定因素及政策应对研究”的支持下，课题组拟就一些问题开展调研，相关调研内容将成为研究报告的主要支撑。

一、针对学校工作者的调研内容

1. 学校是青少年体质健康促进的主体之一，您认为当前学校在青少年体质健康促进（如体育课开设、健康知识传播、专业师资配备）方面做了哪些工作？有哪些需要改进之处？

2. 学校体育课程开设怎么样更好地服务于学生的健康促进？学校或体育教师在推进体育与健康课程中面临的障碍主要有哪些？您认为学校体育课如何才能真正发挥促进体质健康的作用？您觉得提高体育中考分数比重，对学校体育工作来说，说明什么？

3. 学校体育设施和卫生配置状况如何？对学生体质健康促进的重视程度如何？江苏省颁布的《江苏省学生体质健康促进条例》规定了学校的相关责任，其执行状况如何？您认为让学校作为学生近视防控的核心一环，是否合理？为什么？

4. 学校体育、卫生在学校工作中的排序如何？您认为学校主要责任人对体育或卫生工作的重视情况如何？

5. 贵校校内或周边是否有超市？是否卖碳酸饮料或高热量食品？贵校是否提供校内餐饮？

二、针对政府工作部门的调研内容

1. 请问贵部门具体负责哪些工作内容？平时工作强度如何？

2. 请问贵部门对相关学校青少年体质健康促进的评价如何？好的典型案例有哪些？

3. 做好青少年体质健康促进工作，您认为政府部门要做好哪些工作？您对您所在部门的工作有何评价或看法？

4. 当前，近视防控纳入政府绩效考核体系，您对此有何看法？您认为近视防控的关键在哪里？

三、针对相关社会组织的调研内容

1. 请您谈谈贵组织对青少年体质健康问题（肥胖、运动不足、近视等方面）的介入状况？采取了哪些措施和手段？效果如何？

2. 您认为社会组织与政府、学校等主体的关系要如何建构？其最理想的模式应该是什么样的？

3. 在您看来，社会组织未来在青少年体质健康促进中应该扮演一种什么样的角色？

附录二 关于“我国青少年体质健康状况及影响因素”的调查问卷

亲爱的同学：

您好！众所周知，好的身体是学习和工作的有力保证，体质健康状况直接关系到每个人的健康成长。

同学们是祖国的建设者和接班人，是国家发展的希望。目前，党和国家高度重视同学们的健康成长，全社会高度重视同学们的健康状况。本研究就是一项针对同学们体质健康状况的调查，目的是想通过对同学们体质健康状况的了解，为国家制定体质健康方面的政策提供参考。因此，您对本问卷填答的态度如何，将直接影响到调查结果，并可能对有关部门制定事关青少年体质健康方面的政策产生影响。

本问卷不用填写个人姓名，填答没有对错之分，更不是考试。所以，请您完全放心作答。在填答时，您只需在您自己认为正确的选项上画“√”或填写内容即可，不用考虑别人如何填写。

如家长代为填写，请填写被替代者的相关信息。

1. 性别：

[1]男 [2]女

2. 民族：

[1]汉族 [2]少数民族

3. 您的家庭所在地：

[1]城市 [2]乡镇 [3]农村

4. 您所在的学段：

[1]小学 [2]初中 [3]高中 [4]大学

5. 前两周，您是否出现身体不适或患病状况？

[1] 健康（没有不适或患病） [2] 不健康（出现不适或患病）

6. 您的近视状况如何？

[1]300 度以下 [2]300 ~ 600 度 [3]600 度以上 [4] 不近视

7. 您的年龄:__________岁（填写周岁）。

8. 您的身高:__________厘米，您的体重:__________千克（可带小数点）。

9. 您是否每天回家？

[1] 走读生（每天回家） [2] 住校生（住在学校，跳过 9–1 和 9–2 题，直接从第 10 题继续填写）

9–1. 您上学通常采用的通勤方式是:

[1] 步行 [2] 骑自行车 [3] 坐公交、地铁、轿车或电动车

9–2. 您上学的通勤时间（t表示时间，下同）是:

[1]$t>60$ 分钟 [2]50 分钟$<t\leqslant 60$ 分钟 [3]40 分钟$<t\leqslant 50$ 分钟

[4]30 分钟$<t\leqslant 40$ 分钟 [5]20 分钟$<t\leqslant 30$ 分钟 [6]10 分钟$<t\leqslant 20$ 分钟

[7]$t\leqslant 10$ 分钟

10. 您是否为独生子女？

[1] 是 [2] 否

11. 您是否和母亲居住在一起？

[1] 一直住在一起 [2] 偶尔住在一起 [3] 不住在一起

12. 您是否和父亲住在一起？

[1] 一直住在一起 [2] 偶尔住在一起 [3] 不住在一起

13. 上一学年，您的体质测试结果是:

[1] 未测试 [2] 不及格（59 分及以下） [3] 合格（60 ~ 74 分）

[4] 良好（75 ~ 89 分） [5] 优秀（90 分及以上）

14. 您平时是否抽烟？

[1] 是 [2] 否

15. 您父亲的职业是:

[1] 机关、企事业单位管理者 [2] 机关、企事业单位一般工作人员

[3] 专业技术人员（教师、医生等） [4] 个体工商户

[5] 商业、服务业员工 [6] 工人 [7] 农民等（农、林、牧、渔）

16. 您母亲的职业是：

[1] 机关、企事业单位管理者 [2] 机关、企事业单位一般工作人员

[3] 专业技术人员（教师、医生等） [4] 个体工商户

[5] 商业、服务业员工 [6] 工人 [7] 农民等（农、林、牧、渔）

17. 您父亲的受教育程度：

[1] 未上过学 [2] 小学 [3] 初 / 高中、中专 [4] 大学及以上

18. 您母亲的受教育程度：

[1] 未上过学 [2] 小学 [3] 初 / 高中、中专 [4] 大学及以上

19. 您家里有汽车或其他机动车辆（不含摩托车、电动车、拖拉机等）吗？若有，有几辆？

[1] 没有（0） [2] 有 1 辆（1） [3] 有 2 辆及以上（2）

20.您在家里有自己的卧室吗？

[1] 没有（0） [2] 有（1）

21.您家里有几台电脑（包括台式电脑、笔记本电脑和平板电脑）？

[1] 没有（0） [2]1 台（1） [3]2 台（2） [4]2 台以上（3）

22.您家里有几间浴室（带浴缸、淋浴间或两者兼有的房间，家里有多套房的，填总数）？

[1] 没有（0） [2]1 间（1） [3]2 间（2） [4]2 间以上（3）

23.您家里有洗碗机吗？

[1] 没有（0） [2] 有（1）

24.您和您的家人去年去外地度假、休假了几次？

[1] 没有（0） [2]1 次（1） [3]2 次（2） [4]2 次以上（3）

25. 就您个人而言，您认为目前的课业负担状况如何？

很轻松 ——————————→ 很重

1	2	3	4	5	6	7

26. 您平均每天完成作业的时间是：

[1]$t > 1.5$ 小时　[2]1 小时 $< t \leqslant 1.5$ 小时　[3]0.5 小时 $< t \leqslant 1$ 小时

[4]$t \leqslant 0.5$ 小时

27. 您平均每天看电视、玩手机或玩电子游戏的时间是：

[1]$t > 1$ 小时　[2]0.5 小时 $< t \leqslant 1$ 小时　[3]0 小时 $< t \leqslant 0.5$ 小时

[4]t=0 小时

28. 过去您平均每天在校集中学习的时间是：

[1]$t > 8$ 小时　[2]7 小时 $< t \leqslant 8$ 小时　[3]6 小时 $< t \leqslant 7$ 小时

[4]$t \leqslant 6$ 小时

29. 您平均每天的睡眠时间是：

[1]$t < 8$ 小时　[2]8 小时 $\leqslant t < 9$ 小时　[3]9 小时 $\leqslant t < 10$ 小时

[4]$t \geqslant 10$ 小时

30. 您感觉学校体育课的运动量如何？

很轻松 ————————————→ 很累

1　2　3　4　5　6　7

31. 您是否喜欢上体育课？

很不喜欢 ————————————→ 很喜欢

1　2　3　4　5　6　7

32. 您是否喜欢参加校外体育活动？

很不喜欢 ————————————→ 很喜欢

1　2　3　4　5　6　7

33. 您每周参加校内体育活动的次数是：

[1]2 次　[2]3 次　[3]4 次　[4]5 次　[5]6 次　[6]7 次

34. 您每周参加体育活动（包含体育课）的次数是：

[1]2 次　[2]3 次　[3]4 次　[4]5 次　[5]6 次　[6]7 次

35.您经常和谁一起参加体育活动?

[1] 同学 [2] 家人 [3] 朋友 [4] 教练 [5] 其他

36. 您认为校园健康环境如何?

[1] 较差 [2] 差 [3] 一般 [4] 较好 [5] 非常好

37. 您熟练掌握了几项运动技能?

[1]0 项 [2]1 项 [3]2 项 [4]3 项及以上

38. 您在进行校外体育活动时是否需要有人指导?

很不需要 ——————→ 很需要

1 2 3 4 5 6 7

39. 您的居住地点步行到达周边健身场所的时间:

[1]$t > 30$ 分钟 [2]20 分钟$< t \leqslant 30$ 分钟 [3]10 分钟$< t \leqslant 20$ 分钟

[4]$t \leqslant 10$ 分钟

40. 您对健康教育的需求程度如何?

很不需要 ——————→ 很需要

1 2 3 4 5 6 7

41. 请问您对以下食物的摄取状况如何?

牛奶:[1] 从来不喝 [2] 偶尔喝 [3] 每日喝

鸡蛋:[1] 从来不吃 [2] 偶尔吃 [3] 每日吃

水果:[1] 从来不吃 [2] 偶尔吃 [3] 每日吃

蔬菜:[1] 从来不吃 [2] 偶尔吃 [3] 每日吃

肉类:[1] 从来不吃 [2] 偶尔吃 [3] 每日吃

鱼类:[1] 从来不吃 [2] 偶尔吃 [3] 每日吃

零食:[1] 每日吃 [2] 偶尔吃 [3] 从来不吃

42. 过去一周,您吃早餐的次数是:

[1]0 次 [2]1 次 [3]2 次 [4]3 次 [5]4 次 [6]5 次 [7]6 次 [8]7 次

43. 您吃高热量食品（如吃肯德基、麦当劳的食品或比萨等）的频率是：

[1] 经常吃　[2] 每周吃 1 或 2 次　　[3]1 个月吃 1 次　[4] 从来不吃

44. 上周，您会因为从教室窗户透过的日光过足而感到眼部不适吗？

[1] 总是会　[2] 经常会　[3] 有时会　[4] 很少会　[5] 完全不会

45. 上周，总体来说，教室的自然采光是否充足？

[1] 非常缺乏　[2] 缺乏　[3] 差不多　[4] 较充足　[5] 非常充足

46. 在开灯后，请您评估一下教室内的光线是否充足？

[1] 非常缺乏　[2] 缺乏　[3] 差不多　[4] 较充足　[5] 非常充足

47. 总体来说，教室内的光线对您的学习的影响程度如何。

[1] 严重影响　[2] 很影响　[3] 影响　[4] 轻微影响　[5] 完全不影响

48. 您认为校园周边对含糖饮料销售的控制状况如何？

[1] 较差　[2] 差　[3] 一般　[4] 较好　[5] 非常好

49. 您认为学校健康教育课程的开设效果如何？

[1] 较差　[2] 差　[3] 一般　[4] 较好　[5] 非常好

50. 您感觉教室内的桌椅舒适性如何？

[1] 较差　[2] 差　[3] 一般　[4] 较好　[5] 非常好

51. 对您个人来说，您觉得谁对您的健康影响最大？

[1] 家庭　[2] 学校　[3] 社区　[4] 政府

52. 您认为学校在促进学生体质健康方面的工作做得如何？

[1] 较差　[2] 差　[3] 一般　[4] 较好　[5] 非常好

53. 您平常获取健康信息的渠道是（可多选）：

[1] 电视、广播、互联网　[2] 讲座、宣传栏　[3] 书籍、报纸、杂志

[4] 朋友、同学　　[5] 老师　　[6] 家长

54.为了促进个体健康，您觉得应该做好哪些工作（可多选）：？

[1] 增加体育活动　　　[2] 开展营养指导活动　[3] 强化健康环境建设

[4] 加强健康教育　　　[5] 降低学习压力　　　[6] 完善校园健康环境建设

[7] 完善社区体育设施　[8] 社会媒体引导

感谢您的参与和投入，为您的身体健康投上了关键一票。

主要参考文献

[1] 艾兴. 中小学生学业负担：概念、归因与对策——基于当前基础教育课程改革的背景[J]. 西南大学学报（社会科学版），2015，41（4）：93-97.

[2] 陈春，谌曦，罗支荣. 社区建成环境对呼吸健康的影响研究[J]. 规划师，2020，36（9）：71-76.

[3] 陈芳. 政策扩散、政策转移和政策趋同——基于概念、类型与发生机制的比较[J]. 厦门大学学报（哲学社会科学版），2013（6）：8-16.

[4] 陈明达. 实用体质学[M]. 北京：北京医科大学、中国协和医科大学联合出版社，1993.

[5] 陈庆华，宋学光. 适宜的运动负荷才能促进学生健康发展[J]. 中国学校体育，2007（7）：42.

[6] 陈长洲，王红英，项贤林，等. 改革开放40年我国青少年体质健康政策的回顾、反思与展望[J]. 体育科学，2019，39（3）：38-47.

[7] 戴洁，王政和，王珺怡，等. 中国中西部五省市贫困地区中小学生两周患病率现况[J]. 中国学校卫生，2019，40（4）：579-581.

[8] 房红芸，赵丽云，郭齐雅，等. 中国6～17岁儿童青少年身高、体重、BMI变化趋势[J]. 中国食物与营养，2021，27（4）：16-20.

[9] 关芃，徐小东，徐宁，等. 以人群健康为导向的小型公共绿地建成环境要素分析——以江苏省南京市老城区为例[J]. 景观设计学，2020，8（5）：76-92.

[10] 郭强，汪晓赞. 儿童青少年身体活动行为的解构与重识——基于社会生态学的视角[J]. 沈阳体育学院学报，2020，39（4）：17-22.

[11] 郭岩，谢铮. 用一代人时间弥合差距——健康社会决定因素理论及其国际经验[J]. 北京大学学报（医学版），2009，41（2）：125–128.
[12] 贺东航，孔繁斌. 中国公共政策执行中的政治势能——基于近20年农村林改政策的分析[J]. 中国社会科学，2019（4）：4–25.
[13] 胡琳琳，胡鞍钢. 从不公平到更加公平的卫生发展：中国城乡疾病模式差距分析与建议[J]. 管理世界，2003（1）：78–87.
[14] 胡琳琳. 将健康融入所有政策：理念、国际经验与启示[J]. 行政管理改革，2017（3）：64–67.
[15] 胡天弄，王涛，杨卫东. 体育治理中“软法”硬化、“硬法”软化钟摆现象的管窥——基于软法之治与硬法之治[J]. 武汉体育学院学报，2018，52（2）：32–35.
[16] 胡玉坤，郑晓瑛，陈功，等. 厘清“青少年”和“青年”概念的分野——国际政策举措与中国实证依据[J]. 青年研究，2011（4）：1–15.
[17] 郇昌店，张文鹏，陈红，等. 中国青少年体质健康政策研究中研究对象飘移及矫正思路[J]. 首都体育学院学报，2021，33（1）：111–116.
[18] 郇昌店. 基于HiAP框架论青少年体质健康政策体系[J]. 山东体育学院学报，2016，32（1）：5–11.
[19] 郇昌店. 青少年体质健康如何滋养了中国社会科学[J]. 河北体育学院学报，2016，30（1）：1–9.
[20] 季浏. “不出汗”的体育课需要改变[J]. 中国学校体育，2016（10）：2–3.
[21] 降彩虹. 大学生体育运动与心理健康效应研究[J]. 山东农业工程学院学报，2017，34（6）：57–58.
[22] 金钦昌. 学校体育学[M]. 北京：高等教育出版社，1995.
[23] 李俊主. 健康新观点——主动休息[J]. 安全与健康，2007（15）：55.
[24] 李敏超，杨智勤，赵天旺，等. 中国6～18岁儿童青少年体质量指数实测及自评影响因素[J]. 中国学校卫生，2020，41（10）：1491–1494.
[25] 李秋菊，祖彬，叶东海. 2012年中小学生每天一小时校园体育活动专项督导检查情况总结[J]. 中国学校体育，2013（7）：6–9.

[26] 李滔，王秀峰. 健康中国的内涵与实现路径[J]. 卫生经济研究，2016（1）：4–10.

[27] 李岩. 我国青少年体育俱乐部财税支持政策研究[D]. 北京：北京体育大学，2019.

[28] 梁海祥. 居住方式对青少年健康的影响——基于中国教育追踪调查数据的实证研究[J]. 华中科技大学学报（社会科学版），2017，31（6）：98–107.

[29] 林晓珊. “香烟”弥漫的青春：作为一种“过渡期仪式”的青少年香烟消费[J]. 青年研究，2010（3）：46–57，95.

[30] 刘海元，袁国英. 全国10省市区贯彻“中央7号文件”精神及实施意见的研究[J]. 武汉体育学院学报，2008（8）：10–16.

[31] 马渊源，吴慧攀，尹小俭，等. 中国青少年营养状况与心理亚健康的相关性[J]. 中国学校卫生，2021，42（1）：28–31.

[32] 潘凌云，王健，樊莲香. 我国学校体育政策执行的制约因素与路径选择——基于史密斯政策执行过程模型的分析[J]. 体育科学，2015，35（7）：27–34.

[33] 曲鲁平. 我国青少年体质健康促进模型构建与运动干预研究[M]. 北京：人民体育出版社，2021.

[34] 邵申. 梳理、比较及反思：上海市体育中考若干问题研究[D]. 上海：华东师范大学，2018.

[35] 佘宇，等. 我国经济适用住房政策的效果评估与发展前景研究[M]. 北京：中国发展出版社，2012.

[36] 石光，韦潇，汝丽霞. 卫生政策的优先重点：健康和健康不公平的社会决定因素[J]. 卫生经济研究，2012（5）：35–38.

[37] 石雷. 未成年人休息权入法：积极行动将休息娱乐还给孩子[N]. 中国妇女报，2021–05–25（5）.

[38] 孙红梅，孙强. 建成环境对青少年身体活动影响的研究进展[J]. 山东体育学院学报，2018，34（4）：87–92.

[39] 孙科，刘铁军，马艳红，等. 中国特色体教融合发展思考——对《关于深化体教融合促进青少年健康发展意见》的诠释[J]. 成都体育学院学报，2021，47（1）：13–20.

[40] 孙民康，孙小玲，李良，等. 从“渐进合作”到“多边融合”：新中国学生体育健康促进政策的历史回眸与现实审思[J]. 南京体育学院学报，2021，20（5）：51–59.

[41] 孙荣会. 国家级青少年体育俱乐部内部治理研究[J]. 北京体育大学学报，2017，40（6）：12–18.

[42] 田红梅，李欣，鲁心灵，等. 大学生体育锻炼态度与其锻炼行为的关系：锻炼伙伴的调节作用[J]. 吉林体育学院学报，2018，34（1）：80–85.

[43] 汪晓赞，郭强，金燕，等. 中国青少年体育健康促进的理论溯源与框架构建[J]. 体育科学，2014，34（3）：3–14.

[44] 王汨宝，刘彩云. 论青少年休息权的保护[J]. 教育实践与研究，2017（10）：9–12.

[45] 王楠，师会芳，巴桑泽仁，等. 高校健康校园建设：问题、机理与路径[J]. 医学教育研究与实践，2020，28（1）：59–62.

[46] 王浦劬，赖先进. 中国公共政策扩散的模式与机制分析[J]. 北京大学学报（哲学社会科学版），2013，50（6）：14–23.

[47] 王璇，贺刚，张胜南. 儿童青少年体力活动与建成环境研究热点与演进脉络[J]. 中国运动医学杂志，2020，39（1）：72–78.

[48] 吴华，阮辉. 关于“体质健康”术语及其现行测定与评价体系的探讨[J]. 卫生职业教育，2011，29（14）：34–36.

[49] 吴键. 为了健康中国阳光体育不能偃旗息鼓——“中央7号文件”颁布10周年的回顾与思考[J]. 体育教学，2017，37（5）：9–11.

[50] 武俊伟. 政策试点：理解当代国家治理结构约束的新视角[J]. 求实，2019（6）：28–40.

[51] 许婧雪，谌丽，张文忠. 建成环境是否影响居民健康生活方式？——基于北京22个社区的实证分析[J]. 地理科学进展，2021，40（4）：660–670.

[52] 杨志，魏姝. 政策爆发：非渐进政策扩散模式及其生成逻辑——以特色小镇政策的省际扩散为例[J]. 江苏社会科学，2018（5）：140–149.

[53] 尹慧，郭岩. 儿童期父母社会经济地位对子女成年健康的影响：中国居民健康的代际不公平效应[J]. 中国卫生经济，2011，30（12）：17–20.

[54] 展恩燕，张铭鑫，乔凤杰，等. 国外关于减少儿童青少年屏幕时间的措施及启示[J]. 中国健康教育，2020，36（7）：635–638.

[55] 张健，孙辉，张建华，等. 儿童青少年身体活动建成环境研究热点解析、前瞻与启示[J]. 中国体育科技，2020，56（4）：11–19.

[56] 张拓红. 社会医学[M]. 2版. 北京：北京大学医学出版社，2010.

[57] 张文君. 校园卫生环境与学生健康的关系[J]. 中国校医，2019，33（2）：76.

[58] 张晓林. 论学校体育中的强制与自由——由学校“强制体育”引发的思考[J]. 北京体育大学学报，2017，40（12）：78–83.

[59] 张挹芳. 中医藏象学[M]. 北京：中国协和医科大学出版社，2004.

[60] 中国营养学会. 中国学龄儿童膳食指南：2022[M]. 北京：人民卫生出版社，2022.

[61] 周华珍，王英. 健康的社会决定因素对青少年健康行为的影响——基于辽宁地区网络问卷调查数据分析[J]. 青年发展论坛，2018，28（5）：43–58.

[62] 周望. 政策扩散理论与中国“政策试验”研究：启示与调适[J]. 四川行政学院学报，2012（4）：43–46.

[63] 朱迪，郑守娟，王霞. 美国青少年睡眠时间与成年后学业成绩研究[J]. 预防医学论坛，2021，27（2）：103–109.

[64] 朱水成. 政策执行的中国特征[J]. 学术界，2013（6）：15–23.

[65] 朱亚鹏，丁淑娟. 政策属性与中国社会政策创新的扩散研究[J]. 社会学研究，2016，31（5）：88–113.

[66] KIM D. Social determinants of health in relation to firearm–related homicides in the United States：a nationwide multilevel cross–sectional study[J]. PLOS medicine，2019，16（12）：e1002978.

[67] MORROW J R，ZHU W，FRANKS B D，et al. 1958–2008：50 years of youth fitness tests in the United States[J]. Research quarterly for exercise and sport，2009，80（1）：1–11.

后记

本专著是本人主持的国家社会科学基金一般项目“我国青少年体质健康的社会决定因素及政策应对研究”的成果之一。

本项目在论证、课题调研、内容分解和撰写研究报告的过程中，得到国内外学术界很多学者的关怀与指导，易剑东教授、戴健教授、王家宏教授、张林教授、石岩教授、杨剑教授等曾先后给予了中肯的建议。

课题组成员在编制问卷过程中参考了很多专家学者的研究成果，尤其与本人的博士同学何敬堂教授、张伟教授进行了多次线上交流，对问卷内容和询问方式等进行了深入探讨；在问卷发放过程中，有很多相识或未曾相识的朋友、同学提供了积极的协助。

课题组成员在深入一线调研过程中，得到徐州市教育局、山东省临沭县教育和体育局、山东省临沭第一中学、江苏省东海县第二中学、江苏省东海县实验小学等单位的无私协助与支持。

感谢课题组成员江苏师范大学的陈红（撰写了第五章第一节）、宁夏大学的文榈（撰写了第六章第一节）、盐城工学院的肖伟（撰写了第九章第一节）等学界同人的积极参与和密切配合，他们的努力保证了课题研究的顺利进行。

尤其要感谢北京体育大学出版社有限公司的赵海宁副编审，在获取本专著内容后，她积极向出版社推荐文稿，协助整合相关材料，成功申报了国家出版基金项目并顺利获批。文稿在进入编审环节后，责任编辑潘海英认真负责，字斟句酌，为专著的文字优化做出了突出贡献。本人在沈阳体育学院带的硕士研究生杨暾暾同学在获悉本人事务繁忙、无力修改文本后，主动请缨，协助潘编辑完成了文稿的修订工作。

课题顺利结项后，专著付梓在即，感谢各位专家学者给予的深切关怀与帮助，感谢课题组成员的辛苦付出，感谢编辑团队的精益求精。本研究的调查数据仅对本研究负责，表达如有不妥，请广大读者批评指正。

郇昌店

2024年5月22日